TOYOKAN BOOKS

児島 修 訳

EDDIE JONES
エディー・ジョーンズ

LEADERSHIP

LESSONS FROM MY LIFE IN RUGBY

リーダーシップ

2009年のブレディスローカップの試合で、オールブラックスのシチベニ・シビバツをかわして走るワラビーズのウィル・ゲニア。ゲニアがクイーンズランド・レッズ・アカデミーでプレーしていた頃、彼の父親も交えて話をしたことがある。私は、「偉大な選手になりたいかどうかを決められるのは君だけだ」と伝えた。ゲニアはその後、ワラビーズで110試合に出場する名選手になった ©Getty Images Sport

2016年6月11日、オーストラリア・ブリスベンのサンコープ・スタジアムで行われたワラビーズとイングランドのテストマッチ第1戦で敵の守備陣を突破するジェームズ・ハスケル。彼は私がイングランド代表のヘッドコーチに就任して間もない頃、特に2016年のオーストラリアに3連勝したときに重要な役割を果たした。ユーモアのセンスがあり、チームプレーのできる選手だ。冗談を言い合うのも楽しかった ©David Rogers/Getty Images Sport

2014年11月のQBEテストマッチのイングランド対ニュージーランド戦で、コンラッド・スミスを抜き去るジョニー・メイ。その後、先制トライを決めた。ジョニーはコーチの指導を必要としないタイプの選手だ。彼のような選手は、励ましの言葉をかけるだけで十分に力を発揮してくれる。イングランドが輩出したなかでも屈指の才能を誇る天性のアスリートだ ©Phil Walter/Getty Images Sport

2016年11月、ペニーヒル・パークで練習するイングランド代表。2016年に無敗だったのは喜ばしいことだが、成功に胡坐をかくことは絶対に避けなければならないというのが私の哲学だ。常に選手に課題を与え、ピッチの内外で健全な対立を促す方法を探している ©David Rogers/Getty Images Sport

2021年にトゥイッケナムで行われたシックスネイションズの試合で、スコットランドのロック、ジョニー・グレイ（左）とイングランドのロック、マロ・イトジェ（右）がラインアウトでボールを競い合う。コロナの影響で隔離されていたため、私はチームを指導する時間をほとんど取れないまま大会に臨まなければならなかった。敗戦の全責任は私にある ©Adrian Dennis/AFP

2021年のシックスネイションズの対ウェールズ戦で、アラン・ウィン・ジョーンズ（左）とコリー・ヒル（右）のタックルを受けるイングランドのビリー・ヴニポラ。チームのキーマンである経験豊富なこの選手にとって、厳しいシーズンを象徴する試合になった。それでも、ビリーの誠実さと、逆境にひるまないその姿勢は、イングランド代表の全員に大きな刺激を与えた ©David Rogers/RFU

2021年のシックスネイションズで、ジョージ・フォードにタックルされながら、ウェールズ最初のトライを決めるジョシュ・アダムス。2度の不可解な判定で不利な立場に追い込まれたが、一時は敵に追いついたイングランド代表を、私は誇りに思う。だが、結局は敗れてしまった ©Michael Steele/Getty Images Sport

2021年のシックスネイションズの対フランス戦後に勝利を祝うイングランドの選手たち。その前のオータムネイションズカップでは同じくフランスになんとか競り勝ったが、今回は快勝と呼べる内容だった。1年半前の2019年ワールドカップ準決勝でオールブラックスを破って以来、最高のチームパフォーマンスだった ©Craig Mercer/Getty Images Sport

2021年5月、ギャラガー・プレミアシップラグビー、対バース戦でのブリストル・ベアーズのカイル・シンクラー。2021年のライオンズ南アフリカ遠征のメンバーから落選したという知らせを聞いて落胆していた状態でこの試合に臨んだが、マン・オブ・ザ・マッチに選ばれるパフォーマンスを見せた。試合後の感動的なインタビューは、2016年に我々と一緒にオーストラリアに遠征して以来、彼がどれだけ人間として成長したかを示すものだった。数週間後、負傷で離脱したアンドリュー・ポーターに代わってシンクラーがライオンズに追加招集されたことを知り、私は喜んだ ©Bob Bradford/CameraSport

ゴールデンステート・ウォリアーズのヘッドコーチ、スティーブ・カー（中央）とアシスタントコーチのロン・アダムス（紙を手にしている）が、ミルウォーキー・バックス戦の試合展開を見守る。コーチには、遠慮なく本当のことを告げてくれる「真実の伝え手」が必要だ。スティーブ・カー（以前はマイケル・ジョーダンのチームメイトだった）にはロン・アダムスがおり、私には幸運にもニール・クレイグがいる ©Noah Graham/National Basketball Asssociation

イングランド、プロサッカー1部、プレミアリーグのハダースフィールド・タウン戦で状況を見守る、アーセナルの元監督アーセン・ベンゲル。ベンゲルはサッカー界における究極の思想家だ。以前、ベンゲルを招いて、イングランド代表チーム相手に講演をしてもらったことがある。洞察力が深く、試合の分析力も極めて優れている ©Adrian Dennis/AFP

2016年1月29日、ドイツ・プロサッカーリーグ1部、ブンデスリーガのバイエルン・ミュンヘンの練習場「セーベナー・シュトラーセ」で選手たちに話をするペップ・グアルディオラ監督。バイエルンでペップが監督していたときに見学に行ったが、そのきめ細かな指導には脱帽だった ©A Beier/FC Bayern

プレミアリーグ、バーンリーのヘッドコーチ、ショーン・ダイチがトレーニングを指揮する。私はショーンがバーンリーで成し遂げたことを心から尊敬している。限られたリソースを最大限に活用する方法について、どんなコーチもショーンから学べるだろう ©Anadolu Agency

2019年9月20日に札幌ドームでのイングランド代表のトレーニング中に、RFUのエリート・パフォーマンス部門の責任者、ニール・クレイグと。私は2017年、チームのリーダーシップやコミュニケーション、チームワークを支援してもらうために、ニールをイングランド代表のスタッフに加えた。物おじせずに本当のことを伝えてくれるという意味でも、私にとってかけがえのない存在。彼とは長年にわたって健全に意見を戦わせてきた ©David Rogers/Getty Images Sport

メジャーリーグ、オークランド・アスレチックスのゼネラルマネージャー、ビリー・ビーンが、クラブハウスでピッチングコーチのカート・ヤング、ベンチコーチのマイク・オルドリートに話を聞く。ビーンに会ったことはないが、彼の著書『マネーボール』は何度も読み返した本だ ©Michael Zagaris/Getty Images Sport

2021年のニューフェースたち。ジェイコブ・ウマガ、マーカス・スミス、ベン・カリー、フレディ・スチュワード、ハリー・ランドール、ルイス・ラドロー、ジョシュ・マクナリー、ジョー・ヘイズ、カーティス・ラングドン、ジェイミー・ブラマイア、カラム・チック、トレヴァー・デイヴィソンが、2021年7月のサマー・インターナショナル、トゥイッケナムで行われた対アメリカ戦でデビューを飾り、イングランドのキャップをかぶって写真撮影に臨む。レギュラー12人をライオンズの遠征で欠いていた2021年の夏は、2023年のワールドカップのメンバーに成りうる新戦力を発掘するチャンスだった ©The RFU Collection

日本の読者の皆様へ

現在、私はオーストラリア代表（ワラビーズ）チームのヘッドコーチを務めている。２００５年以来、再びこのチームを率いることができるのは、私にとってとても光栄なことだ。ワールドカップを目前に控えているし、オーストラリアは、２０２７年のワールドカップ開催も控えているので、タイミング的にも非常によい。私はチームを率いる条件として、ワールドカップで勝てるチームであるかどうかを挙げていた。最も重要なのは選手たちの顔ぶれだが、ワラビーズには素晴らしい選手がそろっており、残りの細々とした要素はこれから何とでもなることだと思ったので、迷わず就任を引き受けた。

就任会見で私は「ワラビーズを優勝させる」と言った。あれから半年。選手たちと一緒に過ごし、能力が十分にあることを自分の目で確認し、彼らが意欲を持って自らを改善するためにハードワークをこなしているのを見て、その思いは今や確信に近づいている。

本書は、リーダーシップについて書かれた本である。執筆当時の私は、まだイングランド代表チームのヘッドコーチだったので、そのときのエピソードをもとに構成しているが、その本質は新しいチームになっても変わらない。

本書では、リーダーシップ・サイクルとして、「ビジョン」「構築」「実験」「勝利（失敗を乗り越える）」「再構築」の5つのステージを挙げている。

ワラビーズのビジョンを描くにあたっては、まず我々がどこに行き着きたいか、そのゴールから考える必要があった。オーストラリアのラグビー、オーストラリア社会のことを考えると、子どもたちがラグビーをしたいとインスパイアできるチームであること、人々に誇りを持ってもらえるような、オーストラリアらしいラグビーをプレーするチームであることが求められている。

そして、そこに行き着くには、ハードワークや計画も含めた入念な準備が必要になってくる。私は今、それを実現させるために、チームを構築し、実験している。これからいくつかの国際試合が控えているが、そこで勝つことでよりチームを強くしていくつもりだ。

2015年のワールドカップに出場したときの日本代表チームは、5つのステージ（ビジョン、構築、実験、勝利、再構築）というプロセスを導入することで、日本の選手たちに適したプレースタイルを築き、あのような大きな結果を出せた良い例だったと思う。

そういう意味では、本書で書かれているリーダーシップ・サイクルは、チームスポーツに限らず、ビジネスも含め、いかなる組織づくりにも適用できるものだと思っている。

本書が皆さんの仕事や生活の一助になれば幸いである。

9月には、いよいよワールドカップ・フランス大会が始まる。順調に行けば、準々決勝でイングランドあるいは日本と対決する可能性がある。以前に自分がコーチしたチームと対戦するのは、面白さもあるし、リスペクトもある。ただし、今のワラビーズはどちらにも勝てるだけの力があると思っている。日本の読者の皆様には日本代表だけでなく、我々ワラビーズも応援していただけると嬉しい。

2023年6月

エディー・ジョーンズ

目次

リーダーシップ・サイクル

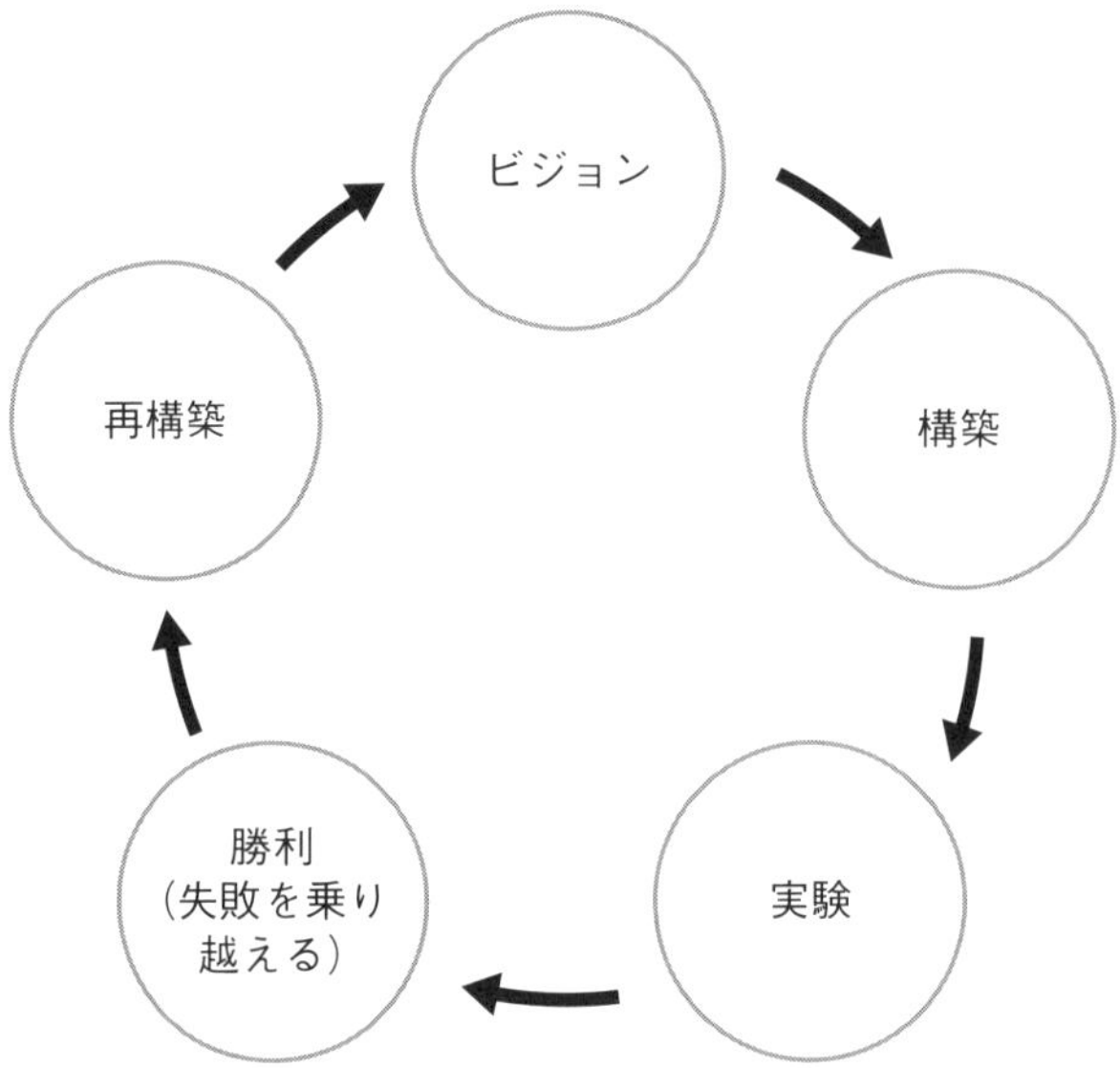

- ハイパフォーマンスなチームは努力のサイクルから生まれる。この道のりの始まりは明確だが、終わりはない
- ハイパフォーマンスなチームには、継続的な改善と、定期的な刷新・再構築が必要である
- このサイクルの鍵を握るのはリーダーシップである――リーダーには優れた価値観、手法、ツール、そして何よりコミュニケーションが求められる
- リーダーはサイクルの各段階で、戦略的、運用的、戦術的に思考しなければならない
- 成功するリーダーは浮き沈みを体験しながら、これらの戦略的、運用的、戦術的な思考を状況に合わせて適用していく

リーダーシップの価値観を活用する

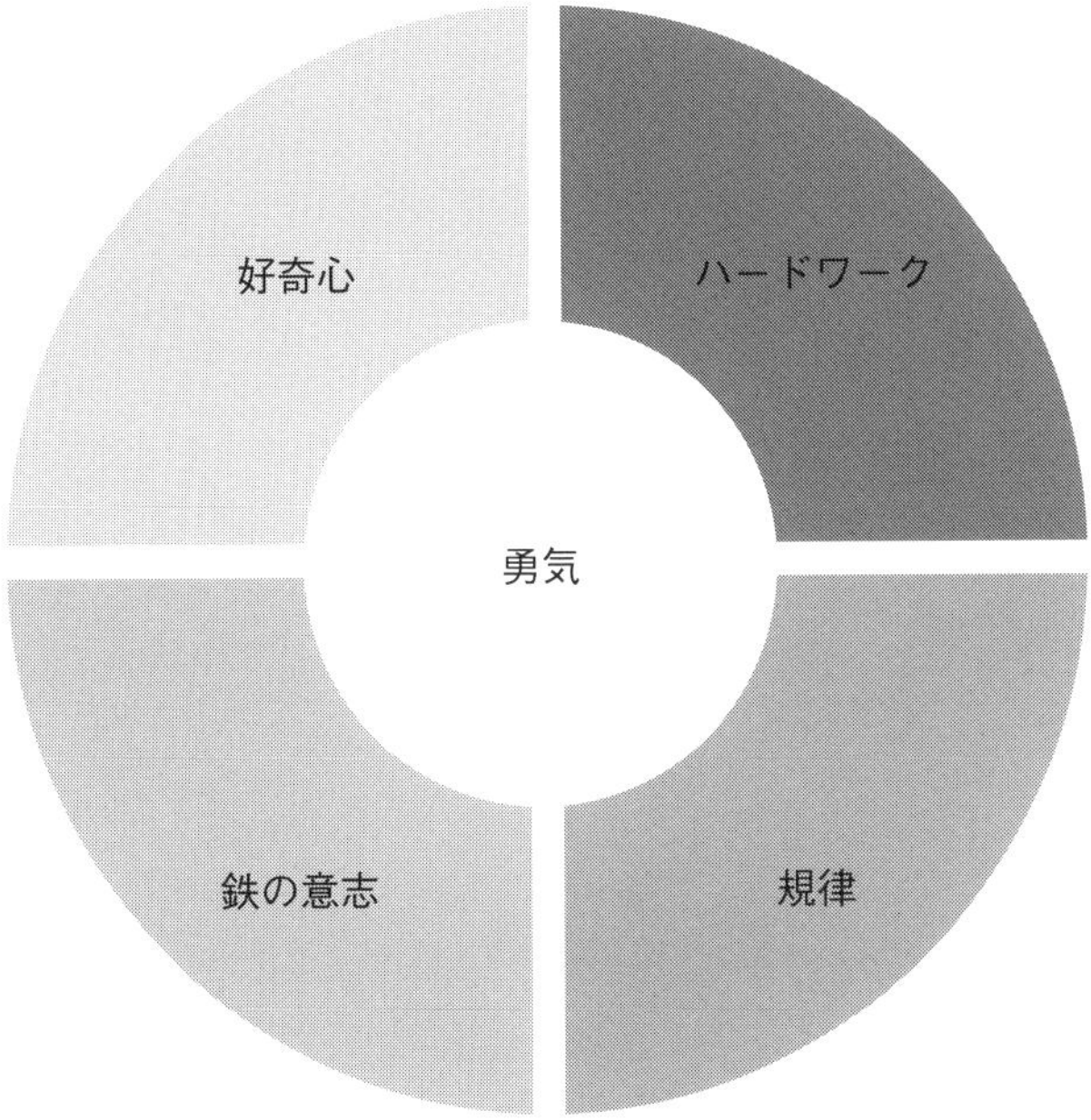

勇気……………ベストを目指し、ビジョンを実現する
ハードワーク…たゆまぬ努力から、真のひらめきが生まれる
規律……………チームの基準となる、行動規範をつくる
鉄の意志………ここぞという場面で発揮できる、強い精神力を培う
好奇心…………向上心を忘れず、絶えず学ぶ意欲を持つ

導きと支えを与え続けてくれた父へ

プロローグ

ベールの内側

本書は、極限のパフォーマンスを目指して日々努力を続ける組織の中において、通常は秘密のベールに包まれているリーダーシップについて書かれた本である。ラグビーのイングランド代表チームのヘッドコーチとしての私の仕事をもとにして構成されてはいるが、スポーツやビジネス、教育、芸術、政治、メディアをはじめとする幅広い分野で、様々な課題や挑戦に取り組んでいるあらゆる組織に関わる人たちにぜひ読んでいただきたい。

本書は主にリーダーシップやコーチングに興味を持つ人のために書かれているが、私の関心や人間関係は、オーストラリアや南アフリカ、日本、イングランドのナショナルコーチを務めてきたラグビーコーチとしてのキャリアと同じくらい多岐にわたっている。私はこれまでに4度のワールドカップでヘッドコーチやアドバイザーを務め、チームを3度決勝に導き、金メダルをひとつ手にした。また、アマチュアクラブのリーダーとしての仕事にも誇りを持っている。シドニーのランドウィック、スーパーラグビーのブランビーズ、日本のクラブラグビー、イングランドのプレミアシップ――。リーダーとしての私は、学校の教師や校長としての過去の経験と、息子、きょうだい、夫、父親として果たしてきた役割によっても形づくられている。家族も学校も、常に進化し、改善していくべきチームであり集団であることに変わりはない。

従って、これから本書で紹介していくアイデアや原則は、スポーツの世界に限定されるものではない。また、私は東京のゴールドマン・サックスの日本アドバイザリーボードのメンバーを務め、柳井正（やないただし）氏（カジュアル衣料品を製造・販売する日本の企業ユニクロを、零細企業から現時点の時価総額45億ドルの世界的大企業に育て上げた企業家）をはじめとする刺激的な人々と接する機会があり、企業のリーダーから多くを学んでいるものの、本書の内容はビジネスの世界だけに当てはまるものでもない。本書で論じるリーダーシップの戦略やテクニックは、スポーツやビジネスの世界をはじめとする、人生の幅広い領域で活用できるものだ。

これらの戦略やテクニックは、ラグビーというレンズを通して、過去と現在の様々なエピソードとともに語られる。それは私が25年間プロのコーチとして学んできた教訓を、印象的な方法で伝えるのに役立つだろう。オーストラリア、南アフリカ、日本での体験についても詳しく触れているが、メインとなるのは現在のイングランドでの仕事についてだ。私はこの２年、２０１９年のワールドカップと、激動の２０２０-21年シーズンに集中してきたが、そこでとても大きな浮き沈みを体験した。

我々はワールドカップの決勝に進出し、続く欧州６ケ国対抗戦「シックスネイションズ」と「オータムネイションズカップ」〔訳註：新型コロナウイルスの影響を受けて２０２０年に臨時で開催された、シックスネイションズの6ケ国+招待国2ケ国の計8ケ国によるラグビーの国際大会）で優勝した。しかし、リーダー陣を含むチームの内外で問題が生じた。その結果、２０２１年のシックスネイションズでは5戦3敗の5位に終わった。これは私や選手たちはもちろん、イングランド代表の熱烈なファンにとっても受け入れがたい結果だった。

しかし本書では、我々が経験した試練から目を背けたりはしない。こうした体験は、啓発的で有益な教訓を与えてくれる。私に言わせれば、挫折や失敗をしたことがないとうそぶくコーチやリーダーは、単に経験が浅いだけだ。まだ学びが少なく、世の中に示せる教訓など持っていないにすぎない。私なら、逆境にさらされ、自らを省み、変革を起こし、以前よりも強く、逞（たくま）しい競争者となって苦境から蘇った人たちから学びたい。

本書には、世界中の一流コーチたちとの絶え間ない対話から私が得てきた学びも反映されている。私は立場上、サー・アレックス・ファーガソンやアーセン・ベンゲル、ジョゼップ（ペップ）・グアルディオラ、ガレス・サウスゲートといったサッカー界のトップレベルのリーダーたちとリーダーシップについて語り合える機会に恵まれている。また、頻繁に開催されるコーチングフォーラムに参加して、世界中のコーチたちと親睦を深めることができるのも大きな特権だ。

私のイングランド代表のコーチとしての仕事が、ＮＢＡのゴールデンステート・ウォリアーズの73歳のアシスタントコーチ、ロン・アダムズとの対話に大きく触発されたものだと知って驚く読者もいるだろう。ロンはウォリアーズがＮＢＡファイナルを制した3度のシーズンにおいて、ヘッドコーチのスティーブ・カーに重要な真実を伝え続けた。私はまた、弱小大学ながらアメリカの大学バスケットボールで目覚ましい躍進を遂げたゴンザガ・ブルドッグスの驚異のサクセスストーリーを詳しく知ることによってても新たな着想を得た。私にとっては、毎日が何かに耳を傾けて新しいことを学ぶ機会だ。

本書では、あらゆるチームや組織、企業、コーチ、個人に役立つ、5ステージから成るリーダーシップ・サイクルを、ひとつずつ順番に説明していく。このサイクルは、私の仕事の原動力となってきたものだ。

この2年間ほど、私のコーチとしてのキャリアのなかで厳しく、試練に満ちた期間もなかった。新型コロナウイルスの長い影が常にチームの歩みにつきまとい、私はリーダーとしてかつてないほどの難題を突きつけられた。しかしこれらもすべて、リーダーシップの絶え間ないサイクルの一部なのだ。

私は以下のことを基盤にして、コーチとして成長し、成熟してきたと信じている。

- **戦略**
- **人**
- **オペレーション**
- **マネジメント**

また、以下に示す、リーダーシップ・サイクルの5つのステージを繰り返してきた。

・ビジョン
・構築
・実験
・勝利（失敗を乗り越える）
・再構築

各段階では、以下の3つの「M」を心がけてきた。

・人をマネジメントする（Manage people）
・対立の原因を掘り出す（Mine for conflict）
・サイクル上に自分を位置づける（Map where we are in the cycle）

我々の仕事のビジョンや構造、文化の土台は、イングランド代表チームに関わる人間の質である。チームには優秀な選手やスタッフがいるが、彼らはその前にひとりの人間でもある。チームには複雑な事情があり、衝突もあった。驕（おご）りの感覚に蝕（むしば）まれ、ワールドカップの決勝戦に到達したときのような勝利への意欲が減退していた時期もあった。本書では我々コーチ陣がこのような状況を打破するために、このリーダーシップ・サイクルのなかで実際にどのようなステップをとっているかについて説明していく。

我々は常に反省と見直しを行い、独自の視点でチームを評価してくれる多様な分野の専門家からの声に耳を傾ける。それもあって、この夏、チームは活力を取り戻せた。新たに生じた化学反応によって、2023年のラグビーワールドカップ・フランス大会が開催されるまでの期間を、新たな信念と目的を持って過ごせるだろう。

リーダーシップ・サイクルは容赦なく、厳しい。しかし、それは人を夢中にさせる魅力にもあふれている。準備とコミュニケーション、成長と発展、アイデンティティと結束など、その領域は幅広い。失敗はつきものであり、都度修正していかなければならない。試合には勝つこともあれば負けることもあり、来る選手があれば去る選手もある。だが、このリーダーシップ・サイクルは常に回り続ける――なぜなら、完璧なリーダーシップなど存在しないからだ。あるのは、飽くなき改善の追求だけだ。

我々がイングランド代表チームで学んだこと、そして私がこの四半世紀に他のチームで学んできた教訓を、読者に楽しんでもらえることを心から願っている。これらの学びや教訓が読者の仕事や生活に役立つものになれば、これほど嬉しいことはない。

ステージ1

ビジョン

第1章　ビジョンを描く

［戦略］

最初に最終目標をイメージする

第2章　派手なプレーより性格

［人］

適切な人材を周りに配置する

第3章　明快さこそが切り札

［オペレーション］

すべてを評価し、そのうえで明快さを示す

第4章　知識でチームを結束させる

［マネジメント］

己を知り、選手を知る

第1章
ビジョンを描く
——最初に最終目標をイメージする

ワールドカップ・日本大会決勝

２０１９年11月の暗く不確かな日々のなかで、私は自らのリーダーシップとプライドに対する新たな試練に直面していた。イングランドの冬が容赦なく近づいてきていた。私はまだ深く傷ついていた。我々はワールドカップの準決勝で、イングランドのラグビー史上最高との呼び声も高い試合をして強敵のニュージーランドを倒した。だがその1週間後の11月2日、決勝で南アフリカに敗れた。この敗戦は、12対32という大差のスコアが物語るように、とても大きな痛みを伴うものだった。そのたった7日前に完璧な勝利を収めたばかりだというのに、我々は叩きのめされたのだ。

ラグビーは人生と同じく不完全なビジネスだ。この競技の基本は、勇気と大胆さ、団結と献身に基づくシンプルなものだ。だが、戦況やパターンが刻々と変化する極めて複雑なスポーツでもある。私は常々、ラグビーで〝完璧さ〟という捉えどころのない概念を追求するのは、サッカーやバスケットボールなどでそうするよりもはるかに難しいと言ってきた。しかし2019年10月26日、大観衆がうねるように沸き立つ日本の横浜スタジアムで、我々はオールブラックスを完膚なきまでに圧倒した――大会の大本命と目され、このワールドカップ準決勝の下馬評でも圧倒的に有利だと見なされていたニュージーランド代表チームを。

イングランドは立ち上がりからゲームを支配した。19対7というスコアはこの試合を正確には物語ってはいない。もし我々があとひとつトライのチャンスをものにして、ニュージーランドの唯一のトライを防いでいたら、完璧なラグビーをしたと言えるかもしれない――そんな試合だった。私は25年間プロのコーチをして、オーストラリア、南アフリカ、日本、イングランドで175もの国際試合(テストマッチ)を戦ってきたなかで、完璧なラグビーを常に探求してきた。オールブラックス戦の我々は完璧ではなかったかもしれないが、そのパフォーマンスとワールドカップ準決勝での勝利は、4年間にわたる綿密な計画とハードワークの成果と呼ぶに相応(ふさわ)しいものだった。

オールブラックスに勝ったその日の夜から、私は一番大事な次の試合に集中し始めた。その1週間を過ごすなかで、ふと、〈ワールドカップに勝ったら、私はその後で何をしたいと思うのだろうか?〉という考えが脳裏をよぎった。それは、しばらく前から私につきまとっていた想念だった。もう一度イングランドを率いて2023年のワールドカップの優勝を目指そうと思うのだろうか? それともコーチとしてこれまでとはまったく違う何かに挑戦するときが来たと感じるのだろうか?

そのときの記憶は鮮明に残っている。私は、東京のヒルトンホテルの部屋にひとりでいた。そして10秒後、この無意味な推測を打ち切った。「おい、今は先のことなんて考えてる場合じゃないぞ。大きな試合が待っているんだ」と自分に言い聞かせながら。

その1週間、私はワールドカップで優勝することはいっさい考えないようにして、ただチームがやるべきことだけに意識を集中していた。

ワールドカップは、最後まで勝ち続けるのが例外的なことだという現実を思い知らされる場所だ。大会には20チームが出場し、優勝するのはそのうち1チームだけ。残りの19チームは、必ずどこかで敗退する運命にある。この例外的な状況に身を置けるのは1チームしかいない。どのチームもこの例外になろうと全力を尽くすが、それは至難の業だ。オールブラックスに勝った試合の前、イングランドのコーチである私が、チームの最大限のパフォーマンスを引き出そうとして選手を鼓舞する情熱的なスピーチをしただろうと想像する人も多いかもしれない。だがその晩の私はとても落ち着き、冷静にふるまっていた。

しかしその3日前の水曜日、私はチームに覇気がないと感じた。オールブラックスに立ち向かおうとする気迫が伝わってこない。だから、私はいつもと違うことをした。更衣室に日本刀を持ち込んだのだ。東京の骨董店で大枚をはたいて手に入れた、由緒ある本物の逸品だ。陳腐で大人気ない振る舞いかもしれないが、私はこの日本刀で、持参したキウイフルーツを叩き切った。刃は鋭く、キウイは一瞬にして真っ二つになった。

「見ろ」と私は言った。「どうやってオールブラックスと戦えばいいか、これでわかっただろう？」

選手たちは笑っていた。何人かは、「このコーチは頭がいかれてる」とでも言わんばかりの目でこっちを見ていた。私はかまわず日本刀を持って室内を歩き回り、刃物が持つ迫力を全員に感じさせようとした。

この出来事をきっかけに、オールブラックスのハカに対峙するために、オーウェン・ファレルを先頭にしてV字形のフォーメーションをつくるというアイデアが生まれた。また翌朝には、リーダーの選手数人とコーチ陣とでミーティングを行い、厳しい意見を戦わせた。私は細かい問題点を指摘した。選手たちはそれに対処し、うまく軌道修正した。果たして、我々は試合に勝った。

もし負けていたら、人は同じエピソードを聞いて、「なんて愚かなコーチなのだ」と批判しただろう。だが勝てば美談になる。イングランドのラグビー史上屈指の大勝利の前に、エディー・ジョーンズは日本刀とキウイで選手を鼓舞したのだ、と。

決勝戦を控えた週に直面した問題はほかにもあった。それは、南アフリカ国民を除けば、ほぼ誰もがイングランドが勝つと予想していたことだ。もちろん、我々は決して相手を見くびったりはしていなかった。だが決勝当日にどんな現実が自分たちを待ちかまえているかを、はっきりとは予測できていなかった。人間は実際に体験するまでは、自分が置かれた状況を真に理解できないものだ。誰でも出産前には子育ての経験者からいろんなアドバイスをもらう。だが赤ん坊が生まれるまでは、子どもを世話することの実際がどんなものかはわからない。

我々コーチ陣は決勝までの1週間、南アフリカ代表（スプリングボクス）が自分たちに激しく立ち向かってくるだろうということを、時間をかけて選手たちに伝えた。南アフリカの選手はイングランドを敵視しているので、感情をむき出しにしてぶつかってくるはずだ。それに、スプリングボクスには母国に勝利をもたらそうという強い意欲があった。カリスマ性のある黒人選手シヤ・コリシが初めてキャプテンを務め、ここ一番の重要な試合での勝負強さに定評のある頭脳派コーチ、ラシー・エラスムスが母国のチームを率いる。我々はこうした要因を軽く見ていたわけではなかった。だが実際にワールドカップの決勝で、勝利への意欲に燃え上がるスプリングボクスと対峙するまで、イングランドの選手たちは相手がどれほど手強いのかを本当の意味では理解できなかった。

南アフリカの決勝までの歩みは我々とは対照的だった。日本で開催されたこの大会の初戦で、ニュージーランドに完敗。だがこの敗戦で、逆にスイッチが入った。もう1試合に負ければ、予選リーグで敗退することになるからだ。ワールドカップ史上、グループリーグで負けて優勝したチームはいない。だから優勝するためには、歴史を書き換えなければならないこともわかっていた。一方のイングランドは全勝で決勝に進出。ウェールズを僅差で破って何とか決勝に進んだスプリングボクスは、初戦から大きなプレッシャーを感じながら戦ってきたが、むしろそのことで逞しくなっていた。決勝まで圧倒的な強さを誇ってきた我々は、ワールドカップでは肉体的な疲れよりも精神的な疲れのほうが大きいのだと知った。

決勝前の1週間は、トレーニング面ではこれまでと同じやり方に従うことにした。アルゼンチン戦、オーストラリア戦、ニュージーランド戦と、直近の3試合の準備ではいつものルーティンを貫いたことで、良い結果が出ていたからだ。この1週間も順調に調整を進めていたが、決勝当日、試合会場まで移動するバスが渋滞に巻き込まれるというハプニングが起きた。もちろんこのような事態が起こるのは想定していたし、会場に遅れて到着した場合の模擬訓練もしていた。それでも、よりによってワールドカップの決勝戦にこうした事態が発生したことで、動揺している選手も何人かいたはずだ。

だが、それよりもはるかに我々をうろたえさせるような出来事が試合開始直後に起こった。スプリングボクスのウイング、マカゾレ・マピンピにタックルしたカイル・シンクラーが味方のマロ・イトジェと激突し、脳震盪を起こして倒れてしまったのだ。最後には何とか自力で立ち上がり、ゆっくりとフィールドの外に歩いて出て行くことはできたが、シンクラーのワールドカップはここで終わった。チームの主力のひとりである好調の右プロップを試合開始早々に失ったことで、我々はその後、スプリングボクスの力強いスクラムの圧力に終始押され続けることになった。

序盤の20分間は苦しい戦いが続いた。私が今でも後悔しているのは、試合の流れを変えるために必要だったふたりの選手交代ができなかったことだ。しかし、ワールドカップの決勝で20分しか経過していない時点で選手交代をするのはコーチとして大きな勇気がいる。過去に国際試合の舞台でそれをやったことはあった。２０１６年のブリスベンでのオーストラリア戦、試合開始20分過ぎにルーサー・バレルをベンチに下げて試合の流れを変えたのだ。だがこの決勝では、私は南アフリカに対してそれほど大胆な手は打たないことにした。

もしかしたら、私はワールドカップの決勝ということを意識しすぎてしまったために、目の前で繰り広げられている劣勢の試合に対して何らかの対処策を講じようとすることに集中できず、打つべき手を打てなかったのかもしれない。もしあのときの私がリーダーとしてもっと大胆な行動をとれていたら、あの夜に世界チャンピオンになれた可能性はもっとあっただろう。

ニール・クレイグはイングランド代表のハイパフォーマンスの責任者だが、この肩書は私やチームにとっての彼の価値の大きさを説明するにはまったく不十分だ。ニールはチームにとって大切な真実を話し、私がコーチ陣をまとめるのを助けてくれる。コミュニケーションとリーダーシップが専門であるニールは、ワールドカップ後、メルボルンで心理学者のコリン・リードと対話をした。コリンは心理学者としてイングランド代表の良きサポート役を務めたのち、オーストラリアに戻ってアカデミズムでの仕事を再開していた。ニールは、「自分たちは大会を通じて良いパフォーマンスを出せていたのに、肝心の決勝でつまずいてしまった」と言った。コリンは「問題は何だったと思いますか？　あなたには、チームが何らかの問題を抱えていたことはわかっていたはずです」と尋ねた。ニールは明確な答えを返せなかった。私は、そのことが彼の心に引っかかったのだと思う。

コリンは常々、〝高いパフォーマンスを出すためには健全な対立が欠かせないことを理解すべき〟と我々に促してきた。〝勝利の中に問題を見出すべきだ〟ともアドバイスしてくれた。これはトップレベルのスポーツにおける学習の科学がもたらした、重要な教訓である。勝ったからといってすべてがバラ色だと思っていたら、足をすくわれる。現実を見なければならない。ラグビーのワールドカップで優勝を目指している、意欲にあふれた31人の選手から成るチームを率いているのならなおさらだ。チームの内部では日々水面下で様々な出来事が起きている。だからこそコーチは、対立に目を向けなければならない。

このスポーツに関わる年月が長くなればなるほど、あらゆることが順調に見えて誰も問題提起をしないときにこそ、アンテナを立てなければならないことがわかるようになる。チームにとって最高に健全な状況とは、必要な改善点を全員がしっかりと把握しているときだ。そこでは何がうまくいっていないのか、どこに問題があるのかが内部から指摘され、次の大きな大会や試合の前にそれらを修正する機会がある。すべてが順風満帆でどこにも問題点を探る必要がないように見えるときほど、注意が必要だ。ニールと私は当時を振り返り、決勝戦を控えた週に、自分たちがこの過ちに陥ってしまったのかもしれないと話し合った。

ニールは、我々はキャンプでもっと対立を起こすべきだったと言う。その言葉には一理ある。なぜならニールと私は心の底では決勝戦に対して不安を抱いていたし、それは選手たちも同じだっただろうからだ。不安は表に出すべきだった。いつもと同じ試合と見なして淡々と準備をすべきではなかったのだ。懸念事項があったのなら、素直にそれについて話しておくべきだった。準決勝でニュージーランドに勝ったことで、チーム内外の期待が過度に高まっているという現実についても掘り下げることができただろう。決勝は特別だ。他の試合に比べて、結果がもたらすものがはるかに大きい。

ニールは、これらの事実を俎上（そじょう）に載せ、状況が変わったことにどう対処するかについて様々な選手の意見に耳を傾けるべきだったと考えている。チーム全体で話し合いをすることもできただろう。普段よりも不安になっていた選手は、ニールですら決勝を前にナーバスになっていることを知って驚いたかもしれない。相反する様々な感情についてオープンで健全な議論ができたかもしれないし、強い不安を感じているのは自分だけではないと気づけた選手もいたかもしれない。ワールドカップの最終週に不安になるのは自然なことだ。今となっては結果論でしかないが、問題点をもっとオープンに話し合っていれば、南アフリカと戦う前にチームのマインドセットを変えられていたかもしれない。

ニールは〝決勝前の1週間は、チームの準備があまりにもスムーズに進みすぎた。だから「現実を見ろ。これは、世界一のチームを決める試合だ。当然、選手は不安でたまらないだろう。あらゆる問題点について、真剣に取り組まなければダメだ」と自分に問いかけるべきだった〟と言う。あえて波風を起こして、チーム内に渦巻く不安の原因をすべて洗い出すべきだった、と。

しかし、ワールドカップの決勝戦を準備するための唯一の正解があるわけではない。それはチームのそのときのメンタリティに大きく左右されるからだ。コーチは選手が何を必要としているかをしっかりと見極めなければならない。私も、これをもっと正確にできるようになるための努力を続けている。とはいえハイパフォーマンスという目標の頂点に近づくほど、サイコロを振るような運任せの要素も絡んでくる。あの週、我々コーチ陣はチームの心理状態を掘り下げ、問題点を浮き彫りにすることもできただろう。だがそのことでチームは強くなったかもしれないが、逆に弱くなったかもしれないのだ。私はそのどちらのケースも経験してきた。あの週に私がチーム内で観察した問題点の中には、すぐに手を打てるものもあった。そのことでチーム状態を向上できたかもしれない。だがその一方で、問題をさらに悪化させてしまった可能性もある。つまり、コーチがチームを導く際にははっきり白黒を判断できる状況ばかりとは限らず、常にリスクが伴うということだ。グレーな部分が多く、複雑な判断を下さなければならない。

水曜日は、かなり良いトレーニングができた。選手たちは気力、体力ともに充実しているように見えた。細かな点は指摘できただろう。もし問題点の改善を求めれば、チーム状態を向上させられるかもしれない。だが、逆に悪化させるかもしれない。私は良い点を強調し、いつものトレーニング・パターンを貫くことを選択した。

他の方法を選択するコーチもいる。別のワールドカップの決勝トーナメントの前、あるチームのヘッドコーチはあえて波風を起こした。このチームには確固としたプレーシステムがあり、試合前には必ず同じルーティンに従っていた。それは長年うまく機能していた。だがこのワールドカップの決勝トーナメントに限って、コーチは問題点を解決しようとして、チーム全体での連係プレーの確認作業をいつもより2回も多く行った。主力選手たちは「一体どうしたんだ？　俺たちの何が問題なのだ？」と不満を漏らした。ベテラン選手すらそんな考えを持ったのだから、若手は「コーチは自分たちを信頼していない。きっとチームはうまくいっていないんだ」とさらに不安にかられただろう。

このチームは試合で大敗を喫した。コーチはサイコロを振った。つまり、問題点を表面化させ、それらを修正しようとした。結果論として言えば、それは間違った判断だったのだろう。だが、コーチは誰でも日常的にこのような判断をしているものだ。後からなら何とでも言えるが、試合前にはどちらが最善策なのかはわからない。ただし、覚えておくべき重要なポイントがある。それは、チームを率いるうえで、あらゆることがうまくいっている状態を決して期待してはいけないということだ。必ずどこかに問題はある。

コーチは常にこうした問題点に目を向け、それを解決していこうとするチーム文化を確立する必要がある。選手やスタッフは、どんな問題も致命的なものではなく、解決策を生み出すチャンスと見なさなければならない。あのときのイングランド代表には、問題を解決しようという姿勢が十分ではなかった。問題を脅威と見なす者が多く、何よりそれを自分たちが今感じている快適さに対する脅威だと捉える傾向があった。

イングランド代表には経験が不足していた――。それが結論だ。ここ一番の大舞台で力を出すという意味でも、まったくタイプの違う２つの強豪チームを打ち負かすために必要なものが何かを理解していなかったという意味でも。我々は際立った攻撃と強度（インテンシティ）でニュージーランドに衝撃を与えたが、南アフリカの強力なフィジカルや高度なセットプレーには適応できなかった。イングランドの柔軟性や汎用性は十分に効果的ではなかった。この大会を通して、イングランドは最も強く、安定したチームだったと主張することもできるだろう。だが我々は一番重要な試合で真価を発揮できなかった。コーチにも選手にも責任がある。また、ときには物事がうまくいかない日があることも認めなければならない。

　敗北は我々を打ちのめした。選手たちには、私が２０１５年11月にイングランドのヘッドコーチになったときに掲げたビジョンを達成する準備が十分にできていた。我々の最終目標は、「ワールドカップ・日本大会で優勝すること」だった。それがイングランド代表のビジョンであり、我々はその目標から逆算して日々のトレーニングに励み、それを現実的な目標にするための文化や環境、信念を築き上げてきた。日本で開催された大会本番に至る道のりでは紆余（うよ）曲折があったが、目標は常に明確だった。

　イングランド代表には、才能に恵まれ、学ぶ意欲と向上心にあふれた素晴らしい選手たちがいた。我々は、世界チャンピオンになる準備ができた、一致団結した野心的な集団になっていた――南アフリカと対戦するまでは。

　決勝の夜、スプリングボクスはイングランドより優れていた。攻撃的で、論理的で、パワフルで、何よりもワールドカップを手にするのは自分たちだという気迫に満ちていた。前週のウェールズ戦での不完全燃焼の勝利から、少なくとも2段階以上レベルを上げてきていた。イングランドに対して、特別な戦いを仕掛けてきたのだ。

トロフィーを掲げ、歓喜に沸いて踊り回る南アフリカの選手の姿を眺めていた我々には、ほかにどんな戦いをすればよかったのだろうと思いを巡らすことくらいしかできなかった。だが、あとの祭りだった。２０１９年の夢は終わったのだ。私は迷っていた。この夢を土深くに埋めて、チームを去る準備をすべきなのか、と。

我々は東京からロンドンに向かう飛行機に乗った。到着後、私は努めて冷静にふるまい、大会の感想を聞かれても肩をすくめて笑顔で応えようとした。だが、心の底では大きな虚無感に襲われていた。それは16年前の２００３年11月に感じたのと同じ虚しさだった。オーストラリア代表のヘッドコーチだった私は、シドニーで催されたワールドカップ決勝、延長戦でジョニー・ウィルキンソンに後に語り草になった見事なドロップゴールを決められ、イングランドに敗れた。

新たなビジョンを掲げ、オーストラリアのラグビー界に成功のサイクルをもたらすことができると信じていた私は、オーストラリア代表のヘッドコーチに留まった。だが、その決断は失敗に終わった。ビジョンは正しかったが、私はその後の2年間であまりにも多くの間違いを犯してしまった。それは、純粋な疲労のせいでもあった。私はこの国のヘッドコーチとしての仕事に燃え尽きていた。２００５年にクビになる前から、私はワールドカップの決勝戦後にすっぱりと袂（たもと）をわかっていたほうが、オーストラリアのラグビー界にとっても私自身にとってもよかったのではないかと思っていた。

だが、イングランド代表の場合は違った。日本に出発する数カ月前の時点で、私は２０２１年までヘッドコーチを続けるという内容の新たな契約にサインしていた。ラグビー・フットボール・ユニオン（ＲＦＵ）からは次回の２０２３年大会でもイングランドを率いることを求められたが、私はワールドカップに向けた4年のサイクルをもう一度繰り返すことへの決意が自分の中にあるかどうかを見極める必要があった。

私は長年にわたり、ラグビー・ワールドカップの結果がもたらす影響を分析してきた。そこには明らかな傾向が見られた。決勝で負けたチームはたいてい挫折から立ち直るのに苦労し、不調に陥っていた。決勝を戦ったコーチのほとんども、ニュージーランドのスティーブ・ハンセンを除いて、国際舞台から姿を消すか、同じような成功を再現できていない。

私は２００７年大会、ジェイク・ホワイトが率いる南アフリカ代表が優勝した際、テクニカル・コンサルタントとして同チームに3カ月間帯同し、金メダルを手にしている。だからこれまでワールドカップの決勝戦に3回出場しているが、成功を維持するのがいかに難しいかはよく知っている。

長く疲れる11月に、まだ少し混乱している私の頭の中を様々な想念が駆けめぐった。一番簡単な選択肢は、２０２１年に契約を満了したのち、イングランドが新たなコーチ体制に移行するのを手伝うことだった。私はプロに徹し、献身的に移行をサポートしてから、自分自身の新しいラグビーの冒険を始めることができるだろう。第2の選択肢は、満了前に契約を破棄してイングランドを去ること。だが、それは正しい決断だとは思えなかった。２０１５年にオファーをもらった、自分にとって極めて魅力的で意外性に満ちたイングランドのヘッドコーチを続ける機会を、手放すことには躊躇があった。

第3の選択肢は、次のワールドカップまでイングランドを率いること。それは不確かなものに思えた。私は本当に再び自分とイングランド代表を奮い立たせ、もう一度4年間のサイクルに全身全霊をかけた挑戦ができるのだろうか？　どんなふうにその仕事に取り組めばいいのだろう？　これは馬鹿げた考えなのだろうか？　それとも、17連勝でスタートし、シックスネイションズで全勝優勝を達成し、ワールドカップ決勝に進出した前回の4年間よりも、今回は多くのことを成し遂げられるのだろうか？

数日間、自分なりに考えてみた。その際に役立ったのが、本書で紹介するリーダーとしての価値観や原則、手法だ。これらはスポーツやビジネス、教育などの多くの分野でのリーダーシップの様々な側面に当てはまるもので、本書ではこれから何度も繰り返し言及していく。私は、もし第3の選択肢を選ぶのなら、次のことが必要だと考えた。

・高いパフォーマンスを発揮できるチームをもう一度つくるには、絶え間ない活動のサイクルが欠かせない。
・イングランド代表には継続的な改善が求められている。
・再構築と刷新のための厳格なプロセスが必要である。
・戦略、変革、オペレーション、マネジメントの視点に基づいた思考をしなければならない。
・各レベルの思考を交差させながら、戦術的な知見とアシスタントコーチや選手との明確なコミュニケーションを活用し、この熾烈な4年間のサイクルのすべてのステージでチームを成長できるようにしなければならない。
・私は長年のリーダーシップの経験を活かして、勝利と敗北の両方から教訓を引き出すべきである。

私はこのメモを書きながら、4年間のサイクルを始めるにあたって、次の考えが極めて重要だという思いを強くした。
それは、〝最初に最終目標をイメージする〟ということだ。

ユニクロの柳井正から学んだこと

大企業のCEO、学校の学部長、スポーツチームのコーチ、様々な地域活動のリーダー――。立場や肩書は関係ない。リーダーは常に、自分がどこに向かっているのかを把握しておかなければならない。最終目標、つまり使命は、目的地に到達するための地図となる。

逆に、考えがまとまらず、最終目標が曖昧な状態であれば、挑戦への道のりを進むのはいったん止めたほうがいい。出発しても、堂々巡りで行き止まりに突き当たってしまうからだ。リーダーが何度もUターンしていたら、後ろに続く人たちのモチベーションも下がってしまう。

リーダーは何よりもまず、最終目標としてのビジョンを描くことから始めなければならない。次に、その最終目標を達成するためには何が必要かを逆算して、現在地からゴールに向かうための具体的なステップを定めていく必要がある。それは、梯子（はしご）を一歩ずつ降りていくような大変な作業だ。だがいったんこの方法で戦略を定めれば、あとはチーム一丸となって目標に向かって突き進める。リーダーがチームを導く基盤が、明確かつ正確なものになる。人生で価値のあるすべてのことがそうであるように、時間と労力はかかる。だがこのプロセスを通じてリーダーの経験や知識が蓄積されていくにつれて、チームは大きな収穫を手にできるようになる。

〝どこに行きたいのかを明確にしないという罠〟にはまる人は多い。リーダーが目的地を示さなければ、組織やチームの焦点はぼやける。結果として道に迷い、取引や試合、人や利益を失うことになる。だがリーダーが常に最終目標を意識していれば、後ろに続く者たちには困難な道のりの先にあるビジョンが見えてくる。

トップレベルのビジネスやスポーツの世界では、競争は熾烈を極め、常に課題と向き合わなければならない。現状を打破し、障壁を乗り越えるには絶え間ない向上心が必要だ。もしこの改善への強く、やむことのない意欲を持てなくなったら、それはリーダーとして身を引くべきときだ。

「チームはいい状態にある。なのに、なぜ私は今日も懸命にコーチの仕事に取り組まなければならないんだ？　少しくらい休んだっていいだろう？　もう十分に結果は出したじゃないか」――こんな考えが頭に浮かぶようになったら、それは潮時だ。その立場でのリーダーとしての仕事は十分に成し遂げたと認め、新天地を求めてその場を去ったほうがいい。

その選択をするのは決して恥ずかしいことではない。むしろ、自らの挑戦が終わったタイミングを自覚できるのは名誉なことであり、賢明であることの証しだ。あなたは目的地に達した。新たな意欲と決意にあふれた誰かがあなたの仕事を引き継ぎ、組織を新しい目的地へと導くときが来たのだ。もちろん私にも、そう遠くない将来にそんな日が訪れるだろう。それでも2019年11月の時点では、イングランドのヘッドコーチとしての私がこうした心境にまだ達していないのは明白だった。

またイングランド代表のヘッドコーチとして仕事を続けたい――そう思い始めた瞬間、もう一度新たな4年間のサイクルに全力で挑戦しようという気持ちは固まっていた。私は、毎日目を光らせながら工場内を歩き回る管理職のことを考えた。オフィスにこもってゆっくりお茶を飲むのではなく、現場に足を運び、進歩し続けたいという絶え間ない意欲を持ち、自らの目で部下が仕事にきちんと取り組んでいるかを確認しないと気が済まず、もし部下が力を発揮できていなければ、励まし、鼓舞する管理職を。

自分たちは１００パーセントの力を発揮しているという自負を持つチームは少なくない。実際、大きな大会などの重要な場面ではそれに近い力を発揮しているチームもいるだろう。だが、大きな差を生むのは残りのわずか数パーセントだ。私はこれを「自己裁量的な努力」と呼んでいる。なぜなら、自らの中に眠っている５％や10％の余力を見つけられるかどうかは、自分自身の気持ちひとつにかかっているからだ。自分の心の奥底に到達し、眠っている野心や欲求を掘り起こせるリーダーこそが、チームや組織を偉大なものにできる。

私は自分の内側から、どうしても２０２３年のフランス大会までチームを率いたいという強い欲求が込み上げてくるのを感じた。だから、再び列車に乗り込むと決めた。新たな推進力によってこの列車を終着点まで到達させる、と腹を括(くく)ったのだ。

だが、そのことを誰かに話す前に、まずは終着点を明確にイメージする必要があった。ビジョンを描かなければならなかった。

私は、〝イングランド代表の限界は誰も知らない〟と自分に言い聞かせた。もし我々が正しいビジョンを描ければ、これまで自分たちで勝手に設けていた限界を超え、新しい場所に到達できるはずだ、と。「２０２３年のワールドカップで優勝を目指す」という、以前と代わり映えのしないビジョンを掲げても意味がないのはわかっていた。これはビジョンというより、前回の計画のコピーにすぎない。もちろんワールドカップの優勝を目指すことは、我々の努力の中心にある。だがそれを凌駕(りょうが)する、選手をさらに鼓舞するような新たなビジョンが必要だった。

アイデアの種は芽生え始めていた。私は常にスポーツ以外の世界に目を向けていた。コーチの経験を積んでいくほどに、その好奇心は膨らんでいった。7年前、東京のゴールドマン・サックスのアドバイザリーボードのメンバーに就任したのもそのためだ。エリートスポーツに魅了されているビジネスパーソンは多く、スポーツ界の人間が示す教訓の中から自らのビジネスに応用できるものを見出そうとする。同時に、スポーツ界の人間もビジネスをはじめとする他分野のリーダーから多くを学べる。だから、アドバイザリーボードのメンバーとしてゴールドマン・サックスの人々と定期的に会うことは、双方にとって恩恵があるものだった。私自身、計り知れないほどのメリットが得られた。

その好例が、ゴールドマン・サックスでの仕事をきっかけに柳井正と親交を持つようになったことだ。彼は日本の億万長者だが、お金にあまり興味のない私にとって、単なる大富豪以上の存在だ。大胆で独創的な思想家であり、徹底して考え抜き、勇気を持って壮大なビジョンを描く彼は、ファーストリテイリング社の創業者兼オーナー兼社長である。同社は彼が1984年に設立したカジュアル衣料品の製造・販売会社ユニクロの持ち株会社だ。現在ユニクロは世界各地に約2500店舗を展開しており、正は日本一の富豪と見なされている。2021年時点での彼の推定資産は450億ドル以上。だが私としてはその莫大な資産よりも、彼が成功を手にするまでの物語のほうが好きだ。

正の父親は西日本の都市で衣料品を取り扱う会社を経営していた。正が父親から会社を引き継ぐと、経営は数週間で大混乱に陥った。正が生意気だという理由で、従業員が皆辞めてしまったのだ。正には意欲と理想があった。だが、彼が直接私に話してくれたように、当時は気遣いや他人と一緒に仕事をするための基本的な能力を持ち合わせていなかった。正は、父親が築き上げてきたものを刷新し、まったく新しい会社に生まれ変わらせようとした。けれども、それはうまくいかなかった。

正はいったん頭を冷やし、じっくりと考えた。次第に、父が築いた地道な商売をいたずらに改造しようとするのではなく、自分が目指す衣料品店を立ち上げるべきだということがはっきりしてきた。闇雲にビジネスに取り組もうとせず、時間をかけて構想を練るべきだとも考えるようになった。

正の夢は、世界一のカジュアル衣料メーカーをつくることだった。父親から引き継いだ小さな会社を大失敗させた青年が、ファストファッション市場を席巻する、小売業分野の世界的な企業の経営者になりたいという壮大な夢を描いたのだ。ビジョンを思い描いた後は、ありったけのエネルギーと冒険心でその実現に向かった。1984年、広島にユニクロの1号店をオープン。店は大成功し、正は国内の工場をいくつも買収し始めた。夢の実現のために積極的に行動し続け、ユニクロをチェーン店化するのにそう時間はかからなかった。

正によれば、この時期に人にものを教える方法や、人を導く方法を学んだという。当初は独裁的なリーダーだったが、様々な教訓を学ぶうちに、従業員に裁量を持たせる経営者に変わっていった。ただし、正も従業員も、世界最大のカジュアル衣料ブランドになるというビジョンは常に忘れなかった。その夢は実現しつつある。ユニクロは現在、ファストファッション界で世界3位のブランドになっている。その先を行くのはスペインのZARAとスウェーデンのH&Mだけだ。

私は、2019年11月下旬にイングランド代表のビジョンを構想する際、正の大胆なビジョンや、勇気、行動力を思い浮かべた。これから4年間の挑戦で、正を見習い、自分たちができることには限りはないという信念を持ちたいと思った。イングランド代表にとって、かつてないほどに大きなビジョンを描きたかった——ラグビーが盛んで、野心が大きすぎると疑いの目を向けられがちなこの国で。

日本人のハーフで、強いオーストラリア訛りの英語を話す私と、イングランドのラグビー界とのあいだにはたしかに文化的な違いがある。だが、それを夢の実現の妨げにしてはならない。オーストラリア人の私がイングランドのラグビー代表チームのコーチをするという皮肉な現実には、今でも時々思い出しては笑ってしまう。だが難しいとわかっていたからこそ、私はこの仕事に魅力を感じて引き受けた。私はイングランド代表のヘッドコーチを務めた最初で最後のオーストラリア人になるかもしれない。なぜなら、スポーツマンとしての我々の思考パターンは正反対だからだ。

２０１５年、私には変化を起こす勇気が必要だった。イングランドラグビーの伝統は受け入れつつ、このチームを行き詰まらせているマインドセットを変革するための戦略を立てなければならなかった。私は何かと摩擦を引き起こしがちな自分の性格をうまくコントロールしながら、イングランドのラグビーを軌道修正していった。それを4年続け、チームはかなりの成功を収めた。記録によれば、私はイングランド代表の歴代コーチのなかで国際試合での勝率が最も高い。しかし、それでもワールドカップ優勝という夢にはあと一歩届かなかった。

そして今、前の4年間よりもさらに大きな夢を描くときが来た。この新たな4年間のサイクルの始まりに際し、私は具体的な目標を掲げて、ビジョンをはっきりと描いた。

それは、「イングランドを世界一のチームにする」だ。

ビジョンは決まった。このビジョンを追い求めるうえで何よりも刺激的なのは、限界が設けられていないことだ。どんなコーチやチームも、短期的な成功なら収められるだろう。だが、偉大さの本質は成功を続けることだ。我々は果てしない高みを目指して、向上と勝利を続けていく。ワールドカップ優勝は大きな目標だが、夢はそこに留まらない。

最終目標は明確に定まった。我々は、ラグビー史上最高のチームになるために最大限の努力をする。

リーダーシップの中心にあるのは勇気

ビジョンを設定したら、次の4つの戦略的なステップを踏むことが重要だ。

- **原則を定める**
- **価値観を設定する**
- **雰囲気を理解する**
- **現状を知る**

これから、本書全体を通して、ビジョンを実現するために必要な原則や価値観を探っていく。だがまずはここで、勇気がすべてのリーダーシップの中心にあることを強調したい。原則や価値観の基礎となるのは、ハードワークや規律、鉄の意志、謙虚さ、好奇心、誠実さなどだ。しかしビジョンを導くために必要な勇気がなければ、それらは無意味になる。

ここ数年、私はプロサッカー・コーチのユルゲン・クロップが、イングランド・プレミアリーグのリバプールでビジョンを掲げた方法に感銘を受けてきた。それはこの都市のメンタリティに合った、勇気あるビジョンだった。クロップはリバプールのコーチに就任すると同時に変革をもたらした。チームを特別な場所へと導く決意があることを、すぐに皆に理解させたのだ。残念ながら私はクロップと会って話をしたことがないので、彼が「コーチ」という言葉の語源がハンガリー語であるのを知っているかどうかはわからない。ハンガリー語では、この言葉には人を目的地に連れて行くという意味がある。それは、まさに我々コーチの仕事の本質だ。

クロップがリバプールで大成功を収めたのは、クラブや町、人々を信じられないような場所に連れて行くために必要な決意や知性、そして何より勇気があったからだ。２０１９年にチャンピオンズ・リーグを制すと、２０２０年にはプレミアリーグで優勝し30年ぶりにイングランド王者に返り咲いた。このすべてを支えていたのはクロップの勇気だ。それはこのビジョンを実現するうえで直面した多くの困難を乗り越えるために不可欠だった。

このような勇気のあるリーダーはめったにいない。たいていのリーダーは、慎重でありたい、快適な場所に留まりたいと考える。だが勇気ではなく、慎重さや快適さを優先させるなら、ビジョンはぼやけたものになってしまう。

私はこのような勇気は、誰かに教われば簡単に持てるようになるものではないと思う。それは自分の中にあるか、ないかのどちらかだ。もちろん、リーダーに向いていない人でも、いざというときに勇気を振り絞ることはできる。だが壮大かつ野心的なビジョンを掲げ、その実現に向けて人々について来たいと思わせるような勇気は、他とは一線を画すものだ。このような勇気を持つ力は、親から受け継いだ天性のものとも言えるし、過去の人生体験によって必然的に培われたものだとも言えるかもしれない。

　リーダーシップにはエゴも必要だ。このような勇気を持つためには、信念と自己信頼が必要だからだ。この勇気は、「自分はチームをビジョンの実現に向けて導くことができる」という自信を土台にしている。ただしリーダーは決して自らの動機だけにとらわれず、自分が率いる組織の動機も尊重しなければならない。柳井正も最初に大きな失敗をした後でそれを学んだ。私もこの重要な教訓を学んだことで、自分のエゴを二の次にして、チームを優先させられるようになったのではないかと考えている。この点については、様々な経験が大いに役立った。

　だから、リーダーが「私は選手たちへの奉仕者である」と言っても、矛盾はない。

　イングランド代表コーチの仕事に再び全面的にコミットすると決めたとき、私は新たなビジョンを声に出して積極的に示す必要があると思った。前回の２０１５年から２０１９年までのサイクルでは、我々はワールドカップで優勝するという結果を重視しすぎていた。

　これからの4年間は、もっと野心的に考える必要がある。２０２３年のワールドカップで勝つためには、２０１９年よりもさらに良いチームにならなければならないからだ。だからこそ、史上最高のラグビーチームになることを目指すべきなのだ。

　そうすれば、我々コーチは、目指す場所に向かうために必要なことに重点的に取り組めるようになるだろう。選手たちがさらなる高みを目指して努力するのを励ますことにも集中できる。私は選手たちに、イングランド代表でプレーするのは、これから4年をかけて最高の選手に成長することであると知ってもらいたいと思っている。

選手たちは正しい方向に進んでいる。それでも、２０２０年12月に様々な専門家が選んだ過去10年間の世界のベストフィフティーンの結果は、現実を物語っていた。イングランド代表の選手はひとりも選ばれていなかった。私もこの結果に同意した。２０１０年から２０２０年の間に、世界の15人に選ばれて当然だと言えるほどの活躍をしたイングランドの選手は見当たらないと思うからだ。ただし、選出される才能のあるイングランド人選手が皆無だったとは思わない。可能性を秘めた選手はたくさんいるが、まだ大きな一歩を踏み出せていないだけだ。我々代表チームのコーチ陣は、選手たちがその一歩を踏み出す手助けができると信じている。

世界一のチームになるには、5、6人の選手が各ポジションで世界最高と呼べる存在になる必要がある。だから我々は、代表に選ばれることについての考え方を改めることを目標にした。つまり、イングランド代表に選ばれることはこの国のラグビー選手のキャリアの頂点ではない。これから先、自分がどれだけ成長できるかを知るための、絶えざる向上が求められる道のりをスタートさせたにすぎないと捉えるべきなのだ。

かつてはイングランド代表に選ばれることは、多くの選手にとって自らのキャリアの頂点だった。これ以上ない成功を手にした、ミッションは達成された、と考えられていた。しかし今、我々は選手たちにこう伝えている。「これは始まりにすぎない。君たちの本当のキャリアはこれからだ」。我々はこんなふうに選手たちにテーマを与えることで、彼らの力を引き出そうとしている。

私は選手たちに、将来、語り草になるようなチームを目指そうと言っている。パブで酒を飲みながら昔話をしている人たちに、「あのときのイングランド代表は、史上最高のラグビーチームだった」と思い出してもらえる。そんなチームになることが、我々が懸命に追い求め、実現させたいシンプルな目標だ。

私は、ビジョンを語るためには、アイデアを小出しにして、人の反応を見ていくことも重要だと学んだ。折に触れて会話の中にアイデアを盛り込み、相手の反応を観察するのは興味深いものだ。すでに誰かに対して試しているので、アイデアは共同作業で生み出したものになる。もちろんこれは公式な形でも行えるが、私がいつも思い出すのは、オーストラリアの元首相、ポール・キーティングのテクニックだ。弁舌巧みな演説で人々に感銘を与えることで知られていた彼は、いつも事前に演説のネタを部下相手に試し、その反応を探っていたという。反応が鈍かったり、手ごたえがなかったら、表現を変えたり、ネタをお蔵入りにすることもあったようだ。

肝心なのは、相手の反応を真剣に観察すること――これが、私が元サッカー監督のサー・アレックス・ファーガソンと過ごした時間から得た最大の教訓だ。彼は、監督を務めたイングランド・プレミアリーグのマンチェスター・ユナイテッドでの仕事で、細やかな観察の重要性を強調していた。これは、現場を歩くこととも共通する。職場の雰囲気をつかむのは、コーチにとって極めて大切なスキルだ。ただし、実践するには大きな労力がいる。だから、それを避けようとするリーダーがいるのも事実だ。だが優れたリーダーは、常に場の雰囲気を把握しようとして、メンバーに声をかけ、話に耳を傾けている。「リーダーは常に集団を取り巻く空気を理解し、現状を把握しておく必要がある」のを知っているからだ。

私は、現場を歩き続ける。

２０１５年にイングランド代表ヘッドコーチに就任したとき、私はチームのビジョンを設定した。これは単純な作業だった。選手たちが間違ったスタイルでプレーしているのが明らかだと思えたからだ。
柳井正に話を戻そう。彼は、現実的なビジョンを設定した。世界のリーダーになるという大きな野望を抱いてはいたが、そのビジョンは焦点が定まっていた。正は自社ブランドを立ち上げるにあたって、最高級のスタイリッシュなデザインを模倣しようとはしなかった。それは、日本で父親から引き継いだ初めての事業を失敗させた青年にとって、現実的なアイデアではなかったのだろう。正は、自分の技量に合った仕事をした。良識あるデザインと高い品質を重視した、基本に忠実な服づくりをしたのだ。それを土台にして事業を構築し、変革させ、さらに発展させていった。そのビジョンはスマートで、計画は整然としていて、経営は論理的だった。現在のユニクロを見れば、彼のビジョンが正しかったことがよくわかる。

　ファストファッションのビジネスとイングランド代表のラグビーを比較するのは馬鹿げていると思うかもしれない。しかし２０１５年、母国開催のワールドカップでグループステージ敗退という屈辱を味わった後、私はイングランドにも柳井正の現実的かつ徹底したアプローチを模倣する必要があると思った。イングランド・プレミアシップのクラブでの選手たちのプレーを見れば、イングランドのラグビーがどんなものかがよくわかる。決して華麗で魅力的なラグビーではないが、熾烈で、伝統的で、容赦のないタフなラグビーだ。イングランドの選手はこうしたラグビーが身体に染みついている。だから、ニュージーランド代表のように国際試合で手を緩めてプレーしたりはしない。

　重要なのは、正しいビジョンを示してイングランド代表を再び軌道に乗せることだった。イングランドラグビーの真の価値観に根ざしたスタイルでプレーし、２０１９年のワールドカップで優勝を目指す――。我々はこのビジョンにあと一歩まで近づいた。目標が明確だったことが大いに役立った。私は、低迷した組織を引き継ぐ者が陥りがちな失敗も避けることができた。新任のヘッドコーチやＣＥＯは、前任者のクビが飛んだ原因となった問題をすべて解決しようとしがちだ。しかし私は、イングランドラグビーの分裂の中心部に横たわる根深い問題には立ち入らないようにした。クラブと国のあいだの混乱を整理しようともしなかった。イングランド代表チームの指導に集中し、彼らを結束させることに全精力を注いだのだ。

その12年前の２００３年にオーストラリア代表での仕事を続けると決めたとき、私は新たなビジョンを描くよりも、チームのオペレーション面の改善に時間を多く費やした。ワールドカップ優勝に執着し、最終目標に関してもそのことで頭がいっぱいだった。チームのプレースタイルを根本から変えることが、このビジョンの実現につながると確信していた。攻撃重視のアタッキング・ラグビーを再定義し、ランニングゲームとキッキングゲームを融合させようとした。ワールドカップまでの4年間で、オーストラリアは２００３年当時のランニングゲームから、２００７年の大会ではキック主体のゲームをするようになっていた。この大会では、最高で1試合に95本もキックを使っていた。

つまり、我々は正しい方向に進んでいた。２００４年のオーストラリア代表のフォーメーションは、今では多くのチームで採用されている。スティーブン・ラーカムが10番を付けていたとき、チームは成功していた。しかしその後で低迷してしまった。問題は、チームやビジョンというより私自身にあった。

2003年のワールドカップ決勝でイングランドに大接戦の末に敗れたことを、私はまだ悔やんでいた。そして愚かにも、4年間のサイクルで最高のチームをつくり上げることではなく、2007年のフランス大会で勝つことばかり考えていた。私は、ワールドカップへの執着に負けたのだ。

この苦い経験から、私は戦略を超えて、リーダーシップの次の3つのフェーズにさらに力を入れる必要があることを学んだ。

・適切な人材の発掘

・オペレーション

・マネジメント

またこの失敗の後、無私のビジョンが必要であることも理解した。リーダーは、自分がどこに行きたいかではなく、組織がどこに行くべきかを重視すべきなのだ。リーダーの個人的な最終目標と、組織全体としての最終目標は別物だ。私はオーストラリア代表を再び率いた2004年と2005年、その違いに気づけるだけのリーダーとしての経験がなかった。それだけに、2007年に南アフリカ代表のチームアドバイザーになり、チームが世界チャンピオンになるのを経験できたのは幸運だった。極めて優れたチームがどのように運営されているかを目の当たりにできたし、簡単に修正できるようなポイントもいくつか指摘できた。

ワールドカップの優勝メダル以上に価値があると思えたのは、この素晴らしい経験を活かして、下馬評の低かった日本を2015年のワールドカップで躍進させられたことだった。この大会で日本が成功したことが、イングランド代表のヘッドコーチへの仕事につながった。まったくの弱小チームだった日本の選手たちを育て、スポーツ史上屈指のサプライズを起こすまでに至った4年間は、リーダーとしての私を最も豊かにしてくれた期間だった。

それまでの日本代表に対する私のイメージは明確だった。過去にワールドカップで勝ったのはジンバブエ戦の1試合だけ。ひとつの引き分けを除けば、ワールドカップの残りの試合は平均35点差で負けている。最も大差をつけられたのは1995年のニュージーランド戦で、実に145点を取られた。過去に東京のクラブチーム、サントリーのヘッドコーチを3年間務めた経験のあった私は、2012年に日本代表のヘッドコーチに就任したとき、大胆なチームビジョンを掲げた。

「2015年のワールドカップ・イングランド大会で準々決勝に進出すること」を目標にしたのだ。

チームのコーチ陣や選手たちでさえ、私の頭がおかしくなったと思ったようだった。だが、優れた人材を選び、オペレーションとマネジメントを徹底した結果、大会前夜には十分な実力を備えたチームになったことを実感できた。だからこそ、私は2015年の開会式で日本が軽く扱われたことに対してはずかしめを覚え、チームを代表して怒りをあらわにした。この開会式で、日本は2019年大会の開催国ではあるが、試合に勝つ見込みのないチームという、無害な小国として描かれていた。日本の「ハイライト」のコーナーでは、20年前にオールブラックスに145点を奪われた試合の映像だけが映し出された。私は激怒した。

それでも、私は一線を越えるようなことはしなかった。次のチームミーティングでは、開会式の件については少し触れるだけに留め、それまでの3年間の驚異的な成長の原動力となったビジョンをもう一度再確認した。この頃になると、選手たちはこのビジョンを強く信じるようになり、とても落ち着き、決意を固めていた。

日本代表のワールドカップ初戦、圧倒的に下馬評の高かった南アフリカとの対戦は、私が関わったラグビーの国際試合のなかで2番目に完璧に近い試合になった。日本代表は、２０１９年にイングランドがニュージーランドを破ったのとはまったく違う形でスプリングボクスを驚かせた。試合前、選手たちには明確な課題を与えた。試合開始から60分経過時点までは、勝利の可能性が残るスコアを何としても維持すること――。そうなれば、スコアボードが我々に有利に働いてくれるはずだ。勝って当然と見なされている南アフリカはプレッシャーにさらされる。そこに我々のチャンスがある。ゲームは実際にプラン通りの展開で進んだ。試合終了間際、ペナルティキックで引き分けに持ち込もうとするのではなく、勝ち越しトライを奪いに行き、実際にトライを決めた劇的な勝ち方は、まるでおとぎ話の世界の出来事のようだった。それでも、この34対32の勝利をもたらした原動力になったのは、紛れもなく我々が最初に掲げたビジョンだった。

日本で開催されたワールドカップの２０１９年大会、日本代表の位置づけは大きく変わっていた。開会式のハイライト映像で放映された日本が勝利を収めた４つのシーンは、この国のラグビーがここまできたということを物語っていた。ご存じのとおり、日本は母国開催のワールドカップで準々決勝まで勝ち進んだ。私は7年前にビジョンを掲げたことで、このストーリーに少なからぬ貢献をしたと自負している。大きな夢を持てば、特別なことを成し遂げられ、周りの世界を驚かせることができると示したのだ。

　イングランド代表の使命、このチームが掲げているビジョンは、特別な何かをつくり出すことでもある。選手たちには、後世に残る遺産（レガシー）をつくる機会を得ていると感じてほしい。イングランドラグビーの歴史についての大著が書かれるのならば、その冒頭と最後に我々がフィールドの内外で行ってきたことが書かれるような、そんなチームになってほしいのだ。


　コーチングとリーダーシップは絶え間なく循環するプロセスだ。そこに終わりはない。目標を達成したら、すぐに次のビジョンに移る。過去の栄光にしがみついてはいけない。チームや製品が、ある期間、世界一になることはある。しかし、この世に不変のものはない。サイクルを繰り返す中で、新たなビジョンを生み出さなくてはならないのだ。

　たとえばアップル社は今後数年間で、ｉＰｈｏｎｅを凌ぐまったく新たな製品を主力製品に置き換えるかもしれない。同社はｉＰｈｏｎｅが登場したときも、それまでのヒット作を脇に置く勇気があった。大きなビジョンを掲げて、当時は誰もが使っていたような製品の優先順位を下げてまでｉＰｈｏｎｅの展開に注力したのだ。

　エリートスポーツチームのコーチも同じだ。ワールドカップの決勝に進出し、優勝する可能性だってあるが、そこで立ち止まっているわけにはいかない。チームや組織を率いている以上、ゴールはない。ゴールがあるとしたら、それは自分が組織を離れるときか、引退するときだけだ。そのときが来るまでは、コーチはこの終わりのない無限のサイクルのなかにいる。

このサイクルのなかで、コーチは新たな探求を進めなければならない。それは常に、ビジョンから始まる。リーダーとして新たな役割を始めるときは、必ず目標を明確にし、そこから逆算して行動する必要がある。これはごくシンプルだが、極めて効果的なテクニックだ。

この章のまとめ

最初に最終目標をイメージする

・原則を定める
・価値観を設定する
・雰囲気を理解する
・現状を知る
・現場を歩く

第2章 派手なプレーより性格

——適切な人材を周りに配置する

気の合う人だけでは組織は発展しない

２００１年にオーストラリア代表のヘッドコーチに任命されたときの私の心境は、まさにリーダーの孤独と呼ぶべきものだった。私の前任者で、１９９９年のワールドカップでオーストラリアを優勝に導いたコーチ、ロッド・マックイーンは、私に祝福の言葉を述べた後、「これで君は正式にオーストラリアで最も孤独な男になったな」と意味ありげに付け加えた。

ロッドは実に知的な男だ。私はすぐに彼の言葉の真意を理解した。ヘッドコーチは孤独な仕事だ。それは企業のＣＥＯにも、ビジネスや教育、軍隊、政治などの様々な分野のリーダーにも当てはまることなのだろう。リーダーは孤独だ。だからこそ、その孤独を乗り越えるために、周りには適切な人材を配置すべきだ。彼らがいても、大きな仕事を任されたリーダーが感じる強烈なプレッシャーがなくなるわけではない。だが、その負担は軽減できる。

リーダーは大きな仕事を任されたときに火傷してしまうこともある。二度と、その火に近づきたくないと思う場合もあるだろう。ロビー・ディーンズは、世界のラグビー界のなかでもとりわけ優れたコーチだ。彼はニュージーランドのクルセイダーズを率いてスーパーラグビーのタイトルを5度獲得し、同国代表「オールブラックス」のアシスタントコーチを務めたのち、2008年にオーストラリア代表「ワラビーズ」のヘッドコーチに就任して5年間チームを率いた。就任以来5連勝を飾り、自らの母国ニュージーランドを撃破するなど、好調な滑り出しを見せた。しかし、次第に状況は難しくなっていった。最後の2、3年、ロビーは常に守勢に立たされているように思えた。オーストラリア国内では冷たい目で見られるようになった。彼がニュージーランド人であるという事実も、その立場をさらに苦しいものにした。2013年、ワラビーズがブリティッシュ・アンド・アイリッシュ・ライオンズ〔訳註：4年に1度、イングランド、スコットランド、ウェールズ、アイルランドの選抜チームとして編成され、南半球の強豪国であるニュージーランド、南アフリカ、オーストラリアで順次遠征試合を行う〕に敗れたとき、辞めざるを得ない状況に追い込まれた。

翌年4月、ロビーは日本のパナソニックワイルドナイツのコーチのオファーを受け、それから7年間、このチームを率いている。彼が再び世界のラグビー界で大きな仕事に就く気配はない。私は日本のラグビーを愛しているし、イングランド代表の仕事から離れているときは、日本のサントリーでコンサルタント的なコーチングをすることもある。2009年から2012年までの3年間、サントリーのヘッドコーチを務めたこともあり、日本でラグビーを指導する魅力は理解しているつもりだ。とはいえ、パナソニックやサントリーではビッグゲームと呼べる試合は多くはない。国際試合（テストラグビー）の白熱する容赦のない試合の激しさとは比較できない。コーチは日本では快適でいられるかもしれない。だが、国際舞台では居心地の悪い思いをしながら厳しいゲームに臨まなければならない。

　ウェイン・スミスもまた、国際舞台の第一線から身を引いた優秀なコーチである。彼はラグビー界が誇る偉大なコーチであり、卓越した戦術家でもある。コーチとして、何度か対戦した経験もある。最初は、私がキャンベラでブランビーズを率い、ウェインがカンタベリーでクルセイダーズを率いていたときだった。ウェインはクルセイダーズを率いた2年間で、1998年と1999年のスーパー12〔訳註：現在のスーパーラグビー〕で連覇を達成した。その後、彼は2年間オールブラックスのヘッドコーチを務めた。彼がニュージーランド代表の指揮官として臨んだ最後の試合の対戦相手が、私が率いていたオーストラリアだった。

　私は国際ラグビーのコーチとしてのキャリアをスタートさせたばかりの2001年に、ウェインの率いるオールブラックスと2度対戦している。その年の8月、私はオーストラリア代表ワラビーズのヘッドコーチとして2試合目の国際試合（テストマッチ）で、敵地ダニーデンでスミス率いるオールブラックスと戦った。「お仕置き小屋」の異名を持つ、ダニーデンのカリスブルック・スタジアムで無敗を誇ったニュージーランド代表は、とてつもなく手強い相手だった。開始2分でジョナ・ロムーにトライを決められたが、我々は粘り強くタフなラグビーを展開し、23対15で勝利した。

　ニュージーランドにとってはそれほど悲惨な結果ではなかったが、マスコミからは徹底的に叩かれた。ウェインはまっすぐで善良な人間なので、記者からこの先うまくやっていけるのかと問われると、わからないと答えた。それは正直な気持ちだった。どんなコーチでも、確実に成功できるとは限らない。白分の力ではどうにもならないことも多いし、ラグビーでは様々な出来事が起こりうる。その結果、有能なコーチでも成果を出せないことはある。だが、ウェインがこんなふうに弱さをさらけ出したことは、周囲に悪い印象を残した。プレッシャーはさらにきつくなった。

２００１年のトライネイションズの行方は最終戦までもつれ込んだ。南アフリカは勝ち点6で優勝の可能性はなくなっていたが、勝ち点7の我々オーストラリアは、勝ち点8のニュージーランドと、9月1日、スタジアム・オーストラリアに詰めかけた９万９７８人のファンの前で優勝をかけて対戦することになった。

それは記憶に残るゲームになった。我々は前半を優勢に戦い、19対6とリードして後半を迎えたが、ウェイン率いるニュージーランドの逆襲を受け、19対23と逆転された。お互いにペナルティを獲得し、試合は終盤を迎えた。我々が勝つためにはトライが必要だった。そして、トウタイ・ケフが決めてくれた。オーストラリアは29対26で勝利し、私は初挑戦でトライネイションズを勝ち取ることができた。実にきわどい勝負だったが、ニュージーランドが敗れたことで、ウェインは職を失った。

ウェインはその後、国際ラグビーの世界でヘッドコーチにはなっていない。当時の彼は、私より3歳年上の44歳という若さだったが、すべてが終わったことを悟っているかのような口ぶりだった。試合後の記者会見で、「私はおいぼれさ。もう表舞台から去るよ」と言った。

その後、ウェインはグレアム・ヘンリーとスティーブ・ハンセンのもとでオールブラックスのアシスタントコーチを務め、２０１１年と２０１５年のニュージーランドのワールドカップ連覇に貢献した。チームの成功に重要な役割を果たし、アシスタントコーチの仕事に喜びを見出していたはずだが、ヘッドコーチとして長く活躍できなかったことへの後悔もあったに違いない。だがその一方で、ヘッドコーチの孤独を二度と味わいたくないという思いもあったのかもしれない。2017年に60歳になってから(2021年時点の私より1歳若い年齢だ)、彼はコーチの仕事をしていない。

2021年2月27日のシックスネイションズでイングランドがウェールズに敗れた数日後、私はウェイン・スミスとロビー・ディーンズのことを考えていた。ホームでの開幕戦でスコットランドにショッキングな負け方をしたのに続いて、この大会での2敗目だ。猛烈なプレッシャーを感じた。それは孤独感を伴うプレッシャーだった。国際ラグビーのトップチームが負けたとき、ヘッドコーチは強い批判にさらされる。スコットランド戦でのパフォーマンスが低調だったこともあって、その批判の厳しさはさらに増していた。まるで、大きな石が飛んでくる音が、窓の外から聞こえてくるようだった。このウェールズ戦では納得のできない審判の判定が2つもあったのだが、負けは負けだった。とはいえ、私は批判を特に気にしてはいなかった。いろんな意味で、これは一番興味深い時期だと思っている。

こんなふうに批判されるのを辛いと感じるコーチもいる。自分が批判された結果として家族が苦しむことになれば、なおさら辛くなるだろう。ニュージーランドがオーストラリアに2連敗したとき、ウェイン・スミスの家族もさぞかし辛かったはずだ。ロビー・ディーンズが自分のことをよく知らない国の人々から叩かれるのを目の当たりにするのは、家族にとっても苦痛だったに違いない。

ラグビー以外の分野のリーダーも、自分が率いている組織が低迷していれば、辛辣な批判を受けることもあるだろう。家族がそうしたコメントで傷つけられたら、「私は本当にこんな仕事をこれからも続けたいのだろうか?」と自問するようになるはずだ。本当に家族にこんな辛い思いをさせたいのだろうか?

ずだ。
幸い、私の家族はこうした外野の声に影響されたりはしない。娘のチェルシーはオーストラリアで仕事をしているし、妻のヒロコはラグビーにそれほど興味がなく、私が自分のことは自分でできる人間であるのを知っている。それに、彼女は私を笑わせてくれる。今年のシックスネイションズの序盤、ヒロコはまだ日本にいたので、誕生日に何が欲しいかメールで尋ねた。彼女の答えは、「試合に勝つこと」だった。ヒロコは疑念やネガティブな感情に巻き込まれたりしない。私がコーチの仕事が好きなことも知っていて、しっかりと支えてくれる。そのおかげで、私は孤独を感じにくい。

シックスネイションズの期間中、私はＮＢＡ、ゴールデンステート・ウォリアーズの73歳のアシスタントコーチ、ロン・アダムズとＺｏｏｍで2回、充実したミーティングをした。ディフェンス専門の優れたバスケットボール・コーチであるロンは、とても思慮深い人間だ。プロローグで述べたように、彼は自分の役割を、ヘッドコーチのスティーブ・カーをはじめとする同チームのコーチ陣や、50歳以上も年の離れた若いバスケットボール選手たちに、「真実を伝えること」だと考えている。選手たちは、ロンの言葉や存在に大いに刺激を受けている。

ロンに、「あなたにとってこれまでで最高のコーチは誰ですか？」と尋ねると、「妻だ。彼女は私の得意なこと、不得意なことが何かを教えてくれるし、必要なときはサポートしてくれる」と答えた。腑(ふ)に落ちる言葉だった。私は、リーダーとして成功するためには、特にコーチという精神的な負担の大きな仕事では、家庭生活で安らぎを得ることが大きな助けになると改めて思った。

私はヒロコとの29年間の結婚生活のうち、３年を除いてずっとプロのラグビーコーチをしてきた。だが彼女は家庭で私がラグビーの話をすることを望んでいない。ラグビーのニュースも追っていない。求められればいつでも喜んで応じようとはするが、選手の妻たちとも進んで親しくつき合おうとはしない。この間、ヒロコが私のラグビーに対する判断に疑問を持ち、意見をしたのは2度だけだ。そして、2度とも彼女の言うとおりだった。

オーストラリアでコーチをしていたとき、ヒロコは私のスタッフのひとりについて鋭い質問をした。「なぜ、あのコーチを雇ったの?」とぶっきらぼうに言ったのだ。

私は驚いて、「なぜそう思う?」と答えた。

「わからない? 彼はコーチよりも、姑の会社で働いてるほうが合ってると思うわ」ヒロコは言った。彼女の言うとおりだった。彼はコーチとしての強さが足りなかった。結局、義母のもとに戻って働くことになった。ヒロコは2度目も、私のもとで働いていた別のコーチの性格を見抜き、的確な判断を下した。彼女は人が適材適所に配置されているかどうかを本能的に判断できる。その点では、私より優れていると思う。

リーダーにとって、家庭生活で賢く冷静なパートナーがいるのは大きな助けになる。半分は冗談として言うが、職場で管理職として働いている人は犬を飼ったらどうだろうか。長い1週間を終えた週末や、会社で嫌なことがあった日にも、家に帰れば犬が温かく迎えてくれる。職場でどんなことがあったとしても、犬はあなたの顔を見て喜んでくれる。

だがもちろん、リーダーの孤独を癒やし、プレッシャーに押しつぶされないようにするための最善策は、適切な人材を周りに置き、組織の結束を強めることだ。リーダーとしての成功を左右するのは、最高のスタッフを採用できるかどうかにかかっていると言っていい。

　私は長年の経験から、コーチにとって、スタッフを個人的に好きになったり、仲良くしたりするのは必須ではないと考えるようになった。もちろんそうなれば幸運だが、絶対にそうしなければならないわけではない。仕事上、本当に大切なのは、プロとして成果をあげるための関係だ。組織のパフォーマンスを向上させるために、プロに徹して一緒に働けるか？　組織のメンバーの能力を向上させられるか？それが、エリートスポーツやビジネスで何よりも重要なポイントになる。

　コーチにとって共感力や対人能力は重要だ。個人的な問題で悩んでいる人が、気軽に相談できるような雰囲気をつくっておくべきだ。私も悩みを打ち明けられたら必ず相談に乗り、できる限りのアドバイスをするよう心がけている。今回のシックスネイションズでも、何人かのスタッフや選手からラグビー以外の悩みを相談された。彼らは、こうした問題が自分のパフォーマンスに影響していると感じていたようだった。そのような選手やスタッフが、私のところに相談に来るのは良いことだ。

　しかし、人間としてサポートをすることと、スタッフ全員を個人的に好きになることは別の話だ。私には、人間的にはとても好きで、食事や酒を楽しみながらラグビーや人生について話すのは楽しいが、仕事は依頼しないコーチはたくさんいる。逆に、プロとして一緒に仕事をしていて楽しいと感じる人のほとんどとは、個人的に親しくはしていない。仕事上では素晴らしい関係を築いているが、同時にお互いに神経をすり減らしてもいるので、プライベートでリラックスしたいときにまで真っ先に会いたいとは思えないのだ。

世間では、「強いチームは仲がいい」と考えられているかもしれない。だが、実際にはそうとは限らない。偉大なチームは、偉大な友情というよりも、偉大なパフォーマンスのためにつながっている。アレックス・ファーガソン卿が率いるマンチェスター・ユナイテッドがその好例だ。このチームは、4、5人から成るいくつかの小さなグループを除けば、全体として特別に仲がいいわけではない。ほとんど口をきかない者も、意見が対立している者もいる。だがリーダーの仕事は、仲良し集団をつくることではなく、チームが全体として良い仕事ができるような結束力を持たせることなのだ。

必要な人ではなく、気の合う人ばかりを集めていると、組織の発展は望めない。私はスタッフを選ぶ際、自分にはない強みを持っている人を優先的に選ぶようにしている。その人たちは、人間としてのタイプは私とはまったく違うかもしれないし、プライベートでの共通点もほとんどないかもしれない。だが、私やチームを向上させるためのバランスを提供してくれる。このバランスこそが、チームづくりをするうえで何よりも大切なのだ。

2015年末にイングランド代表のヘッドコーチに就任したとき、まずは攻撃面を基本から任せられるアシスタントコーチが必要だった。その人選は、私が日本代表のヘッドコーチをしていたときにも右腕となってくれたスティーブ・ボースウィックで決まりだった。スティーブは、私がこれまでにスタッフとして採用してきたコーチのなかでも、ユエン・マッケンジーと並んで際立った能力を持つコーチだと言える。マッケンジーはシドニーのランドウィックで私のチームメイトでもあり、その後ACTブランビーズで一緒に仕事をし、私がワラビーズのヘッドコーチになったときも一緒に働いた。合計で8年間、私のもとで働いたことになる。ユエンとスティーブはどちらもかなりの頭脳派だ。細部を分析し、問題の核心に迫る素晴らしい能力を持ち、意欲的で、忠実で、知的だ。スティーブに2008年から2010年までイングランド代表のキャプテンを務めていた経験があったことも、私にとって大きな助けになった。

スティーブの採用が決まったことで、他のスタッフを選ぶ基準は明確になった。それは、全体のバランスをとることだ。私は2016年1月に56歳になった。スティーブは当時37歳で、かなり真面目な人間だ。だから、若い選手と同じ目線で気軽にコミュニケーションがとれる、社交的でエネルギッシュな人材が必要だった。そこで採用したのがポール・ガスタードだ。彼はスティーブと私のそばで、とてもよく働いてくれた。

ヘッドコーチは、チーム全員から好かれ続けることはできない。なぜなら試合前には毎回、ドレッシングルームにいる半数の選手たちに、「自分をスターティングメンバーに選ばなかったのは間違いだ」と腹を立てられることになるからだ。常にこうした状況に置かれるリーダーになることに、耐えられないというコーチもいるだろう。

ポールはそれでも、イングランドのラグビーユニオンクラブ、ハーレクインズでヘッドコーチになるために、2018年にイングランド代表のディフェンスコーチを辞めることを選んだ。私はこの決断を喜んで支持した。それは、ポールがヘッドコーチに向いているかどうかを判断する機会にもなると思ったからだ。結局、彼はハーレクインズではうまくいかず、イタリアのベネトンで再びアシスタントコーチとして優れた仕事をしている。

2016年に私が次にイングランド代表のコーチングスタッフの一員に選んだのはニール・ハトリー

だ。スティーブはラインアウトを、ニールにはスクラムを担当してもらった。ニールはとにかくナイスガイだ。私は彼を「グルー・コーチ」と呼んでいる。コーチとしての専門性と同じくらい、接着剤(グルー)のようにチームをひとつに結びつける能力が重要になるコーチのことだ。選手たちはニールと一緒にいることを好む。2017年に、〝ワイジー〟ことスコット・ワイズマンテルをオフェンスコーチとして迎え入れたことで、このバランスはさらに良くなった。

スコットもまた、グルー・コーチと呼べる存在だ。明るくエネルギッシュで、いつもアイデアにあふれ、選手たちを楽しませている――私のディフェンスコーチとして日本で働いていたときもそうだった。スコットは男っぽい人間だ。のんびりとしていて、何事も深刻に考えない典型的なオーストラリア人でもある。ガスタードがチームを離れることがわかっていたので、私はジョン・ミッチェルをアシスタントコーチにした。そこで、ガスタードの代わりとなる陽気な性格のコーチが必要になった。

ジョンはかつて、ウェイン・スミスの後任としてオールブラックスのヘッドコーチを務めていた。詳しく話したことはないが、2003年のワールドカップ準決勝で私が率いるワラビーズに負けたことで、実質的にジョンはこの職を奪われることになった。彼はその後、南アフリカで何年もコーチをしていたが、2018年に私のオファーを受けてイングランド代表のアシスタントコーチに復帰してくれた(ジョンは1997年から2000年まで、クライブ・ウッドワードのもとでイングランド代表のアシスタントコーチをしていた)。ジョンはとても真面目な性格なので、バランスをとるためにワイジーをスタッフに迎えたことが、優れたチームや組織に欠かせない一体感の構築に役立った。

イングランドを2019年のワールドカップ決勝まで導くためのグループをつくるにあたって、私は前体制のメンバーであるアンディ・ファレルやグレアム・ロントゥリー、マイク・キャットらに、今回のチームには迎え入れないことを告げなければならなかった。彼らのコーチングの能力に問題があったからではない。白紙の状態からチームをつくりたかったからだ。彼らは皆、私の前任者であるスチュアート・ランカスターのチームの一員であり、多くのポジティブな結果を残してきた。だが、2015年ワールドカップでイングランドが失意の結果に終わったこともあって、私はまったく新しいコーチングスタッフを迎えたほうがよいと判断したのだ。

サブリーダーはリーダーとは違うタイプを選ぶ

私は2015年にイングランド代表のビジョンを打ち出したのち、もうひとつ、シンプルかつ明確な決断をした。それは、チームのリーダーを変えることだ。ディラン・ハートリーをキャプテンに選んだのは、彼が勇気と積極性、前に踏み出す覚悟を持っていたからだ。相手にとってはタフで嫌な選手だが、味方には知性と共感力を持って語りかけ、チームの理念や価値観を理解させることができる。ディランが2015年のワールドカップに出場していないことも、新しいスタートの象徴になるうえで重要な意味があった。

その結果、クリス・ロブショーはキャプテンの座を失った。だが、私は彼を隅に押しやったりはしなかった。クリスは正直で、忍耐力があり、勤勉で、イングランドラグビーの良さを体現している選手だ。私は、クリスはワールドカップ優勝という私のビジョンを先頭に立ってリードする人物ではないが、新たな目標に向けた移行が必要な最初の数年間で、チームにとって重要な役割を果たしてくれるキーマンになると考えた。彼はチームのビジョンを受け入れ、新キャプテンのディランを全面的にバックアップして、私の考えが正しいことを証明してくれた。

私は、「スポーツでもビジネスでも、リーダーは選手やスタッフを降格させながらも、その人が組織にとって重要であると感じられる方法を見つけられる」と考えている。ただしこれは、その選手やスタッフの性格にも左右される。クリスはキャプテンの座を失ったことで、すねたり、チームへの招集を拒否したりすることもできた。だが、彼はすぐに「君にはイングランド代表に貢献できることがたくさんある」という私の言葉を受け入れてくれた。彼とディランは、世界屈指のラグビー選手たちと比べれば選手としての能力は劣るかもしれない。だが、このふたりほど優れた性格的な資質を持った選手もいない。

オーストラリアの現クリケットコーチであるジャスティン・ランガーも、これと同じ基準でメンバーを選んでいると言っている。彼は、「派手なプレーよりも性格を重視する」という素晴らしい言葉でそのことを表現している。

私はクリケットの大ファンで、スタンドの観客と同じように、鮮やかなカバードライブ〔訳註：バッツマン（打者）のボールの打ち方の一種〕を見るのを楽しんでいる。しかし、これまでのラグビーの数々の国際試合の経験から、選手にとって何よりも大切なのは、派手なプレーができることよりも、性格（精神力や献身、プレッシャー下でパフォーマンスを発揮する能力）だということを学んできた。

もちろん、スポーツやビジネスの世界にはそうではないポジションもある。その場合は、知識や専門的な能力が優先され、対人関係や性格はそれほど重視されない。だが基本的には、良きチームメンバーとしてふるまえ、自分だけでなくチームのために努力できる人材が必要になる。

2020年代に入り、トップスポーツでチームを指導することは複雑さを増している。ビジネスにおいても同じことが言えるはずだ。そしてだからこそ、「カバードライブより性格で選ぶ」というシンプルな言葉が重要になってくるのだ。これはスタッフを選ぶときにも、チームの一体感を高めるときにも当てはまる。リーダーのビジョンを実現するためにバランスをとり、組織全体の向上に一貫した言動で貢献できる人格的特性を備えたコーチは、大きな財産になる。

選手も人間なので、その時々で頼れるコーチが必要になる。分析的で専門的な指導が必要になることもあれば、コーチと気さくに雑談がしたい日もある。我々は、そんな選手たちの要望に応えられるコーチ陣でありたいと思っているし、イングランド代表ではそれが全体的にうまくいっている。

リーダーにとって、個人的な不安や疑問をわかち合える、自分の右腕となる存在がいるのは、大きな助けになる。こうした弱さは一時的なことである場合が多いので、スタッフ全員に真情を吐露するのは必ずしも適切ではない。また、リーダーが下を向いていたり、自信がなさそうにしていたりする姿を見せるのは、選手たちにとってもあまりいいことではないと思う。だが、それが有効な場合もある。

2020年のシックスネイションズの開幕戦、パリでフランスに負けた後、私は選手たちに「私の責任だ。正しい方法でチームを準備させられなかった。君たちをがっかりさせてしまったことを謝る」と言った。

私は本気でそう伝えた。選手たちも私のそんな気持ちを尊重してくれたと思う。リーダーがこのような態度をとるからこそ、徹底した正直さという雰囲気がチームに醸成される。

今、脆弱性は社会で重要な概念になっている。心の脆さを感じたり、間違いを犯したりしたことを認める人に対して、世の中はあまり厳しく批判しなくなった。だがスポーツ界は、まだ古い価値観に従っている。特に、世間の注目が集まる場所においては。たとえば私が、イングランド代表がフランス代表やニュージーランド代表と対戦する前に、報道陣から「あなたは、自分がこのチームのコーチに相応しい人間だと思っているか？」と尋ねられたとする。もしウェイン・スミスにならって「よくわからない」と答えたら、袋叩きにされるだろう。企業を率いる人間の場合でも同じだ。人々は、リーダーには自信たっぷりでいてもらいたいと思っている。最近では、政治家も弱さをさらけ出すことが以前より許されるようになっている気がする。人々は、政治家も人間であることを理解するようになったのだ。これは興味深いことだ。だが、スポーツやビジネスの世界では、リーダーには依然として信念を示すことが期待されている。

リーダーは基本的に、孤独感や脆弱性の問題には個人的に対処するのが一番だ。私の場合、ここで頼りになるのがイングランド代表のハイパフォーマンス責任者、ニール・クレイグだ。ニールは良き相談相手であり、その思慮深さによって、ロン・アダムズの言葉を借りれば、イングランド代表のヘッドコーチである私のために「真実を語る人」としての役割を果たしてくれている。私は彼に心を開いて、正直な助言を求めることができる。

ニールはオーストラリアン・フットボールの出身だ。現役時代は選手として活躍し、引退後、2004年から2011年まではアデレード・クローズでコーチとしても優秀な成績を収めた。ニールはラグビーというスポーツの細部をすべて理解しているわけではないが、それは問題ではない。彼の役割は、私やコーチ陣、選手たちを観察し、私の指導方法について正直に意見を述べることだ。ニールは真実を伝えるために、私がコーチ陣をまとめるのを助けるためにチームにいる。彼は、コミュニケーションとリーダーシップの専門家だ。

重要なミーティングや、チームトーク、パフォーマンス・レビューの後、私は必ずニールと徹底的に話し合う。どんなふうに話せばよかったのか。ほかにどんな言い方があったのか。他のコーチや選手は私の言葉にどう反応したのか。どうすればスタッフや選手たちにもっとリーダーシップを発揮させられるのか。ニールは、私が見落としているものをよく見ていて、アドバイスしてくれる。私とは正反対の性格であることも助けになっている。人当たりが柔らかく、共感力や感情的知性が高い彼は、私に欠けている点をうまく補ってくれる。また、年下の私に対して遠慮する必要がない。私が正しくても間違っていても、はっきりとそれを教えてくれる。批判的な友人とでも言うべき存在だ。

この対照的な関係が、私たちのパートナーシップを効果的なものにしている。教師タイプのリーダーには細部にこだわるサブリーダーが、几帳面なリーダーには創造的なサブリーダーが必要だ。

右腕や真実の語り手となる人物には、リーダーとはまったく違うタイプの人材が望ましい。完璧なリーダーなどいない。ナンバー2になるのは、リーダーの欠点を補ってくれる人がいい。これは、チームや組織を率いるために欠かせないバランスや調和を見つけていくための大きな一歩になる。

私にとってニール・クレイグは、間違いなく、単なるナンバー2ではなく真実の語り手だ。彼は私のことをよく知っている。物事が順調に行き過ぎると私が不安になることも理解している。ニールはよく、私がヘッドコーチとして成長したのは寛容になることを学んだからだと言う。私がチームに求める基準は相変わらず厳しい。だが私は、誰もが自分と同じように働くわけではないことも知っている。以前に比べて、相手に自分のやり方で仕事を進めるための自由を与えるようにもなった。これは私がリーダーとして学んだ重要な教訓だ。

イングランド代表のコーチ陣は結束の固い少人数のメンバーで構成されている。イングランドラグビー界の優秀な人材のほとんどは、すでに所属クラブで活躍している。世界を舞台に活躍しているイングランド人コーチもいる。ショーン・エドワーズがその代表格だ。以前はウェールズで、現在はフランスでコーチとして優れた仕事をしている。だが、私がヘッドコーチに就任してから、彼にイングランド代表のコーチングスタッフに復帰することを打診するチャンスはなかった。もしそれが実現していれば、ショーンは並外れた知識や献身をチームにもたらしてくれたことだろう。

とはいえ私が何よりもスタッフに求めるのは、チームのビジョンを共有し、それを全面的に受け入れることだ。ビジョンに疑問を感じ始めたら、そのスタッフはチームを離れるべきだ。チームと一緒になって目標に向かおうとしているかどうかは、その人の行動に表れる。もしビジョンを共有できなくなっているのなら、代わりのスタッフを探すしかない。交渉の余地はない。ともにビジョンを目指すのか、目指さないのかのどちらかだ。

ウィル・カーリングは最初、チームのビジョンをわかち合おうとはしてくれなかった。私はそのことにショックを受け、同じ目標を目指す仲間を見つけるのは簡単ではないと思い知らされた。声をかければ、誰もが簡単にチームに加わってくれると考えるのは虫のいい話だ。できる限りの説得をしなければ、首を縦に振ってくれない人もいる。そのような人のなかに、なんとしてでもチームに加えるべき人材がいることも多い。

ウィルと私は、生い立ちも経歴もまったく異なる。

私はシドニー郊外の貧しい労働者階級で育った。家族には複数の民族の血が流れている。親友は、近所に住んでいたオーストラリア先住民の大家族、エラ家のマーク、グレン、ゲイリーという兄弟たち。彼らは幼い頃、親の寝室の床に敷いたマットレスの上で寝ていた。彼らの父のゴードンと母のメイは素晴らしい人たちだったが、それぞれ仕事を抱えながら、ラ・ペルーズのような荒涼とした土地で、2部屋しかない狭い家で12人の子どもを育てるのは相当に大変だったに違いない。家にトイレはなく、お湯も出なかった。だが、エラ兄弟はそんなことは気にもせず、私や仲間たちと屋外でスポーツに熱中していた。私たちは太陽の光をたっぷりと浴びながら育った。10代になった双子のマークとグレンは、ジャクソン・ファイブのメンバーさながらの大きなアフロヘアをしていた。私たちが通っていたマトラビル・ハイスクールで、ふたりは神のように走り、パスを出し、トライを決めていた。

これと対照的なのがイングランドでのウィル・カーリングの生い立ちだ。6歳からパブリックスクールに通い、後に陸軍に入隊して将校になった。1988年に史上最年少でラグビー・イングランド代表のキャプテンになったとき、まだ22歳だった。カーリングが率いていた時代のイングランド代表は現実的な集団だったが、外からは傲慢で憎たらしい存在に見えた。カーリングはそのチームの自信あふれる若きキャプテンとして特別な雰囲気を漂わせ、全勝優勝を勝ち抜き、1991年のワールドカップ決勝に進出したチームを象徴する存在だった。

私はご多分に漏れず、カーリングに「イングランドの上流階級出身者」というレッテルを貼ってしまっていた。私の師であるボブ・ドワイヤー率いるオーストラリア代表がトゥイッケナムでカーリングのイングランド代表を破ってワールドカップで優勝したときも、大喜びしたものだ。その4年後の1995年のワールドカップ準決勝では、ニュージーランドのジョナ・ロムーがケープタウンで4トライを挙げて、カーリングをあざ笑うかのようにイングランドを打ち破った。

イングランドのヘッドコーチになって間もなく、初めてウィル・カーリングに会ったときの私の彼についての知識はその程度だった。2016年前半、当時RFUのCEOだったイアン・リッチーが、ウィルと、同じく元イングランド代表キャプテンのマーティン・コリーとの夕食に私を誘ってくれたのだ。コリーは、規律の厳しさで知られる古き良きレスター・タイガースの出身者だ。私も、マーティン・ジョンソンが入ってきた頃のレスター・タイガースで、半年ほど選手としてプレーしたことがある。私はこのチームの妥協のないラグビーが好きだった。華麗さはないが、実直なラグビーだった。

一方のカーリングは、ロンドンのハーレクインズでプレーしていた。金融系の大企業と密接な関係を持つ、カラフルなジャージが特徴のイングランドラグビーの伝統的な人気クラブだ。クインズは、ロンドンや、外側からは甘やかされているように見えるイングランド南東部と切っても切れない関係にあった。カーリングとクインズは、まさにお互いのためにつくられたようなものだった。

だが、ここからが驚きだった。その晩、私はウィル・カーリングへの印象をまったく変えることになったのだ。彼は、自分のことを冗談のネタにするのが好きで、これまで成し遂げてきたことを自慢したりはせず、若きリーダーとして自らの欠点について率直に話してくれた。イングランドラグビーの王者であった自身の全盛期の思い出話ではなく、現在のラグビーについて熱く語った。

数年後、私はウィルが裕福な家庭で甘やかされて育ったのではなく、相当な苦労をしてきたことを知った。6歳のときは毎晩、寄宿学校のベッドで身を丸めて泣きながら眠りについていたのだという。愛情深く協力的な両親のいた幸運な私とは違い、ウィルは両親から寄宿学校生活の厳しい孤独に耐えることを期待された。息子をエリートに育て上げることばかりに熱心だった母親には、ありのままの自分に興味を向けてくれないと感じたという。

軍隊にも似たような俗物根性があった。有望な士官候補生だったウィルは、愛する祖父が精肉店を営んでいたという事実に触れないようにしなければならなかった。こうした嫌らしい階級意識に憤りを覚えていた。だからこそ、RFUの委員会からイングランド代表のキャプテンに指名されるという夢のような立場にありながら、挑発的でピリピリとした空気を漂わせていたのだった。

私は、なぜウィルがイングランド代表のキャプテンになったとき、プレーに専念するためにモービル社の仕事を辞めるという、古いアマチュアラグビーの規範を破る行動をとったのかがわかった。周囲は当時、イングランド代表のキャプテンになった彼が、様々な形で報酬を得るチャンスが広がったことに誘惑されたからだと思っていた。だがウィルは、若くしてリーダーを務めるという大きな仕事に集中したかっただけだった。その晩、ウィルの話を聞きながら、私は彼が1995年のワールドカップの3週間前に「ブレザーを着た57人のおいぼれたちが、イングランドのラグビー界を息苦しくさせている」とテレビカメラの前で批判し、一時的にキャプテンの座を奪われたエピソードを思い出した。結局、チームメイトが嘆願したことで、RFUはウィルをイングランド代表のキャプテンに復帰させた。

それから2年間、何度かウィルと会って話をした。それを通じて、私は過去とのつながりを保つことがいかに大切かという思いを強くした。オールブラックスが常に過去の遺産(レガシー)と将来の目標を結びつけていることに感心していた私は、ウィルこそイングランド代表が必要としている、過去とのつながりをもたらしてくれる人物だと思ったのだ。

また、彼は私が知っている誰よりもイングランドラグビーのアイデンティティを理解していた。オーストラリア人の私にとって、イングランド人の国民性の機微をつかむのは簡単ではない。日本代表のヘッドコーチを務めていたときは日本文化の内側に入り込めたという感覚があった。けれどもイングランド人のアイデンティティを細かく理解するのは、別の難しさがあった。ウィルなら、このもつれた網を突き破り、私が結束力とアイデンティティを研ぎ澄ますことに苦心していたコーチ陣に重要なメッセージを届けてくれるはずだ。

2018年の秋、テストマッチ5連敗という厳しいシーズンを終えて間もない頃、ウィルに電話をかけた。コーチ陣にリーダーシップについての話をしに来てくれないかと頼んだのだ。だが、ウィルはその話に飛びついてこなかった。「どうかな。まずはコーヒーでも飲みに行こう。求められているような話をできる自信がないんだ」と言った。

数週間後、私は目の前に現れたウィルを、こう言って驚かせた。「計画を変えたい。コーチ陣ではなく、選手たちに話をしてくれないか」

ウィルはきっぱりと断った。「なぜだ?」と私は驚いて聞いた。

「自分の時代がどうだったかみたいな話はしたくないんだ」とウィルは言った。「今のチームに関連のある話はできない」

私はがっかりした。カーリングについて調べれば調べるほど、またカーリングについての話を人から聞けば聞くほど、彼こそが我々の組織に欠けているものを埋めてくれる人物だという確信を得ていたからだ。我々にはリーダーが足りなかった。結束力を高めることも、明確なアイデンティティを持つことも必要だった。ウィルはそんな我々を助けてくれるはずだ。

とはいえ、私はしつこい男だ。ウィルに、「我々は君を必要としている。イングランド代表は君を必要としている」と口説き続けた。それは直感的なものが大きかったが、リーダーには直感が必要なのだ。特に問題を解決するときはそうだ。私は譲らなかった。そして、ついにウィルはうなずいた。

「わかったよ」と彼は言った。「とりあえず1回話をしてみる。それで様子を見よう」

ウィルは、我々がトゥイッケナムでニュージーランドに僅差で敗れた数日後に姿を現した。2018年11月10日、イングランド代表はオールブラックスに15対16で敗れた。だが後半にサム・アンダーヒルが決めたトライがTMO（テレビジョン・マッチ・オフィシャル）〔訳註：ビデオ判定制度〕によって覆されていなければ、勝てた試合だった。試練の1年を過ごしてきた選手たちは、良いプレーをしていた。

ウィルは、30年前に初めてイングランド代表のキャプテンとして自分に疑いの目を向ける新しいチームメイトを前にしたときより、私の選手たちに向かって話すほうが緊張していた。彼は1990年代のラグビーについての話を長々とするのを避け、スピーチを新鮮で、今の選手の関心に合ったものにするために大きな労力を注いだ。話し終えたときにはすっかり消耗していた。

けれどもいったん彼を船に乗せた以上、逃がすわけにはいかなかった。ウィルはイングランド代表の選手たちに相応しいメンターになれるし、過去への架け橋にもなってくれるはずだ。「なぜロブやジョンノを呼ばなかったんだ？」とウィルは言った。ロブ・アンドリューとマーティン・ジョンソンのことだ。

「いや、君こそが適任だ」と私は強く首を横に振って言った。「大勢に意見を聞いたが、みんな、私が間違っていたとき、君なら遠慮なく〝そんなのはクソだ〟と否定してくれると言っていた」

ウィルはそれが気に入ったのか、笑い出した。「ああ、そうするとも！」

このように忌憚（きたん）のない意見を述べてくれる人間はリーダーにとって不可欠だ。だからこそ、私はウィルを全力で説得した。私は、２００３年のワールドカップで優勝したイングランド代表の名選手、リチャード・ヒルも同じように説得した。リチャードは、２０１９年に我々のチームマネージャーになってくれた。ウィルとリチャードは、近年のイングランドラグビーの歴史と現在の我々イングランド代表との絆を保つ役割を担ってくれている。

チームを団結させるグルー・プレーヤー

強いチームには、必ずグルー・プレーヤー――すなわち、「接着剤（グルー）になる選手」がいる。チームに結束と一体感をもたらす、縁の下の力持ちだ。イングランド代表にとって重要なグルー・プレーヤーのひとりがマーク・ウィルソンだと言えば、驚く人もいるかもしれない。だがコーチにとって、ウィルソンのような選手は欠かせない。常に自分を犠牲にしてチームに貢献してくれるからだ。コミュニケーションがとりやすく、チームのバランスをとり、団結させるうえで鍵を握る存在だ。

トップレベルのスポーツの世界において、気難しさは重要な性格特性だ。チームには、神経質な選手も必要だ。創造性にあふれる、鮮やかなプレーをするのはこういったタイプの選手が多い。だが同時に、こうした天才肌の選手は難しい問題を抱えがちだ。たとえばクリケット選手のシェーン・ウォーンは破天荒で気まぐれな性格で、クリケット以外の場では少々行き過ぎたところもあった。だが、プレーをしているときは誰よりも規律正しいアスリートだった。ケビン・ピーターセンも、クリケット以外の場では気難しいと思われていたが、それでも国際試合で23回のセンチュリー〔訳註：1試合100得点〕という偉業を達成している。偉大なチームをつくるためにはこうした選手が必要だが、チームのバランスをとり、一体感を築くには、その周りに適切な選手を置く必要がある。

そこで重宝するのが、接着剤の働きをしてくれる選手たちだ。つまり、華麗なプレーができる選手ばかりを集めるのではなく、性格を優先して選ぶべき選手もいるということだ。こうした選手たちは、気まぐれな天才肌の選手とは違い、チームメイトを輝かせるために献身的に行動してくれる。私はジョーダン・ヘンダーソンのようなタイプのサッカー選手が好きだ。リバプールでプレーする彼は、毎試合、懸命に走り、自分の仕事をし、汚れ仕事をこなし、周りの選手を引き立てている。明るくて情熱的なところもいい。このようなグルー・プレーヤーはチームのムードを高めてくれる。

この手のタイプの選手には、独特の個性があることも少なくない。私のイングランド代表にも、こうした選手がたくさんいる。オーウェン・ファレルは接着剤型の選手だ。競争心があり、タフで、腕まくりをして、自ら率先して他の選手の手本になる行動をとれる。同じくグルー・プレーヤーのジョニー・メイもとてもユニークな個性の持ち主だが、それは周りに害を与えるような類いのものではない。ジョニーはコツコツと物事を積み上げる習慣を持ち、風変わりで、面白い。手のかからないタイプの選手がいるが、ジョニーはその典型だ。コーチは彼に、ベストを尽くし続けるよう励ますだけでいい。他の選手のように、親身になって話し合ったり、コーチが目をかけていることを確認させたりする必要はない。

それは子育てに似ている。手のかからない子どももいれば、常に親に見守っていてほしいと思う子どももいる。私のきょうだいの場合もそうだった。2番目の姉は独立独歩型の人間だった。好きなように生き、自分のすることにいちいち不安など感じていなかった。一番上の姉と私は手堅いタイプで、親の庇護（ひご）を求めていた。ラグビーチームでも同じだ。なんでも自分で判断して進んでいく選手もいれば、コーチが愛情を注がなければならない選手も、厳しい指導が必要な選手もいる。それぞれのバランスをとりながら、チーム全体の一体感を高めていかなければならない。

マヌ・ツイランギがキャンプやフィールドにいると、チームの雰囲気が上向く。彼は明るく、陽気で、愛情深い人間で、選手たちから好かれている。控えめな性格をしているが、フィールドではとてもパワフルだ。キャンプのコーヒー休憩中でも、チェスで向かうところ敵なしの強さを誇る。誰もマヌには勝てないが、それでもみんな引き寄せられるように集まってくる。数年前、まだ若く愚かさもあった頃は、周囲に迷惑をかけたこともあった。だが、それはもう昔の話だ。結婚し、親になったことで、マヌは責任感や結束力の大切さを学んだ。だからこそ彼は、我々から愛される存在になったのだ。

コートニー・ローズもそうだ。まず、彼は優れた選手だ。アグレッシブだが、常に抑制が利いた正確なプレーをする。西インド諸島出身の偉大な速球派のクリケット選手を彷彿（ほうふつ）とさせる。のんびりとした、柔らかく優雅な動作をしているが、放たれたボールはすさまじい速さで飛んでいく。コートニーのことを好きになった人は、彼のことをずっと好きになる。本当に尊敬できる選手だ。ノーサンプトンで過ごした少年時代には素行の悪さも見られたようだが、結婚して4人の子どもの親になったことで落ち着き、体づくりにも励むようになった。最近のラグビーは、背の低い対艦ミサイルのような体型の選手が多いが、コートニーは長身のやせ型で、バスケットボール選手のような体型をしていた。だからトレーニングによって体型を変えることに取り組んだのだ。だが何より私が気に入っているのは、彼が話すと周りの選手たちが素直に耳を傾けるところだ。

マコ・ヴニポラも同じだ。ふたりは寡黙だが、口を開くとみんなの注目を集める。コートニーとマコは、前にしゃしゃり出ようとはせず、チームの勝利のために行動する。マコには神秘的な雰囲気もある。選手たちは皆、マコが裏のボスであるかのように見ている。

これとは違う意味で、トム・カリーは傑出した選手だ。30年以上にわたって同じチームで戦ってきた選手たちを振り返ったとき、私が最もよく思い出すのは、オーストラリアの偉大なルースフォワード、ジョージ・スミスだ。彼は私のお気に入りの選手だ。だが、これから20年間にそのポジションに相応しい選手になりそうなのは誰かと言われたら、私はトムを選ぶかもしれない。

初めてトムのプレーを見たのは、当時のイングランドで誰にも彼が評価されていなかった頃だ。だが、10分もしないうちに、彼には特別なものがあると感じた。リッチー・マコウのような生まれつきの闘争心があった。私は若き日のリッチーを見て、すさまじいまでの闘争心を感じたことがある。こういう選手がひとりいると、チーム全体の士気が格段に上がる。トム・カリーはまだ若いが、その成長ぶりは目覚ましい。唯一のリスクは、そのプレースタイルのせいで怪我が多いことだ。だが、安定した活躍さえできれば、世界屈指の選手として記憶されることになるだろう。トムは教養があり、誠実で、良家の出身だ。彼のような選手がいてくれることは、チームにとっての大きな力になる。

ジョージ・クルーズは、今は日本でプレーしている〔訳註：2022年に現役引退した〕が、私にとってはもうひとりのグルー・プレーヤーだ。彼は常に全力で物事に取り組む、素晴らしい人格者だ。決してひるむことなく前に進み、周囲を盛り上げ、団結させる。コーチにとって、こういうタイプの選手ほどありがたいものもない。私にとって、こうした選手やコーチ陣と一緒にチームとしての団結力を高めていけるのは、実に魅力的なことだ。

だからこそ、こうした人材を見極めることが重要になる。リーダーにとって、これは人を選ぶ際に欠かせない視点だ。私が親しくさせてもらっているゴールドマン・サックス社の日本法人の社長は、自らの部下について、「プレッシャーにさらされないと、本当の資質はわからない」と言っていた。私もそのとおりだと思う。「ティーバッグテスト」という表現もある。湯に浸してみるまで、美味しい茶になるかどうかはわからないということだ。

リーダーは、誰がプレッシャーのなかでも力を発揮できるかどうかを探らなければならない。優れたスポーツ選手は、優れたビジネスパーソン同様、プレッシャーがかかっている状況で最大限の力を発揮できる。

新しいプロジェクトを始めるにあたって、リーダーにとってとりわけ重要なスキルは、人選を正しく行うことだ。そこから、次の3つの重要な段階に進むことになる。

・連帯感を構築する

・クイックウィン（迅速な成果）と必要な変化を特定する
・変革を計画する

２０１９年のワールドカップ後、迅速に成果を出し、必要な変化を起こす機会を得るには、イングランド代表は翌年秋のオータムネイションズカップ大会まで待たねばならなかった。翌２０２０年のシックスネイションズは、ワールドカップからあまり間隔を置かずに開幕した。我々はこの大会で優勝したが、開幕戦でフランスに負けてしまった。敗因は、私が十分にチームを準備させられなかったからだ。私は選手たちがワールドカップの疲れから完全に回復していないと判断し、初戦向けの通常の準備を行わなかった。しかしこの私のミスは、長い目で見れば報われるだろう。大きな戦いに勝つためには、ときには小さな戦いで負けなければならないこともある。パリでの敗北以来、私は活力を取り戻し、このチームで何ができるかに集中し直した。選手たちにとっては、２０２３年に歴史に残る偉大なチームの一員として、忘れられない何かを成し遂げる一生に一度のチャンスなのだ。

本格的なチームの再建が始まるのは、２０２０年11月に開幕するオータムネイションズカップからだ。この大会では、まずチームに勢いをつけるために、迅速に成果を出すこと、つまり勝利にこだわった。こういう場合に大切になるのは、ディフェンスを重視し、相手にプレッシャーをかける試合運びをすること。これは準備期間が限られ、選手のコンディションが万全ではないときに、一番簡単にできることだ。この大会で優勝するには、若手中心のモチベーションの高いフランスを延長戦にもつれ込んだ戦いで倒さなければならなかったが、そこでもこの戦い方を徹底していたことが役に立った。

我々は勝つことが期待されていた。そして、プレッシャーのなかでも勝ち切れること、さらには良いパフォーマンスができることも証明できた。オータムネイションズカップでは、我々はハーフタイム後に試合のペースを上げるという課題に取り組んでいた。これは我々が目指す「迅速な成果」のひとつだった。２０１９年の試合では、この点が我々の弱点だと言えたからだ。フランス戦の前半最初の20分間で、我々は１分間に平均１０３メートルを走った。後半最初の20分では、１分間に平均１３０メートル走った。これだけのエネルギーを出せたことに、チームの一体感や明快さが表れていた。

この大会を終えてから、我々は本格的な変革の計画に着手した。短期的には挫折したり、失望したりするだろう。だが、私はチームのビジョンを信じていた。その自信の源は、この章で述べてきた重要な要素に細心の注意を払っていたからだった。

この章のまとめ

適切な人材を周りに配置する

- 連帯感を構築する
- 迅速な成果と必要な変化を特定する
- 変革を計画する

第3章

明快さこそが切り札

――すべてを評価し、そのうえで明快さを示す

ネガティブな感情は選手に影響させないようにする

リーダーシップの仕事は胸躍る挑戦だが、強いストレスや不安を伴う厳しい時期もある。2021年2月3日水曜日の早朝、私はまた、あの暗くて厳しい場所に戻っていた。携帯電話の数字が薄暗いなかで光っている。午前2時32分。すでに部屋のなかを歩き回っていたので、ベッドに戻ろうとは思わない。私の1日はその10分前に始まっていた。休息や睡眠は十分に取れていなかったが、もつれた不安のなかで光を見出せるかもしれないと期待して起き上がった。

不眠症で5日間も眠れなかった。前週の金曜日の午後、私はイングランド代表のキャンプに遅れて参加した。それ以来、毎日早朝になると、腹の底から込み上げる不安で眠れなくなり、目覚めてしまう。もう10カ月以上に及んでいたパンデミックの影響は、人々の生活に大きなストレスや疲労をもたらしていた。息苦しく、孤立した状況のなかでトップスポーツのチームのパフォーマンスを最大限に高めよう

とするのは、これ以上ないほど複雑で困難な仕事になった。

シックスネイションズの全参加チームはもちろん、世界中のあらゆるスポーツや企業、家族が苦しみを味わっていた。世界中が大打撃を受け、忍び寄る恐怖と高まる混乱のなかで、誰もが生活に大きな影響を受けていた。世界的なパンデミックは社会全体を襲っていたが、特に真夜中には、その悪影響を孤独さとともに感じる瞬間がある。

リーダーは、ストレスや不安に対処しなければならない。だが、新型コロナウイルスが引き起こした新しい不安な現実には、自分のネガティブな感情をスタッフや選手に影響させてしまわないための、特別な配慮が必要だ。２０２０年の秋に、私はこの点でかなりうまく対処していた。毎朝、起床後すぐに、40分ほどかけて今日１日の計画を立てる。5時頃からジムに行き、１時間ほどトレーニングする。このルーティンを１日も休まずに続けた。そうすることで、すべきことを明確にした状態で前進できる。

しかしそれから3カ月が経過し、人々はますます疲弊していった。冬にはコロナがさらに猛威をふるい、感染者や死者が続出した。我々自身の個人的な問題も大きくなっていた。キャンプでも、何かが足りないという感覚があった。その感覚は、10日間ものあいだ、私が仲間のコーチや選手たちから思いがけず孤立してしまったことから始まっていた。

私は1月27日水曜日の朝にチームと合流する予定だった。私たちコーチ陣は、こうした状況下で大会に向けた準備をするにあたり、選手たちへの配慮に努めた。元気でピンピンしている若者たちが、まるで戦争中さながらに行動を制限されている。隔離した状態で彼らを生活させるのは、自然なことではない。彼らが感じている息苦しさを、少しでも和らげてやりたかった。選手たちは所属クラブでの活動を

1月24日日曜日に終える。代表チームへの招集は翌日でもよかったのだが、家族と時間を過ごしてほしかったので、水曜日に来てもらうことにした。

良いプランだったが、結果的にこれは台無しになった。選手たちがスタッフォードシャーのセント・ジョージズ・パークに到着したとき、ヘッドコーチである私を含むコーチ陣の8割が合流できなかったからだ。その数週間前、コーチ陣はテディントンのレンズベリー・ホテルで2日間をともに過ごした。前年の秋から顔を合わせられていなかったので、この集まりには重要な意味があった。私たちは、ソーシャル・ディスタンスを保ちながら再会した。Ｚｏｏｍよりも直接会って話すことがいかに効果的であるかを実感できる、実りあるミーティングになった。しかし、すぐにトラブルに見舞われた。スクラムコーチのマット・プラウドフットが、コロナウイルスの検査で陽性反応を示したのだ。マットの体調はすぐに悪化し、救急車で病院に搬送された。しばらくして完治はしたが、キャンプは大混乱に陥った。

このホテルでのメンバー選考会議で、オフェンスコーチのサイモン・アモールと私はマットの隣に座っていた。十分な距離を保っていたし、検査でも陰性だったが、15分以上マットのそばにいたという理由で、サイモンと私は10日間の隔離を余儀なくされた。そのため、２０２1年2月6日にトゥイッケナムで行われるスコットランドとの初戦の前週に予定していた4日間の直前キャンプの3日目からしかチームに合流できなくなってしまった。キャンプの最初の2日半は、5人のシニアコーチのなかで選手と一緒に行動できるのはジョン・ミッチェルしかいない。身動きのとれない他のコーチはもどかしさを感じながら時が来るのを待つしかなかった。スキルコーチのジェイソン・ライルズもキャンプに参加できなかった。ロックダウンの規定により、オーストラリアから出国できなかったからだ。私の右腕的存在のニール・クレイグもメルボルンから動けなくなっていた。シックスネイションズの開幕を控えていたイングランド代表にとって、惨憺たる状況だ。

このネガティブな状況を何としてもポジティブなものに変えるべく、私は若手コーチのエド・ロビンソンを呼び寄せた。チーム合流1週目に28歳の誕生日を迎えたエドは、イングランド代表やスコットランド代表のヘッドコーチを歴任したアンディ・ロビンソンの息子だ。私は2020年に若いコーチたちと仕事をした際に、エドを指導したことがある。明るく勇気のある人間だ。彼を招いたのは、この経験を通じてコーチとして成長してもらいたかったということもあるが、短期的なコンサルタントとしてイングランド代表に良い効果をもたらしてくれるという思いもあった。エドはそれまでユニオンクラブのジャージー・レッズでしかコーチ経験がなかったが、かまわなかった。優れたコーチになるための資質を備えていたからだ。

金曜の午後にようやくセント・ジョージズに到着したとき、私は刑務所から脱出したような気分だった。だが安堵感は長くは続かなかった。キャンプに入った瞬間から、目まぐるしく行動しなければならなかったからだ。通常、トレーニングキャンプの最初の3日間は、コーチは選手との関係の感覚を取り戻すことに専念する。選手の大半は代表での経験があるため、すでに土台となるものがある。とはいえ、彼らは所属クラブで何カ月も過ごして、様々な環境にさらされてきている。それに、クラブラグビーと国際試合では、プレーの強度や質に大きな違いもある。だから、キャンプの序盤ではこうしたズレを修正していかなければならない。キャンプへの合流が遅れた私にとって、激しいトレーニングが始まる前に選手一人ひとりの状態を把握するのは不可能だった。

メインのトレーニングは、土曜日に予定していた。猛吹雪の日だった。こんなに寒い思いをしたのは生まれて初めてだった。凍てつくような寒さで、風も轟音を立てている。タフな選手たちにとっても、さすがに厳しかったようだ。20分もすると、バックスの選手の手足の感覚がなくなってきた。とんでもないトレーニング・セッションだった。追い打ちをかけるように、このキャンプではコロナのせいでチームミーティングも屋外で行わなければならなかった。寒さをしのぐために何枚も重ね着して、風が吹き荒れる中でミーティングをしたこともある。選手もスタッフも集中できなかった。

コーチ陣は、すでに新しい攻撃システムを構想していた。イングランド代表は、２０２０年のシックスネイションズとオータムネイションズカップで優勝した。だが、キックを多用するキッキングゲームをしていると多くの批判を浴びていた。ボールを怖がり、ラグビーの醍醐味を台無しにしている、と。私は批判を気にしなかった。我々は勝っていたのだから。それでも、トップレベルのスポーツの世界は常に進化している。２０２３年のワールドカップの前に、これまでとは違うプレースタイルを取り入れる必要があった。イングランドは、新しい戦い方を身につけなければならない――批判を鎮めるためではなく、勝つチャンスを広げるために。

ライオンズの南アフリカ遠征は数カ月先だったが、スプリングボクスのような圧倒的にフィジカルが強靭なチームを倒すためには、これまでとは違うスタイルのラグビーが必要であることは明らかだった。スプリングボクス相手に真っ向からパワー勝負をしても勝ち目はない。別の戦い方で相手の裏をかかなければならない。

２０２０年、我々は「ビッグボール」式のプレースタイルで結果を出した。だが私は今後、「スモールボール」式のプレースタイルを取り入れて、レパートリーを増やしたいと考えていた。「ビッグボール」と「スモールボール」はバスケットボールの用語だが、これはラグビーにもよく当てはまる。ビッグボール・ラグビーとは、フィジカルや攻撃性、キックゲームを中心にしたものだ。一方のスモールボール・ラグビーは、軽快で多彩なラグビーを意味する。ボールを動かし、スピードやテクニックを活かして攻撃する。サイモン・アモールは7人制ラグビーの「セブンズ」に詳しく、スモールボールのスタイルを取り入れるのに特に熱心だった。私たちのこのビジョンは正しかった。だが、タイミングが悪かった。コロナのせいで一体感を保ちにくいチーム状況のなかで、新しいプレースタイルを導入しなければならなかったからだ。

重要なポイントは3つまでにする

私がその日、朝3時前にホテルの部屋のなかを落ち着きなく歩き回っていたのは、コーチングスタッフのことが気がかりだったからだ。私は彼らの尻を叩こうとはせず、余裕を与えていた。新しいスタイルの導入に慣れるには時間がかかる。私は彼らに自分なりの方法を見つけてほしかった。だが、チーム全体として、トレーニングの進め方に明快さが失われているのは問題だった。

また我々は、2019年に大成功を収めた「戦術的ピリオダイゼーション」という規律性の高いトレーニング方法からも離れてしまっていた。戦術的ピリオダイゼーションとは、「組織的守備」「組織的攻撃」「守備から攻撃への切り替え」「攻撃から守備への切り替え」という4つの基本領域に焦点を当てた体系的なトレーニング形態のことだ。どの領域でも、試合を意識してフィットネスと技術を高めていく。基本的には、まずチームのプレースタイルを決め、それに合わせてすべてのトレーニングを行っていくことになる。

私は2016年、イングランド代表のトレーニングの初日から戦術的ピリオダイゼーションを採用した。また、ワールドカップのコーチングチームにもこの方法を深く理解し、賛同してもらうようにした。常に試合を意識してあらゆる練習を行うので、選手と密接に関わる時間が増えることになる。選手だけに任せておける単純なドリル練習や身体トレーニングをしなくなるからだ。コーチには、新しい指導方法が求められる。たとえば、ダイナミックな動きのなかでチーム戦術を選手たちに説明しなければならない。我々は、戦術的ピリオダイゼーションの専門家であるオランダのサッカーリーダー、レイモンド・フェルハイエン（サッカーのワールドカップと欧州選手権でそれぞれ3度、オランダ、韓国、ロシアの代表チームを指導した経験がある）の集中的な指導を受けた。2019年のラグビー・ワールドカップを迎える頃には、チームは素晴らしい規律を身につけていた。だが、その後でコーチ陣を交代したことで、戦術的ピリオダイゼーションの知識がなくなったため、この厳しい規律はチームから失われていた。

戦術的ピリオダイゼーションを実践するのは簡単ではない。極めて高レベルの規律と厳しさが必要になるからだ。それに加えて、リーダーは重要なポイントを絞り込むことに長けていなければならない。あらゆることを一度に行おうとしてはいけない。その日にチームに示すポイントは、3つまでにすべきだ。だが、こうした明快さを示さずにトレーニング・セッションに突入していくコーチは多い。

ニール・クレイグは、様々なチームのトレーニングを見てきた経験から、「半分くらいのトレーニングは、何もしていないに等しい」と言う。なんでもかんでも詰め込もうとすると、結局は全部が中途半端になって、長続きする効果は何も得られない。ヘッドコーチの重要な仕事は、週末の試合に勝つための鍵を握るポイントを3つに絞り込むことだ。それを明快に示して、チーム全体がトレーニングを通じてそれらのポイントを向上させられるようにしなければならない。私の場合、これを実践するための最善策が戦術的ピリオダイゼーションを用いることだ。

私は朝の暗いうちからホテルの部屋を歩き回り、チームのトレーニングが焦点を欠いたものになっているのではと不安で頭をいっぱいにしていた。明確な目的意識がないままトレーニングをしていると、パフォーマンスに悪影響が生じる。しかし、私は事態をさらに悪化させるという致命的なミスを犯してしまった。

我々が置かれた状況はさらに難しくなっていた。イングランド・プレミアシップのサラセンズが、年俸総額の上限を定めたサラリーキャップ制度に違反し、その後も改善努力を怠ったために2020年にRFUチャンピオンシップへの降格処分を受けた。RFUチャンピオンシップはコロナ禍でリーグが中断したままだったので、サラセンズに所属するイングランド代表の主力選手6人が試合のできない状態に陥った。オータムネイションズカップではこの状況で何とか戦ったが、サラセンズの中心選手がさらに3カ月もプレーできないのは新年を迎えた我々にとって大きな痛手になる。

イングランド代表の中心はサラセンズの選手が占めていた。サラセンズは近年、イングランドやヨーロッパでも最高のクラブチームとして君臨してきたのだから、それも無理はない。当然、他のクラブの選手とのライバル関係のせいで、チーム内の人間関係は複雑なものになる。2019年のワールドカップの準備期間中にもこうした問題はあったが、その夏にはチーム内の対立は鎮めることができた。だが私には、再びチーム内に対立や恨みといった感情が表面化してきているように見えた。サラセンズ勢の影響力が弱まれば、それまでのバランスが崩れ、チームの中心選手たちの関係にも亀裂が入りかねない。

私はそのことを公言したりはしなかった。だが、チームは大きな問題を抱えていた。チームには28人の選手がいて、過去9週間で平均して2・3試合に出場していた。一方で、合計で代表戦に500試合以上の出場経験を持つサラセンズの主力選手たちは、1試合も出場していなかった。マロ・イトジェはコロナウイルスに感染してしまったため、スコットランド戦の5日前にチームに合流したばかりだった。コロナの第2波によってクラブラグビーが壊滅的な打撃を受けた結果、過去2週間で誰もプレーをしていなかった。

私は、たとえ試合に出場していなくても、実績のある選手を選んだ。1年以上前にワールドカップの決勝に出場した選手より、ここ数カ月でクラブの試合に4度出場した平凡な選手を選ぶべきなのだろうか？　私は、国際試合での実績のある選手たちを信頼すべきだと考えた。だが選手のコンディションは不十分で、試合の出来は散々なものだった。

今にして思えば、エリオット・デイリー、オーウェン・ファレル、マコ・ヴニポラ、ジェイミー・ジョージ、マロ・イトジェ、ビリー・ヴニポラは全員メンバーから外すべきだったのかもしれない。だが、後からなら何とでも言える。もし、サラセンズのメンバーが全員出場していなかったら、他の選手にはきっと大きな悪影響が生じたはずだ。それに、長年にわたってチームのために尽くしてきた6人の選手たちは、メンバーを外されたことでどんなメッセージを受け取っただろう？　少なくともサラセンズの選手たちには、彼らがプレーをする機会がなかったというハンディを乗り越えられる存在であることを証明するチャンスを与えるべきではなかっただろうか？

我々はもしかしたら、スコットランド戦に出場さえさせれば、彼らはいつものように勝利を得てくれると思っていたのかもしれない。だが同時に、無観客のスタジアムで国際試合をすることで、苦しみのなかにある選手たちが新たな決意と熱意を得て、前進できるはずだとも考えていた。

そこでスコットランド戦の前の週末に、プレモーテムという概念を実践することにした。何かが失敗したとき、事後分析や検死という意味の「ポストモーテム」という検証作業が行われる。だが我々は、試合がうまくいかなかった場合にデイリー・メイル紙に掲載されるであろう批判記事の仮の見出しをつくることで、事前検死（プレモーテム）を行ったのだ。たとえば、試合に負ければ、メディアは「リーダー不在のイングランドがスコットランドに恥をかかされる」といった見出しの記事で我々を容赦なく叩くだろう。

２０１９年にアイルランドに勝利した試合の前にも、プレモーテムと似たようなことをした。そのときは架空の見出しを使うのではなく、アイルランド戦でひどい試合をしたら浴びせられるはずのメディアの罵詈（ばり）雑言を私が直接言葉にした。だから、これはチームにとってまったく新しい方法ではなかった。だがスコットランド戦の前には、私の言葉を聞くだけではなく、選手たち自身に当事者意識を持ってもらいたかった。そこでチームを少人数のグループに分け、どうすればプレモーテムで予測したような運命を避けられるか、それぞれ答えを考えてもらった。様々な研究結果によって、誰かに指示されるよりも自分で考えたほうが、自分自身の問題としてそれを解決する確率が高くなることがわかっている。

６００メートルのウォーミングアップを1回走らせただけなのに、3マイルのレースに向けて競走馬の準備をしているような感じだった。そんな馬に賭けるのは、お金をドブに捨てるようなものだ。

私は眠れなかった。ゆっくり休むことなど不可能だった。チームの問題や失敗の根深さを感じながら、落ち着かない気持ちでホテルの部屋のなかを歩き回り続けた。

もちろん、このプレモーテムで予想したことは現実になった。ただし、クライブ・ウッドワード卿が書いたデイリー・メイル紙のコラムの長い見出しは、我々の事前の予想よりもずっとひどいものだった――「この試合の重要性を考えると、スコットランドに惨敗したイングランドは史上最悪のプレーをした。エディー・ジョーンズ率いるチームはアイデアに乏しく、まるで30点差の大敗のように感じられた」。同紙とクライブ卿はいつもこんなふうに大げさに書き立てる。だがこれは専門家やメディア全体の気分を、はっきりと表すものでもあった。誰もがイングランド代表を酷評していた。

ホームでスコットランドに6対11で敗れた後、私は自分のミスに責任を持った。お粗末なプレーをしてしまったこと、コーチの指導が不十分だったことを認めたのだ。私は選手を失望させてしまった。勝ちたいのなら、しっかり準備しなければならないということだ。準備不足のチームは、運と状況に頼るしかなくなってしまう。

ただし、プレモーテムが原因でこのような結果になったわけではない。私はまた別の状況でもこの方法を使ってみようと思っている。どれだけチーム状態が良くても、完璧ということはありえないからだ。苦境から抜け出そうとしているのであれ、苦境に陥ろうとしているのであれ、チームを取り巻く状況は常に変化している。スコットランド戦のとき、我々は苦境から抜け出そうと奮闘していた。２０２１年の後半も、同じことをしている。一見すると安全地帯に到達したと思えても、また別の問題の種が待っているだろう。

私はこういう厳しい時期を楽しんでもいる。こうしたときだからこそ、得るものもあるからだ。たとえばそれは、不和と対立、危機と敗北の狭間から、将来的に頼りになる選手が見えてくることだ。順調に勝っているときとは違い、苦しいときにこそチームの真の姿が見えてくる。それは学びと向上の機会になる。私が逆境を好きであることもプラスに作用している。こうした辛い時期は、誰もがコーチのことを無能だと思っている。次に何をすればいいのか見当もつかないと思われている。誰もが、自分のほうがコーチよりもよく知っていると考えている。私は、このような状況をとても楽しんでいる。

スコットランドに負けた責任は私にあった。コーチとして十分な仕事ができず、選手たちに明確な指示を与えられなかった。攻撃面のアプローチを変える場合、最初のうちは苦労するものだ。私はこのことを、試合前の木曜日に選手たちに説明しようとした。ブランビーズで攻撃の方法を変えたとき、最初の3試合は合計40点差で負けたが、2年後には世界最高のアタッキングチームになったという話をした。ラグビーの攻撃は複雑なプロセスなので、新しい戦術が効果を発揮するまでは我慢が必要になる。戦い方を変えると選手たちは考えることにばかり気を取られてしまい、プレーから溌溂(はつらつ)さが失われてしまうように見えることがある。自分たちが何をしているのか、まるでわかっていないかのように見えるのだ。

スコットランド戦で起こったのは、まさにそれだった。

私は試合前、うまくいくと確信していた。新しい何かを導入したときは、選手たちが興奮しているので、最初のうちは問題点が見えにくいものだ。選手たちは新しい要素をゲームに取り入れようとする。だがいざ試合が始まると、強いプレッシャーの中で、新しい方法を実践できなくなる。我々コーチ陣はそのことを教え込もうとしたのだが、うまくいかなかった。選手たちは混乱し、38年ぶりにホームでスコットランドに敗れた。

今振り返ると、私はこのとき、基本に立ち返るべきだった。ゲームプランはシンプルにすべきだった。新型コロナウイルスとサラセンズの騒動がチームに与えた影響を過小評価すべきではなかった。私たちが隔離される前から、この大会が異例の状況下で開催されることは明らかだった。政治家は科学者とともに、目まぐるしく変化する、気落ちするような状況に何とか対処しようとしていた。感染率、入院率、死亡率は、恐ろしい高さに達していた。そんななかで、私たちは〝開幕戦の直後にシックスネイションズが中止されるかもしれない〟という噂に惑わされないようにしなければならなかった。我々は、致命的なウイルスを相手にした、スポーツよりもはるかに重要な戦いが行われていることを認識していた。それでも、次々に変わる規制に合わせながら、イングランドでの制限された環境下で準備を続けなければならなかった。大会に参加した6チームすべてが同じ状況に置かれていたのだから、言い訳にはならない。この大会に向けた準備の序盤、私はこのパンデミックの中で出会ったもののなかでも、特に印象的な言葉を耳にした。それは、「明快さこそが切り札」というものだ。

これほどまでに不確実で混乱した状況では、これまで以上に明快さが必要とされる。我々はシックスネイションズではそのような明快さを見出せなかったが、この概念は、世界がコロナウイルスの物理的、経済的、心理的影響から回復を目指していく今後の数年間において、その重要性を増していくだろう。

このような状況下で、正解を導くのは容易ではない。大切なのは、この未曽有の新たな新常態（ニューノーマル）にいかに臨機応変に対応するかだ。変化が渦巻いているときには、結束や安定、そして何より明快さが必要になる。我々はシックスネイションズで、厳しく、貴重な教訓を学んだ。何より、リーダーの役割の重要性がますます高まっていることを認識した。環境が変化しているときだからこそ、リーダーには、強い発信力と、明確な方向性が求められる。状況を冷静に見極めながら、手腕を発揮していかなければならない。

スポーツでもビジネスでも、パンデミックから抜け出す方法を計画するのは容易ではない。方向性がはっきりしても、将来の傾向を予測するのがかつてないほど難しくなっているからだ。

前年のオータムネイションズカップでは、どのチームがコロナの影響に対処しようとしてきたかの差が明確に表れた。我々はシックスネイションズのときよりも良い準備をしてこの大会に臨み、優勝した。私はオータムネイションズカップでは、たとえ無観客でもラグビーができることに感謝しようと選手たちに伝えた。政府からどんな指示があっても、それに従うべきであることも強調した。政府も右往左往していたので、これは簡単なことではなかった。朝、子どもたちが学校に戻っても大丈夫だと言われたかと思うと、夕方にはもう安全ではなくなったと言われることもあった。

リーダーが明快さを示さないと、人々はルールに従うのが難しくなる。たとえば私が朝、「マスクをつけろ」と言い、夜には「マスクを捨ててもいい」と言えば選手は混乱する。リーダーは明確な指示を出す必要がある。シックスネイションズではそれができなかった。我々は、これを教訓にしたいと思う。

その間、我々は大量の批判を浴びた。私は、〝イングランドのメディアは、我々を嫌うのが好きなのだ〟と思うことがある。イングランドでは、勝てば勝つほど、いざ負けると徹底的に叩かれるようだ。私は、それは悪いことではないと思う。メディアは、「チームが負けたときに厳しい言葉で批判すればするほど、見出しが輝く」のを知っているのだ。私がヘッドコーチに就任し、シックスネイションズで全勝優勝を達成し、厳しいアウェイシリーズでオーストラリアに3連勝したときは、過剰なまでの賞賛を受けた。その後、2018年に5連敗したときは、救いようがないとこき下ろされた。あのとき、我々が少しばかりのスランプに陥ったのには理由があった。その原因は、その年のシックスネイションズの前に、これまで以上にチームを追い込みたかったからだ。私は、あえて選手たちにオーバートレーニングを課した。もちろん私はそのことをメディアには伝えなかった。だから、彼らが理解してくれるとは思っていなかった。

1年半後、ニュージーランドを破ってワールドカップの決勝に進出したときは、選手も私も再び絶賛された。だが1週間後に南アフリカに負けると、メディアは我々を地獄の猟犬のように追い回してきた。2019年後半に日本でのワールドカップを終えて帰国すると、サラセンズの問題が発生した。その後、チームの周りにはネガティブな外野の声が多く聞こえるようになった。

エリートスポーツでは、こうした雑音を消そうと努めることが重要だ。幸いビジネスの世界では、こうした終わりのない、ときに感情的で執拗なメディアの詮索にめったに対処しなくて済む。世界的な大企業でも、メディアの注目を浴びる〝ビッグデー〟は年に3回程度しかない。目玉製品を新発売するときと、株価が乱高下したとき、決算書を発表するときくらいだ。だがラグビーの代表チームには、ビッグデーは12日から15日もある。国際試合では毎回、勝つか負けるかが我々の株価――すなわち世間からの評判に大きな影響を及ぼす。

この外野の雑音が、イングランドのヘッドコーチの仕事を難しくしている。この国のメディアが騒々しいのは、各社が読者の注目を得ようと激しく競争しているからでもある。挑発的な見出しでイングランド代表を批判すれば、読者の注目が集まる。世間は、世界のトップレベルで戦うチームの状態を客観的かつ慎重に分析した記事よりも、迫り来る危機の物語を好む。どんなチームにも浮き沈みはあるが、読者はそんなものを求めてはいない。最悪か最高のものが欲しいのだ。極端な記事を書けば売れる。だから私は、メディアが白黒はっきりした書き方をするのは理解できる。

外野の雑音には、組織全体が影響を受ける。私は基本的にこうした雑音を遮断できるし、選手がそうするのをサポートできる。だが、そうはいかない場合もある。RFUなどの大組織では、私より上の立場にいる幹部は雑音を嫌う。そして、何らかの手を打とうとする。サッカー界の監督の運命がその好例だ。チームが批判されると、すぐに監督がやり玉にあげられ、幹部へのプレッシャーを和らげるためにクビを切られる。監督のクビを挿げ替えることは長期的な問題の解決にはならないかもしれないが、その時点の世間からの厳しい批判の目をそらすことにはつながる。幹部たちは決断力を持って行動し、雑音を鎮められたのだと自分に言い聞かせることができる。

これはスポーツの魅力だとも思う。感情はしばしば、明快さを妨げる。幹部がきちんとした経営をしているのなら、一か八かの決断を急ぐことはない。冷静に状況に対処し、リーダーに状況を好転させるための猶予を与えるはずだ。だが、スポーツ界の感情には、スリルと中毒性がある。この世界の最前線にいる者は、その影響と無縁だとは言い張れないはずだ。仕事に就くなら、業界の流儀を知らなければならない。ラグビーの世界では、照れ笑いをして絶賛を受け入れるのなら、侮辱されたときに耐えるタフさも必要になる。

だが、それは簡単なことではない。２０２０年に2大会で優勝したにもかかわらず、メディアは私がイングランド代表のヘッドコーチをすることにうんざりしているようだった。オータムネイションズカップで退屈なラグビーを披露したのはイングランドだけではなかった。それでも、我々の戦いぶりは厳しい批判にさらされた。代わりにもてはやされたのは、若くて経験の浅いフランスだった。目覚ましい成績を残しているわけではなかったが、才能豊かな若手の選手たちが賞賛されていた。イングランド、特に私のコーチングが酷評されているのとは対照的だった。雑音はどんどん大きくなっていった。このときは、この喧騒(けんそう)や批判を封じられなかった。

人の心を鍛えて行動を変えさせる

リーダーシップの肝は、人の心を動かすことにある。突き詰めれば、リーダーの仕事とは、人の心を鍛えて行動を変えさせることにある。どんな世界でも、リーダーは周りの人間や、指導する相手の思考に影響を与えなければならない。不可能だと思っていることを可能だと信じさせる。偉大な何かになろうという気持ちにさせる。そのために、リーダーには創造性や革新性が求められるし、改善のために妥協してはならない。

またリーダーは、状況の背景や集団の能力を把握しておかなければならない。どれくらい指導し、どれくらいサポートをすべきか、その加減を見極めることが大切なのだ。チーム全体を導くのはヘッドコーチの仕事だが、選手が率先してリーダーシップを発揮することもあれば、コーチ陣が組織を動かすこともある。いずれにしても、チームには常にリーダー役を務める者が必要であり、ビジョンと最終目標を全員が共有している必要がある。

リーダーは、組織のどこにギャップや弱点があるかを突きとめなければならない。ゴールに到達するために、どんな人材や戦略が必要なのかも明確にしておく必要がある。

ビジョンを追求していくと、選手のことがよくわかるようになる。80年代から90年代のアマチュア時代、厳しい生活を送っていた選手たちは逞しかった。当時は仕事と家庭を両立させながら、さらにラグビーに打ち込まなければならなかったからだ。だが、現代の選手たちには違う意味での逞しさが求められている。たとえば、今回のパンデミックだ。若者にとっては最悪の経験だったが、彼らはそれによって人間として成長したはずだ。パンデミックが終息した後にも、逞しさが求められる状況は続くだろう。私はこのパンデミック下でのイングランド代表のキャンプで選手たちの様子を観察するたびに、そのことを実感している。

本書のサイクルの「ビジョン」ステージの「オペレーション」フェーズでは、すべてを評価することが重要になる。リーダーが、組織内の人たちがどれだけ能力を発揮できるかを知るには、できるだけ頻繁に現場に足を運び、仕事ぶりを観察し、細心の注意を払って態度や行動を観察しなければならない。そして、褒めるべきときと、もっと努力を促すべきときのタイミングを知る必要がある。

少し前に、「あなたがリーダーとして〝現場を歩くこと〟を大切にしているという考えは、この先変わると思うか」と尋ねられたことがある。私はきっぱりと「絶対にない。現場を歩いて自分の目や肌で感じることからは、何よりも多くの情報が得られるからだ」と答えた。

なぜなら、こうした情報は、選手たちとの会話を育むことにつながるからだ。腹を割って話すうえでも、相手を思いやる話をするうえでも、さらには何気ない雑談をするうえでも、現場に足を運んで見聞きしたことが役に立つ。何気ない会話でも、選手に良い影響を与えられる。たとえば、子どもが生まれたばかりのときにコーチから「赤ん坊の様子はどうだ？　昨夜はよく眠っていたかい？」と声をかけられることで、選手の気分は高揚し、目標に向けて邁進（まいしん）しようという意欲が湧いてくる。

オーストラリアのラグビーリーグの偉大なコーチであるウェイン・ベネットは、毎日何百回もミーティングをしていると言っている。私もイングランド代表のキャンプでそれを実感する。このミーティングの中には、選手と廊下ですれ違うときの1分程度の立ち話も含まれている。こうした短い会話にも大きな価値がある。我々の仕事にとって、コミュニケーションや人間関係は極めて重要だ。コーチは、選手やスタッフと顔を合わせるたびに、良い影響を与えるチャンスを得ている。それは同時に、悪い影響を生じさせる機会にもなってしまう。だから、一つひとつの触れ合いを大切にしなければならない。私はキャンプ中の選手とのこうした接触を、指導の良い機会と捉えている。選手には、考えるための課題を与えることもあれば、以前に話をした内容を繰り返し伝えることもある。

また、グループや1対1のミーティングも催して、課題の核心に迫るようにもしている。近くに来たときに直接話しかけるよりも、はっきりとしたアジェンダがあり、全員で映像を見ながら議論をするような、フォーマルなミーティングの場のほうが良い反応を示してくれる選手もいる。とはいえ、キャンプ中のミーティングのほとんどはカジュアルな形で行われる。すれ違いざまに相手の気分を察しながら、ポジティブな言葉をかけることも多い。こうした何気ないやりとりの中で、問題点を発見したり、〝この選手のこういうところにもっと目を向けるべきだ〟などと気づいたりすることもある。こうした気づきを得るためには、コーチ自らが注意深く観察しながらチーム内を動き回っていなければならない。すれ違いざまの短いおしゃべりは、コーチや管理職が現場を歩くうえでの欠かせない行為なのである。

プロスポーツチームのヘッドコーチは、当然ながら、20代の若者を相手にすることになる。彼らとは様々な方法でコミュニケーションをとらなければならない。傍目(はため)には、現代のラグビー選手は一面的で、偏狭で、トレーニングジムやゲーム機にばかり時間を取られ、想像力や一般常識が乏しいように見えるかもしれない。だが、それはまったく違う。彼らはネットフリックスやアマゾンで無数の映像コンテンツを見ることができるし、携帯電話で知りたい情報を探し出す能力に長けているので、幅広い分野の物事を知っている。それに、若い選手は携帯電話とのつき合い方もうまくなっていて、それが脳にどんな影響を及ぼすかもよく心得ている。この道具はもはや現代人の生活の一部になっているので、日本代表を指導していたときとは違い、イングランド代表のキャンプでは選手の携帯電話の使用を禁止したりはしなかった。

彼らは、視野を広げることにも熱心だ。教育水準も、1980年代に私が現役だった頃の選手たちに比べてはるかに高い。最新のニュースにも敏感で、社会意識も高く、人種やジェンダーの問題についてもよく理解している。ナイジェリアのコロナウイルスの感染者数や、ミャンマーの政治状況などを知りたければ、ものの20秒もあれば携帯電話で調べられる。これは実に良いことだ。

若い選手たちは、絶えず新しいアイデアや経験を求めている。私が35年前にオーストラリアのランドウィックやニューサウスウェールズでプレーしていた頃と比べると、選手たちが注意力を持続できる時間は明らかに短くなっている。また、個人主義的な側面も強い。だから、コミュニケーションの方法には気を配らなければならない。

その反面、現代の選手たちには人間力に乏しい傾向が見られる。チームメイトに共感し、チームの結束を高めることが自分の役割であることに気づくのが遅く、チーム全体よりも自分のことに目を向けがちだ。ウィル・カーリングは、こうした問題を考えるのはコーチだけの役割ではないことを選手たちに伝えている。選手たちは、他人のことを考えるという人間としての基本的なスキルを身につけなければならない。彼らは、誰かから楽しませてもらい、刺激を与えてもらうことに慣れすぎているのだ。

だから、選手への言葉のかけ方にも工夫が必要になる。繊細で、戦略的なアプローチが求められるのだ。これはコーチにとって面白い部分でもあるが、大変でもある。チーム内に、常に新鮮な空気をつくり出さなければならないからだ。若い選手たちを引き込み、最前線に立たせ続けるためには、コーチの話はエンタテイメント性があり、かつ有意義でなければならない。

たとえばオータムネイションズカップでは、選手たちのリカバリーに役立たせることを目的とした呼吸法のレッスンまで行った。「そんなものは不要だ。呼吸の仕方は誰でも知っている」と思う人もいるだろう。だが今の若い選手たちは、呼吸という一見すると単純なことを学ぶのが好きなのだ。歌手は昔から呼吸法の訓練をしてきた。ラグビー選手がそれをしても罰は当たらないはずだ。若い選手たちは、リカバリーのスペシャリストから指導を受けることに喜びを感じている。彼らが、こうした努力がより良い選手になるために役立つと考えるのは当然のことだ。

ラグビーがプロ化されたばかりの頃、選手たちは練習後にビールを楽しんでいたものだった。その後は考え方が変わり、練習後はリカバリーのためにアイスバスやサウナが取り入れられるようになった。

現在では、さらに新手のリカバリー手法が登場しているし、今後も進化していくだろう。ハイパフォーマンスなチームのマネジメントは、ますます複雑になっているということだ。これはビジネスの世界でも同様だ。大手の企業は、従業員向けにスポーツジムやマインドフルネス講座を提供するようになっている。その運営には専門家が必要になるため、適切な人材を探し出さなければならない。また、こうした専門家がチームや組織に加わるときには、自分たちの担当領域だけに閉じこもりがちになるというリスクもある。そのため、リーダーはこれらの専門家がチームや組織の全体としての目的や情報を共有できるように配慮しなければならない。

また、若い世代に合ったプレゼンテーションやチームトークを行うことも重要だ。イングランド代表の場合、選手とのミーティングは通常15分以内にし、伝えるべきポイントも3つに絞っている。小グループに分かれてディスカッションを行い、動画や、実際の動作、インフォグラフィックス〔訳註：視覚的な表現方法を用いて、情報を直感的に把握できるようにする提示方法〕を織り交ぜながら、刺激的な内容になるよう工夫している。また、チームミーティングの告知も、選手たちに大きな目標を目指している特別な集団の一員であることを実感してもらうような方法で伝えるようにしている。

ビジョンを選手に理解してもらうためには、ポジティブな反応を引き出すような教え方が必要だ。以前、20枚や30枚ものスライドを用いた企業向けのプレゼンテーションに参加したことが何度かあるが、スライドを10枚程度見せられたところで、参加者がそれ以上何も学ぼうとしなくなるのがすぐにわかった。これは、特に若い人たちに当てはまる。彼らは、簡潔で手早い説明を求めている。変化をつけなければ、すぐに退屈してしまう。スポーツやビジネス、教育など、分野を問わず、こうした効果的な情報提供の方法は現代のリーダーにとって欠かせないものだ。

　ビジョンを設定したり、トレーニングやプレーの方法を変更したりするときには、我々は次のような手順を踏むようにしている。まず、リーダー格の選手たちに話をし、意見を聞く。それに応じて、必要であればビジョンや計画を修正する。次に、チームを小グループに分けて、新しいアイデアを説明する。ここでも、フィードバックに耳を傾ける。広告キャンペーンを行うのと似ている。広告を出す前に、少人数のグループを用いて市場調査をする。我々も、同じことをしているのだ。

　この小さなグループは、アウトサイドバックス、インサイドバックス、タイトフォワード、ルースフォワードといったポジション別の選手たちの結束を高める役割も果たす。選手たちはそれぞれに集まって新しいアイデアについて話し合い、それをチーム内での自分の役割において最大限に活用するにはどうすればベストかを考える。

　しかし、1対1のコミュニケーションの本質は変わっていない。現在では、スポーツやビジネスの世界での人間関係の重要性が心理学の用語を用いて語られるのが当たり前になった。だが、こうした専門用語を用いてはっきりと言語化されていなかっただけで、昔から人間関係は大切にされていた。私は20歳のとき、ランドウィックでの最初の試合、オーストラリアのクラブ選手権でのブラザーズ戦の会場に向かうバスに乗っていたときのことを今でもよく覚えている。その記憶は、40年以上経った今でも鮮明に残っている。誰からも敬愛されていたヘッドコーチのボブ・ドワイヤーが私の隣の席に座り、こう話しかけてきた。「今日の試合についてどう思う？　我々はどうアプローチすべきだろう？」

　ボブは、私のような新米に戦術面での意見を真剣に求めていたわけではない。選手との距離を縮め、私に〝自分はチームの大事な一員だ。コーチは意見を尊重してくれる〟と実感させようとしてくれたのだ。そのとき私がどんな答えをしたのかは記憶にないが、ボブの気配りがとても嬉しかったことだけは覚えている。彼はごくシンプルな方法で私をチームに引き込んでくれた。

これと同じようなアプローチは、現代にも通じる。だが、注意も必要だ。今日、若い選手たちに新しい情報を伝えるには、配慮や繊細さが求められる。スポーツ界よりも幅広い年齢層の人たちを相手にしなければならないビジネスの世界では、このことがより重要であるはずだ。企業には、20代前半の若者から60代のシニアまで、様々な世代の従業員がいる。

もし私が企業の経営者なら、最初に雇うのは〝学びの専門家〟だろう。私にとって、「選手たちが最高に学べる環境をつくるにはどうしたらいいか？」は常に差し迫った課題だ。ビジネスであれスポーツであれ、相手よりも早く学ぶことができれば有利になる。そのためには、情報をあらゆる世代向けに適切な形で伝えていかなければならない。

イングランド代表のスタッフを例に取ろう。私はキャンプでニール・クレイグに次ぐ年長者だ。コーチングスタッフは「ＷｈａｔｓＡｐｐ」でコミュニケーションするのが好きだが、私にとっては理想的ではない。私は、このメッセンジャーアプリではまともな文書を読めないからだ。プリントアウトできるように、Ｅメールで送ってほしい。私は昔気質の人間なので、効率よく情報を吸収するためには、印刷した文書を読み、メモを書き込む必要がある。このように、リーダーは組織内でのコミュニケーション方法によってどんな違いが生じるかを、知っておくべきだ。

我々は２０２０年のシックスネイションズでちょっとした実験をした。チーム内でのＷｈａｔｓＡｐ

pの使用を禁止したのだ。スタッフは必ずEメールで文書を送信しなければならない。その結果、コミュニケーション量が半分に減った。WhatsAppを使うと生じる無駄なやりとりがなくなったからだ。文書を送信する際にはそれを正式なものにしなければならないという雰囲気が生まれた。コーチは、慎重に文書を作成するようになった。グループチャットで生じがちな無駄な会話がなくなったのは良いことだと思えたが、ロックダウンが始まり直接会えなくなると、皆、またWhatsAppを使うようになった。世代を超えたコミュニケーションを実現するためには柔軟性が必要なのだ。

最近では、コーチはポジティブな物の言い方をしなければならなくなっている。特に、何かを批判するときにはそうだ。私がリーダーになりたての頃は、何かがおかしいと思えば遠慮なくそのことを口にできた。だが、この25年で状況は変わった。今では、ポジティブな言葉をかけないと選手との一体感は生まれない。接着剤の役割を果たしているコーチや選手に接するときもそうだ。正しいとか間違っているとかという問題ではない。そういう時代なのだ。

しかし、私は今でも選手たちに自分に挑戦するよう仕向けている。私のことをよく知らない人は、1990年代にプロラグビーが始まった頃の、今とはまったくラグビー文化が違った時代に、ブランビーズを率いていた私の噂話を聞いたことがあるかもしれない。その頃の私は、然(しか)るべき努力を怠っている選手にカミナリを落とすこともあった。だが、今はそんなことはしない。現代の選手には、当時とは違う方法で話しかけなければならない。それに、私は恐怖を使って選手を支配しようとしたことはこれまでに一度もない。それは、あってはならないことだ。メディアはそうした物語を描きたがる。コーチが顔を真っ赤にして怒鳴り散らし、怯えた選手たちが震えている、というような脚色された話が好きなのだ。とはいえ、たしかに当時はそういう風潮はあったし、私も歯に衣着せずに言いたいことを口にしていた。だが今は、慎重かつ繊細にアプローチしている。

ただし、その狙いは今も変わらない。それは、選手に〝もっと力がある〟と伝えることだ。1990年代であれ2020年代であれ、選手は自分の真のポテンシャルを知らない。だからコーチは、選手の可能性の全体像を描いて、それを相手に信じさせなければならない。そのために、選手の感情の深い部分に訴えたり、励ましの言葉をかけたりする。

選手はコーチにそう仕向けられるのを望んでいるわけではない。それでも、可能性を最大限に引き出すためにしなければならないことがある。選手はコーチに愛されたいと思っているが、最高のパフォーマンスを発揮するためには、必ずしもそうしたアプローチが正しいとは限らない。

コーチは、選手に何を伝えるべきかを、正直に、嘘偽りなく判断しなければならない。そして、相手の性格に合わせてそれを伝える必要がある。できるだけ正直に言いたいことを伝えるべきだが、同時に常に選手に希望を与えることも重要だ。ただし、間違った希望であってはならないし、正しい知識に基づいたものでなければならない。

我々リーダーの仕事は、選手の可能性を最大限に引き出すことだ。企業であれ、学校であれ、チームであれ、人は自分の本当の能力を自分ではよくわからないものだ。だからこそリーダーは、彼らが自分自身に挑戦するよう、背中を押し、言い聞かせ、要求し続けるべきだ。集中力が途切れたら、正しい方向に進むようチャレンジさせる必要がある。

明快さがこれまで以上に重要になってきているのは、チームや会社で選手や従業員のリーダーシップを育む場合にも当てはまる。リーダーはまず、自分の価値観やビジョンに沿って、組織にポジティブな影響を与えられると思われる人物を特定しなければならない。それぞれの人物には、リーダーとして成長するための計画が必要になる。リーダーの育成に万能薬はない。求める指導や支援方法は人それぞれだ。だから、専門家のサポートが必要になることがある。

私はリッキー・ポンティングがオーストラリアのクリケット代表のキャプテンになったときのことをよく覚えている。彼は荒っぽくタフなタスマニア人で、当時はまだ人間としても未熟だった。同国のクリケット協会は2004年、ポンティングの個人的なリーダーシップコーチとなる人物を同国国立銀行から迎え入れた。彼は、私がワラビーズを率いていたときにも採用した優秀な人物だ。同クリケット協会が彼を雇ったのは、ポンティングのキャプテンシーを磨くためだった。ポンティングの持ち前のタフネスや精神力を消し去るのではなく、世間の厳しい目にさらされたときに、自信を持って対応できるようにすることが目的だ。近年、エリートスポーツの世界では、このような計画に従って選手のリーダーシップを育成することが一般的になってきている。

オーストラリアのコーチになったとき、協会にメディア対策を授けてほしいと頼み、ABCのニュースキャスターから2回ほどレッスンを受けたことがある。そのとき、「会場の後ろにいる人たちに向けて話しかけるつもりでしゃべること」と言われたのを今でも覚えている。そのほうが自信を持って話せるし、その場での主導権を握りやすくなる。これはどんなリーダーにも役立つスピーチのコツだ。

現在のイングランド代表チームのリーダーたちには、演技のクラスを受けてもらっている。選手全員ではなく、選ばれた数人の選手のみだ。目的は、自信をつけ、プレゼン能力を高めること。良いリーダーになるために改善すべき点は、人それぞれだ。ある選手にとっては、それはチームメイトへの話し方かもしれないし、別の選手にとってはミーティングでの振る舞いや、自由時間にチームメイトに影響を与える方法かもしれない。

チームの戦術面でのリーダー格である選手は、演技のレッスンを受けたことで情報発信力を高めた。これは重要なことだ。なぜなら、リーダーは自分の考えを周りに伝えなければならないからだ。効果的に伝え、相手を説得できるようになるほど、リーダーとしての影響力も高まる。これらの選手への演技のレッスンは、所属クラブに戻ったときに、クラブの了解を得たうえで行った。だが他の選手は、イングランドでのキャンプ中に演技指導を受けている。

それによって、選手のコミュニケーション能力は大きく向上した。特に、普段は人の注意を引かないような選手に改善が見られた。演技を学ぶことで、選手は自信を深め、能力を発揮しやすくなる。ラグビー界で成功しているコーチには、教師の出身者が多い。教師は、大勢の生徒の前でどう話をするか、どうふるまうか、どうアイデアを示すかを、仕事を通じて学んでいる。教室全体をひとつにする方法を身につけている。これは、コーチングやリーダーシップの面で大いに役立つスキルになる。

私がリーダーとして相手の状態を把握するには、直接顔を合わせるのが一番だ。Ｚｏｏｍで会話することはできても、実際に会ってみなければ、その人の様子はわからないものだ。パンデミック下では誰もがマスクを着用していたので、相手のボディランゲージを読み取る力が重要になった。マスクで顔が見えない分、様々な方法で相手の気持ちを読み取らなければならなかった。

パンデミックによって生じた様々なロックダウンを通じて、私は様々なことを学んだ。これらの教訓は、ビジネスの世界にも応用できるものだと思う。私が学んだことの中には、たとえば、「ミーティング（特に、Ｚｏｏｍのなどの遠隔ツールを用いて行うもの）には、投資家になったつもりでアプローチするべし」というものがある。投資家は、手持ちの投資資金から最大限の成果を出すために、慎重に投資先を選ぶ。これと同じ考えを、ミーティングにも当てはめるのだ。自由に使える注意力と集中力には限りがある。ミーティングでは、重要な分野にその注意力と集中力を投資すべきだ。単なる雑談の会にしてはならない。ご存じのように、こうしたミーティングでは、誰もがいろんな話をしたがるので、時間が浪費されてしまいがちだ。

また、そのミーティングにとって何が重要かを見極め、俗にいう「パレートの法則（80：20の法則）」に立ち返ることも大切だ。これは、たとえば仕事時間の80％を、最も効果的な20％の作業に充てるようにするというものだ。ミーティングでは、簡潔に要点をまとめて、相手が内容を理解したことを確認し、話が脱線しないようにする。雑談がしたいのなら、そのための場を別で設けるべきだ。

ここでも、明快さが重要になる。最もクリアにすべき点はどこかを明確にして、そこに集中すること。自分たちの力ではどうしようもないことは手放し、それを議題にはしない。

チームにとって、細部まで完璧に整った計画などは存在しない。先の読めないパンデミック下ではなおさらだ。しかし、我々にはビジョンがあり、目指すべき場所もわかっている。そこに到達するまでの道のりは、不確定な要素を多くはらんでいる。途中で浮き沈みがあるのは間違いない。シートベルトは常に装着していなければならない。ときには、目的地に到達するために車から飛び降りなければならないこともあるだろう。

繰り返すが、すべてはリーダーがどんなビジョンを掲げるかにかかっている。最終的なゴールが決まっているからこそ、どこを目指すべきかがわかる。目標から逆算していくのだ。現時点では、チームはシックスネイションズでスランプに陥ったため、軌道修正が必要だ。コンディションを上げて動きの切れを取り戻し、考えるスピードも速めなければならない。私はリーダーとして、頭の中をクリアにしておく必要がある。ここから先は、設定したビジョンを達成可能な目標に落とし込んでいく段階だ。

しかし、この「オペレーション」フェーズは、本書で述べてきた、いつも同じシンプルなプロセスで動いている。

この章のまとめ

すべてを評価し、そのうえで明快さを示す

・相手の心を知るための最善策を見つける
・オペレーションの行動基準、期待値を明確にする
・ビジョンを達成可能な目標に落とし込む
・外野の雑音は遮断する
・80%の時間を最も効果のある20%の行動に投資する

第４章

知識でチームを結束させる

――己を知り、選手を知る

自分を振り返る習慣を持つ

己を知ることは、リーダーシップの要だ。己の長所と短所に向き合い、何が自分に効果的で、どこを改善する必要があるかを深く知り、部下にどんな影響を与えているかを理解する能力は、リーダーの日々の仕事に欠かせない。自らのリーダーシップを振り返ることで、自己認識は深まっていく。私は、長期間にわたって成功を収めてきたリーダーは、この自分を振り返る習慣を持っていると思う。彼らは、成功したときも失敗したときも、何がうまくいったのか、何が足りなかったのかをじっくりと考えている。その結果をもとに、さらに優れたリーダーになるための努力を積み重ねていくのだ。

振り返りは日課にするといい。毎日、今日１日、何をしたかを振り返る時間を持つのだ。できるだけメモを取ろう。私は、長い１日の終わりに儀式的に行うのではなく、頭がはっきりとしている状態のときに振り返りをするようにしている。メモした内容を共有できる信頼できる人がいるとさらに効果的だ。

仕事が好きであれば、自己認識は高めやすい。私は、スポーツに携われて幸せだ。コーチの仕事が好きだ。仕事を好きになりにくいという環境で働いている人は、自分には特別な使命があると考える強い理由が必要になるだろう。今の仕事に心を動かされないのであれば、優れたリーダーになるのはまず無理だろう。特別な努力をしようという動機が生まれないからだ。

人は仕事が特別なものに感じられれば懸命に取り組むし、周りはそれによって恩恵を受ける。子育てと同じだ。親は、朝起きて子どもの世話をすることになんの迷いはない。ただ、子どものそばにいたいと思うだけだ。リーダーシップも同じだ。何か特別なものを感じていれば、人を導くために大きな労力を払うことをいとわなくなる。社会や環境をより良くするための活動、特別なプロジェクト、情熱を捧げているビジネス――何であれ、周りの人たちはあなたの熱意や取り組みを知り、共感すれば、力を貸してくれるだろう。そのような努力の積み重ねが大きな力になる。そのすべては、リーダーの自己認識から始まるのだ。

私にとって、国際ラグビーはショータイムだ。これは最高のショーだと思っている。日本でフルタイムのコーチをすればもっと稼げるかもしれないが、代表チームのコーチが感じる刺激や要求の多さにはかなわない。ここイングランドでは、常に最大のプレッシャーにさらされる。勝ってもプレースタイルが批判されるし、負ければ徹底的に叩かれる。イングランドは、私がこれまで指導してきた中で最も難しいチームだ。私は常に試され、挑戦させられている。

私は、2019年のワールドカップのときより、今のほうがはるかに優れたコーチになっていると感じている。傍目にはそうは思えないかもしれないが、自己認識を高め、様々な新しい問題を体験したことで、私のコーチングが厚みを増したのは間違いない。これはこのこと自体、私の仕事の一つだが、それは私の望みでもある。私は、国際舞台で難しいチームを指導したい。今、クラブでコーチをしても退屈するだろう。私は、常勝クラブにしか行きたくはない。負けっぱなしのクラブでコーチをしても、あまり楽しくない。世界のどの国でクラブを率いても、たしかに選手の能力を向上させることはできるだろう。だが、負けているクラブは一般的にチャンピオンになるための資金が不足している。今ではプロスポーツはお金に支配されている。資金力のないクラブは挑戦の場が限定されてしまう。

いつか、ドイツなどラグビーが盛んでない国の代表チームを、それなりの力を持ったチームに育て上げる仕事がしてみたい。アメリカもいいかもしれない。アメリカは世界のラグビー界に存在感を示せるようになるかもしれない。私は日本で達成したようなことを、アメリカのラグビー界でもやってみたい。とはいえ現在のところは、こうしたチャレンジは他のチームで臨時コーチをするときなどの限られた機会に限られている。私は、イングランドでのコーチングを新鮮なものにできると判断した場合は、将来的に役立ちそうな手法をこうした場で取り入れてみたりしている。

先日、人から「あなたにとって、人生の目的は何か」という本質的な質問をされた。私は、「誰もがその人なりの才能を持っていると思う」と言う以上の答えを咄嗟（とっさ）には出せなかった。その才能を最大限に活かそうとすることが、人生の課題ではないだろうか。私の場合は、ラグビーのコーチという才能を与えられているのかもしれない。だから強いて言えば、ラグビーのコーチをすることが私にとっての人生の目的だ。私は若い選手たちの可能性を引き出し、オーケストラのように一体となるチームをつくりたい。私たちのゲームを見た人に、一生忘れられないような感動を与えたい。これからも、それをできる限り続けていきたいと思っている。

こうした明快な自己認識があれば、周りの人たちを理解しやすくなる。これが、我々のサイクルにおける「ビジョン」ステージのパート4、「マネジメント」フェーズでの基本的な焦点になる。

失脚した経営者、カルロス・ゴーンにまつわる素晴らしいエピソードがある。1999年3月、彼はルノーのCEOルイ・シュバイツァーから、経営不振に陥っていた日本の自動車メーカー大手、日産自動車の再建を指揮するよう依頼された。両社は、ルノーが日産の54億ドルの負債を肩代わりする代わりに36・6%の株式を取得するという、大規模な戦略的提携に合意していた。しかし、日産の経営は混乱に陥っていた。従業員の士気を高めるために、劇的な改革が必要だった。

ゴーンは、ブラジル生まれのレバノン系フランス人のビジネスパーソンだ。日本で日産の再建に取り組んだその仕事ぶりは、数々の魅力的なストーリーを生み出した。ゴーンは最初の100日間、日産の工場内をひたすら歩き回った。何が問題で、何を変えなければならないかを、徹底的に追求したのだ。再建計画を立てる前に、従業員のことをよく知らなければならなかった。その姿からは、日産を再生させようとするだけでなく、従業員を助けたいという思いが伝わってきた。

ゴーンは現場の状況をよく理解したうえで、この会社を変革し、運営管理するための新たなビジョンを実現する計画を策定した。この計画は、彼が社内のあらゆる現場に足を運び、従業員と対話をした結果に基づいていた。彼はリーダーシップを、会社の土台にいる人たちとの関わりを通じて実践したのだ。これは、経営難に陥った会社を引き継いだCEOが、オフィスにこもってバランスシートを眺めながら新しい戦略を練るというイメージとは正反対だ。ゴーンは、こうして社内で収集した情報に基づいて計画を立て、それを実現していったことで、大成功を収めた。ゴーンは、どんな組織であれ、土台を修正できれば、その上の部分も簡単に修正できることを示したのだ。日産は再び優秀な企業に生まれ変わった。

　だが、このストーリーは一転する。ゴーンのリバイバルプランから多くの月日が流れた2018年11月、彼は「会社の資金を個人的利益のために不正使用した」という容疑で逮捕・起訴されたのだ。彼は裁判を待つあいだ、東京で132日間、自宅軟禁された。すでに日産からは解雇されていた。ゴーンは、裁判が始まる前に、日本国外への大胆な逃亡を図った。

　ゴーン夫妻は、ミュージシャンのふりをした傭兵を雇ったようだ。傭兵たちは、身長168センチのゴーンを、高さ180センチのコントラバスケースに入れて国外に密航させた。日本との犯罪人引渡条約がないレバノンにたどり着いたゴーンは、感極まった様子で記者会見を開いた。ゴーンは、「私は正義から逃げたのではない。不正から逃げたのだ」と主張した。「仕事や家族、友人から残酷にも引き離された」と言い、拘束中に圧力をかけられて虚偽の自白をさせられたと主張した。また、自分はルノーの日産への影響力を削ぐためのクーデターの犠牲者であるとも主張した。

　私は第三者としてこの風変わりな事件の記事を読みながら、ゴーンは自己愛が強すぎたのではないかと思った。就任当初にとてつもないインパクトを生み出していた日産再建への並々ならぬ意欲を失い、名声や金、権力に心を奪われるようになったのだろう。物事がうまくいっているときは、こうした誘惑に気をつけなければならない。物事がうまくいっていないときには、批判や軽蔑との戦いになる。私はリーダーとして、ゴーンが誘惑に負けてしまったことよりも、彼が日産自動車の従業員全員が置かれていた状況やその心情を理解しようと最初に決意したことに興味がある。傲慢さによって失墜するまで、彼は大きな成功を収めていたのだ。

リーダーは、自分自身と自分のコアバリューを知るための努力を怠らず、それらに忠実でなければならない。自分らしくいることができれば、スタッフのことも理解しやすくなる。最近、イングランド代表には、自分らしくふるまえないコーチがいた。聡明な人間ではあったが、いつもハッピーな男を演じようとしていたのだ。選手たちは、それが彼の本当の姿ではないことを見抜いていた。

コーチを含むあらゆるリーダーは、重要な瞬間に適切な口調や態度を見つけられるよう、優れた俳優でなければならない。その場に相応しい気分ではなくても、必要なメッセージを伝えるために、それらしくふるまわなければならないこともある。そのとき、自分をよく知っていないと、良い役者にはなれない。ここで、自己認識に立ち返らなければならない。私はどんなコーチなのか？　自分は何が得意で、どこを改善しなければならないのか？　このような自己認識があるからこそ、時折、状況に応じて他の役も演じられるようになる。

くだんのコーチには、自分らしくいることの大切さを言い聞かせた。彼の問題は、選手たちにとっての人気者でいたいと思っていることだ。人気者になりたいのなら、正しい方法を見つけなければならない。元ナショナルフットボールリーグのコーチ、ビル・ウォルシュが書いた、コーチングの百科事典といわれる書籍『Finding the Winning Edge』（未訳）には、まず自分自身をコーチすることが重要であると書かれている。リーダーシップも同じだ。自分自身を導けなければ、他人をリードすることはできない。

同時にリーダーは、自己認識を深めながらも、自分がすべてを知っているわけではないことを理解しなければならない。たとえ私のようにキャリアの終盤を迎えている60代の人間であっても、学ぶべきことはまだまだたくさんある。こうした考えを受け入れることで、謙虚さと相手に対する敬意を持ち、自分がお山の大将ではないことを自覚できるようになる。

しかし、リーダーが目標に向かって組織をつくっていくには、どうすればよいのだろうか。このとき、初心に戻り、方向性を確認することが大切になる。リーダーは目の前の組織を導くと同時に、将来的なことも考えなければならない。最終的なゴールに向けて、集団を後押し続けなければならないのだ。そのためには、メンバーをどの程度サポートし、どの程度チャレンジさせるかのバランスがポイントになる。サポートや配慮が行き過ぎてチャレンジが足りなくなることもあれば、チャレンジを促しすぎて軋轢（あつれき）が生まれてしまうこともある。そのさじ加減が肝心だ。このとき、分析的な能力が高い人と、物腰が柔らかく気配りができる人など、適切な組み合わせのスタッフがいるとうまくいきやすくなる。

まず、グループを率いる方法から見ていこう。優れたリーダーは毎日、場やグループの雰囲気を確かめる。体温や体調を確認するように、その日のグループを観察するのだ。グループを強くし、目標に向かわせるにはどうすればいいのか？　同じ性格、同じ能力の人間ばかりが集まっている集団はありえない。どんなグループにも、能力や意欲のレベルにばらつきがあるものだ。

たいていの場合、グループの1割の選手は常に優秀だ。どこにいても、どんな状況でも、優れたパフォーマンスを発揮してくれる。トップ3の選手は、いつでも他の選手よりもハードワークし、グループにとって価値のある存在になってくれる。少しプレーの調子が落ちる日はあっても、態度は変わらないし、能力に問題があるわけでもない。イングランドでは、ファレル、カリー、イトジェの3人がこれに当てはまる。そして、グループの一番下にも、3人の選手たちがいる。リーダーは、彼らを引き上げていかなければならない。残りの全30人中24人前後が、真ん中のグループになる。このグループから、あと3%の力を引き出せるかどうかがポイントになる。この真ん中の大きなグループを前進させることが、コーチの本当の仕事だ。トップの選手たちはこの真ん中のグループを引っ張る。下にいる選手は調子を上げて真ん中のグループの選手と入れ替わるか、グループ全体の勢いに引っ張られて前進する。このような流れが生まれれば、チームは強くなる。

これは、私がこれまで指導してきたどのチームでも同じだった。幸運な場合、トップの選手が4、5人いることもある。だが、ほとんどのチームでは、トップ3人、底に3人、残りが中間グループという構成だった。グラフの中央が大きくなり左右が対称になる、正規分布曲線のような形になる。だからこそ、コーチはどの選手がどのグループに当てはまるかを素早く理解し、どうすれば彼らを前進させられるか戦略を練る必要がある。そのとき重要なのはスピードだ。プロスポーツの世界では、ライバルのチームよりも早く学ぶことが、唯一の優位点になる場合も少なくない。

コーチがチームづくりをしていくうえで、グループを引っ張ってくれるトップの選手には、場合によってそれなりの配慮が必要だ。中間の選手たちにはあまり甘い顔を見せず、基本的には厳しく接するべきだ。そして、常に何らかの問題が起こりうると想定しておかなければならない。いざというときの備えが不十分だと大きな危機に見舞われる、と肝に銘じておくべきだ。大集団でそれを実践するには、緊張感と勤勉さが必要になる。リーダーにとって、そうした空気をつくり出すのは簡単なことではない。なぜなら、誰もが楽をしたがるからだ。人間だから、それはある意味で仕方がない。だが、エリートスポーツやビジネスの世界では、快適な状態に留まり続けていると成長が妨げられる。だからコーチは、楽をしたがる選手の尻を叩いて、グループの力を引き出そうとしなければならない。

前述のように、グループ内の選手には意欲や能力に違いがある。コーチは、優秀な選手が調子を落とすことを気にかけるよりも、底にいる選手を引き上げることに注力すべきだ。

謙虚さは成功の大きな要素だ。他人よりも能力のある者は、謙虚さを学ばなければならない。傲慢さは慢心と同じであり、成功で手にしたものを台無しにする。優秀な人はこのことを理解している。だから、カルロス・ゴーンのように驕りによって身を滅ぼしたりはしない。

リーダーは、選手たちの能力を最大限に引き出さなければならない。慢心したリーダーは、自分はヒエラルキーの頂点にいると考えてしまう。「ボスは私だ。だから、私の言うとおりに行動しろ」という態度をとるのだ。だが、私は逆の立場でアプローチしている。どうすれば選手のことをもっとよく知り、その選手の力を最大限に引き出せるだろうか、と考えているのだ。

メディアにはうまく伝わっていないかもしれないが、私の哲学の根底には、常に選手に対する奉仕者でいたいという思いがある。どうすれば、選手たちのためになるのかを考えているのだ。ときには、上の立場から、はっきりと、直接的に、何をしなければならないかを選手たちに指示することもある。しかしたいていの場合は、選手に奉仕すべきなのだ。そのとき、コーチのエゴが邪魔になることもある。

だが、小さなことで我を張ってもなんの得にもならない。最大の目標は、選手のパフォーマンスを発揮させることにあるのだから。

それはドラマの制作のようなものだ。演出家の役割は、俳優が最高の演技をするように仕向けること。だから、俳優に奉仕する。ときには叱ったり、おだてたりもするが、たいていの場合、俳優を励ますことが仕事だ。コーチやヘッドコーチの仕事とは、一緒に働く人たちに仕えることなのだ。

大変なのは、時間がかかることと、うまくいかない場合があることだ。選手に仕えることには、常にギャンブルの要素がある。先日、ある若いコーチと話をしたときに、失敗を覚悟しておくべきだ、と言った。彼は常にコーチとして安全な方法をとろうとしているので、選手と真の意味で関われていないと感じたからだ。もっと難しく、挑戦的なことをしなければ、選手たちからプラスアルファは引き出せない。

また、若く才能に恵まれた選手には、まだ何も成し遂げていないことを理解させるために、厳しく接することもある。2021年のシックスネイションズでは、若手のオーリー・ローレンスを呼び止めて話をした。彼はまだ21歳だが、すでに世界最高の選手になることが確実視されているようなメディアからの賞賛を受けていた。たしかに、いつの日かそうなるかもしれないが、彼の姿勢にはハングリー精神や規律が足りなかった。自分のポジションで世界最高の選手になりたければ、誰よりも努力しなければならない。私はちょうどサントリーでの短期間のアドバイザーの仕事を終えてイングランドに戻ってきたところだったので、ニュージーランド代表のボーデン・バレットの印象がまだ記憶に新しかった。彼の勤勉さや意欲は、イングランドのトップ選手の一部に見られるものとは対照的だった。

「この前――」私はオーリーに言った。「ボーデン・バレットと同じチームで3週間一緒に過ごした。彼は世界でもトップクラスの選手で、日本のクラブラグビーでプレーしている。私が毎日、何を見たかわかるか？ トレーニングが始まる45分前に、ある選手がそこにいた。ボーデンがパスとキックの練習をしていたんだ。全体練習が終わった後も、居残り練習している選手がいた。そう、ボーデンだ。で、君はどうなんだ？」

オーリーは自分の努力が足りないことを認めた。私も彼も、それが事実だと知っていた。だから、オーリーにとってそれを認めるのは簡単なことだった。彼は、何が必要かを理解している。あとは、行動を変えられるかどうかだ。それは彼次第であり、私がいかにして彼を後押し続けられるか次第だ。あと15回くらいは、同じような会話が必要かもしれない。うまくいくかどうかは、その選手がどれだけ指導しやすいかや、その選手のバックグラウンドも大きく影響している。選手の行動を変えるのは簡単ではない。

しかし、それは不可能ではない。私は、ジョージ・スミスが20歳のときに同じような話をしたことがある。当時のジョージは、華々しいデビューを飾ってから1年後で、タイトルを獲得したブランビーズの主要メンバーになっていた。私は、オーストラリアのヘッドコーチに就任しようとしていた。私は、ジョージが人生を楽しみすぎていると感じていた。彼は、メディアが伝える自分についての姿を信じ始めていた。たしかに、彼には並外れた才能があった。だが、気の緩みが見られるようにもなっていた。自分の能力を最大限に発揮するための準備を怠っていながら、毎回最高のプレーができて当然だと思っている節があった。私は、彼が平凡な選手に落ちぶれるかもしれないと思った。だから、真剣に話をした。それですべてが改善した。ジョージは変わり、以来、真面目にラグビーに取り組むようになった。

オーリーのような選手にとっては、真実に耳を傾けるのは難しい。練習やキャンプでの様子を知らない記者が書いた、自分を絶賛する記事を読んでいるからだ。だが私と話をした後、オーリーはやる気を高めていた。熱心に練習したい、もっと向上したいという思いが伝わってきた。私は毎回それを見たい。それはどの選手に対しても同じことだ。どの選手も、選ばれ続ける保証はない。毎日、自分の力を証明しなければならないのだ。

トラックの荷台に手榴弾を積んではいけない

2019年のワールドカップに向けてチームを準備するにあたり、チーム内に残っていた亀裂を修復しなければならなかった。私は専門家のコリン・リードを呼び、グループ内にある手榴弾を探した。チームの人間関係がうまくいっていないことはわかっていた。だから我々コーチ陣は、「トラックの荷台に手榴弾を積んではいけない」という表現を使った。手榴弾を見つけて、安全な場所で爆発させなければならなかった。コリンはオーストラリアの心理学者で、2018年当時、エジンバラ大学の心理療法部門の責任者を務めていた。過去にエリートスポーツの世界で働いた経験があり、チームが最高のパフォーマンスを出すためには最高の環境が必要であることを選手たちに説明できた。

コリンは、2015年のワールドカップ以来、トラックの荷台に手榴弾が潜んでいたのをチーム全員で確認する作業を手伝ってくれた。サム・バージェスがチーム内に不和や分断があることを漏らしたせいで、チームについて多くのネガティブな報道があった。オーウェン・ファレルの父親であるアンディがイングランド代表のコーチであることも、問題を複雑にしていた。他の選手もメディアに意見を述べたことで、チーム内には様々な派閥や対立が生じていた。私は２０１６年にヘッドコーチに就任したとき、意図的にこうした問題を避けた。そんなことに構っている暇はなかったからだ。とにかく、まずはチームを指導することに専念した。

だが２０１９年、ワールドカップの半年前に開催されたシックスネイションズで、この問題は表面化した。大会の最終戦、グループの弱点が露呈してしまった。我々は前半30分の時点でスコットランドを31対0とリードしていたが、後半に逆転され、終了間際にトライとコンバージョンキックを決めて何とか38対38のドローに持ち込んだ。チームには緊張感や結束力が欠けていた。対立を専門とする心理学者であるコリンは、そのような困難や分裂を解決するのに役立つ方法を知っていた。

彼女は、グループと正面から向き合った。正々堂々とした態度だった。選手たちは、隠し事はできないという気持ちになった。だからこそ、チームの膿（うみ）が出て、大変な話し合いの場になった。ニール・クレイグと私でさえ、その余波に巻き込まれた。一番辛かったのは、ワールドカップに向けたイタリアのトレヴィーゾでの合宿で、うだるような暑さのなかで過ごしたある午後のことだ。コリンが手榴弾を爆発させた後は、キャンプ全体に山火事が起きているような感じだった。それはすさまじかった。ニールと私も意見をぶつけ合った。その数日、反感や反対意見がチーム内から解き放たれたことで、無政府状態のような感覚があった。２０１５年の古傷がすべて開かれ、選手はまだ傷ついていた。また、チームの一部にはサラセンズの選手に対する反発もあった。殺伐とした空気が流れていた。

一緒にコーヒーを飲みながら、私はニールを本気で非難した。

「こんなにチーム内が混乱しているときに、リーダー格の選手たちは何をしている？　君は何をしている？　君は彼らの仲間じゃないぞ」

　私が猛烈に怒ったのは、不安だったからだ。ニールも激しく反論してきた。私たちは、選手たちの寝室に通じる通り沿いのカフェのテラス席に座っていた。私たちが怒鳴り合っているあいだ、選手たちが前を通り過ぎていった。私は口論しているのを見られようがかまわないという気持ちになっていた。選手たちが私たちのことを気にしているのが伝わってきた。私はニールに言った。

「君には本当にできるのか？　リーダーたちにやるべきことをやらせられるのか？」

　とても厳しい議論になったが、それは現実的な解決策を導き出すのにも役立った。結局、私たちは数人の選手にチームを去ってもらうことにした。リーダーグループは成長し、ニールも彼らに集中して目を向けるようになった。我々はタフなオーストラリア人だが、人からは好かれたいと思っている。だから、この一件については選手たちに申し訳ない思いもある。だがとにかく、我々は手榴弾を爆発させ、非難を浴びながらも、恐れずに困難な状況に直面した。そして、逆境にあるからこそ、良い解決策が見出せることを改めて思い知った。根深い問題を解決しようとすれば、自分の手に負えない状況に陥るという一時的な痛みを味わわなければならなくなる。この２０１９年の夏のトレヴィーゾでの状況が、まさにそうだった。選手たち、特に年長のメンバーには、この状況に対して責任ある行動をとってもらいたかった。コーチが最前線に立つのは当然だが、そのうえでリーダー格の選手が牽引（けんいん）して引っ張ってくれなければチームは機能しない。そして、実際に我々が望んでいるような展開になった。チームは古傷を放置させて悪化させるのではなく、しこりを解消して団結し始めたのだ。

ニールと私には、その後で心から笑い合う機会があった。このキャンプでは連日35度の猛暑だったので、トレーニングは主に午前中に行った。午後は少しリラックスした時間を過ごした。コーチ陣はパデル（テニスの一種）を楽しんでいた。テニスコートの半分くらいの広さのコートの側面と背後に、スカッシュのように壁を立ててプレーするスポーツだ。コーチ陣でトーナメントをした。ニールと私は激しく口論したばかりだというのにダブルスを組んだ。彼は私より年上だが、運動神経が抜群にいい。私より上手にプレーし、コートを駆け回っていた。私たちは4試合中3試合に勝った。一番の年長であるふたりだったが、ゲームを存分に楽しんだ。お互いにきついことを言い合ったが、最後にはすっかりわだかまりがなくなっていた。だが、体調にちょっとした異変を覚えた。熱中症になったような感じだった。ニールに、それぞれの部屋で少し休んで、午後にまた話をしようと提案した。

時間になっても姿が見えないので、探しに行った。そして、ニールがちょっとした災難に見舞われているのを発見した。私にしてみれば、それはかなり面白い出来事だった。彼はシャワーを浴びた後に裸のままベッドで寝てしまい、その後、全身に痙攣（けいれん）を起こしていたのだ。ベッドに横たわったまま、身動きできなくなっていた。ニールが痛みとその恥ずかしい状況から抜け出した後、私たちは笑った。私はこの一件を通じて、エリートスポーツ界のプロとして、パフォーマンスについて厳しい議論をしたとしても、それは相手との関係に影響は及ぼさない、ということを改めて実感した。我々は深い絆で結ばれた友人であり、仕事上で議論をしたとしても、それは個人的なものではない。チームのパフォーマンスについて話し合うときは、和を大切にしすぎることなく、相手に敬意を払ったうえで、真剣に意見をぶつけ合うべきなのだ。

コリンはグループ全員に「親友である必要はない」と教えてくれた。全体として効果的に仕事をするためには、仲良しでなくても、お互いに正直に意見を述べられればいい。そのためには、しっかりとした話し合いができる雰囲気をつくり、チームのパフォーマンス向上につなげていくことが重要だ。自分の考えを、個人攻撃としてとられないような方法で相手に伝える工夫をする。コーチングスタッフと選手たちは、こうしたコミュニケーションの改善に大きな努力をした。それによって、お互いを理解し、良い関係を築けると知っていたからだ。関係が良くなればなるほど、包み隠さずに重要なことをストレートに話し合えるようになる。その結果、チームの結束力も高まっていった。

コリンがアカデミズムの世界での新しいポストに就くためにオーストラリアに戻った後、我々は幸運にも、アンドレア・ファースト博士にコリンの役割を引き継いでもらった。彼女は2016年のオリンピックで金メダルを獲得したイングランド女子ホッケーチームをサポートした心理学者だ。コリンとアンドレアには、選手たちに心を開いて本音を表現させるための優れたスキルがあった。ラグビーのような男性中心のスポーツでは、タフであることが重視されているため、そのように本音を吐露するのは簡単ではない。ふたりは選手の弱さをさらけ出しながら、我々自身が解決策を見出せるような方法でそれを実現してくれた。

2021年のグループ内にも、まだ進行中の問題がある。この分裂やパワーシフトについては後述するが、この「ビジョン」のステージでは、グループを理解することが何よりも重要だ。またコーチには一般的に、グループに対して冷徹に本音をぶつけるよりも、ポジティブであることが求められるようになっている。20年前なら、選手の態度を変えさせるために、厳しく否定的な言葉を伝えることもあった。だが最近では、我々がトレヴィーゾで経験したような状態にチームが陥っていない限り、率直に意見を伝えるにしても、ポジティブなトーンでそれを和らげる必要がある。チームの空気を悪くするような伝え方は避け、彼らの気持ちに配慮した明るいアプローチが必要であることを理解しなければならない。

私はこうした変化は問題ないと考えている。たとえば、私は父よりはるかに楽な人生を歩んできた。父は15歳のときには金鉱で肉体労働をしていたし、生涯、常に2つの仕事を掛け持ちしていた。私の人生はそんなに難しいものではなかった。そして私の娘は、さらに楽な人生を生きている。彼女は15歳のときには私と一緒に世界中を飛び回っていた。私は21歳のとき、外国と言えばニュージーランドにしか行ったことがなかった。娘の子どもたちは、彼女よりはるかに楽な人生を送ることになるだろう。これは悪いことではない。人類が発展していることの証しだ。人間は、楽をしたがる生き物なのだ。だから、選手たちがコーチのメッセージを理解するために、柔らかい言い方を求めるのも自然な成り行きだと言える。

20年前の私なら、なんの問題もなく怒りを用いて選手にメッセージを伝えられただろう。だが今では、怒りはいざというときにしか使わない。なぜなら、もう効果があるとは思えないからだ。必要だと判断した場合は、ある種の選手に対しては怒ることがある。だが、グループ全体に対しては、怒りの感情は表さない。現代のコーチにとって、もはやそれは有益ではないのだ。

グループ内には、異なる扱いが必要なメンバーがいるものだ。教師時代、私はかなり直接的で、ときには権威主義的でさえあった。地理、数学、体育を教えていたが、これらの科目はこうしたアプローチに適していた。その後、校長代理を務めながら、教師としての業務も続けた。ある12年生のクラスには、「一般教養」の教師がいなかった。エッセイを書くことが中心の、クリエイティビティが求められる科目だ。クラスには4人の女子生徒がいて、全員聡明で快活だった。私はいつものように直接的な方法で教えようとしたのだが、それで大失敗した。

このクラスの生徒たちをグループとしても個人としても理解していくうちに、私は指導方法を変えるべきだったと気づいた。そして、「もう自由にやらせてみよう。生徒たちの自主性に任せよう」と悟った。その後、授業は生徒たちによるディスカッションが中心になった。その結果、この4人の女子生徒は、州で上位10%に入る成績を収めた。私は彼女たちを誇りに思った。そして、この体験は私にとってもいい教訓になった。これはコーチングにも通じるものだ。あまりコーチがやかましく指導しないほうがいい選手もいるということだ。ジョージ・スミスも、必要なときに少しだけ指導すれば十分だった。トム・カリーも同じだ。コーチは、どの選手を厳しく指導し、すべきでないかを学ばなければならない。そのためには経験も役立つが、もっと大事なのは日頃から選手をよく観察すること、自分が選手に及ぼす影響を知ること、失敗する勇気を持つことだ。

私は「一般教養」のクラスで、女子生徒の指導方法を間違えてしまった。だが、私には方針を変える勇気があった。これは性差の問題で、男子生徒に対してするような厳しい授業の進め方に不満だったのだと考えるのは間違いだった。彼女たちは単に私よりこの科目で優秀だっただけなのだ。私はそのことにすぐに気づいた。だからこそ、彼女たちの能力を開花させられたのだ。

個々の選手やチームのレベルを評価するとき、彼らがもともと持っている資質は、その取り組みにかける努力やエネルギーの量とは無関係のはずだ。これは、私にとって極めて重要な考えだ。私は自分の職業に誇りを持っている。日本のクラブチームであれ、代表チームであれ、どんなチームを指導しているときも、毎日、最高のコーチでありたいと願っている。私は、相手の意欲を高め、鼓舞したい。選手たちを、自分たちが思っている以上に素晴らしい存在にしたいのだ。

コーチは常に、選手にとっての不可能を可能にしようとしている。サッカー監督のアーセン・ベンゲルは、様々な競技のコーチが集まった場で、自分のキャリアでひとつだけ後悔していることがあると語っていた。それは、選手にベストを目指すよう指導できなかったときがあったことだったという。私はベンゲルのこの言葉についてずっと考えている。私にも、その責任があると思う。

私がこれまで何十年もコーチをしてきて、その可能性を最大限に発揮させることができた選手は何人いるだろうか？　最近、ホッケーのナショナルチームのコーチと話したとき、5人、名前を挙げてほしいと言われた。私は、ジョージ・スミス、ジョージ・グレーガン、スティーブン・ラーカム、ロッド・ケーファー、ジョニー・メイだと答えた。最初の4人はブランビーズの選手だ。南アフリカのフーリー・デュプレアと並んで、私がこれまで指導してきたなかでも特に優秀だった4人だ。ジョニーは違う。私は、彼に自信をつけるための余裕を与えられたと思っている。これから先、あと5人の名前を加えられるとすれば、私のキャリアが終わるころには、合計で10人の選手の能力を最大限に引き出す手助けができたと言えるかもしれない。

30年で10人というのはあまりにも少ないと思うかもしれない。だが、これは普通のことだ。我々は人間を相手にしている。そこには、常に葛藤があり、複雑な問題がある。リック・チャールズワースも、指導したホッケー・オーストラリア代表でオリンピックの金メダルを2回獲得しているが、それでも潜在能力を十分に引き出せなかった選手が何人もいるのが心残りだとも語っている。第一線で仕事をしているコーチは皆、同じようなことを感じているはずだ。人の能力を最大限に引き出すのは、本当に難しいことだ。何かをひとつ間違えば、失敗してしまいかねないからだ。

今日の午前中、ある選手と、この1週間の彼の行動や態度について、かなり率直な話をした。彼にはラグビー選手として最高の力を発揮してほしいと思っている。だが現在の彼は、チームのことを考えるのではなく、自分のことで頭がいっぱいという状態だった。私は、ひとりの選手であることとチームの一員であることのあいだでうまくバランスをとらなければならないと、改めて説明した。「君は、チームの一員であるために、どれだけの犠牲を払う覚悟があるか?」私はそう尋ねた。

優れた選手はこの犠牲の意味を知っていて、自らその責任を引き受けようとする。過去20年のラグビー界でもとりわけ偉大な選手のふたり、リッチー・マコウとダン・カーターがまさにそうだ。ふたりを一言で表すなら、どちらとも素晴らしいチームプレーヤーだったということになるだろう。コーチが良いチームプレーヤーになる方法を教えなければ、その選手のラグビー選手としての最高の能力は引き出せない。

私がマコウやカーターについて話したことを、この選手はどう受け止め、どう実践していくだろう。実際に彼が変わったという証拠を見るまでは、何とも言えない。20年前なら、私は彼を怒鳴りつけ、ストレートにメッセージを伝えただろう。だが、今回は違うアプローチをとった。「私の立場になって考えてみてほしい。君ならどんなふうに自分自身を指導する?」とその選手に伝えた。叱るのではなく、対話をした。私は、彼に解決すべき問題を与えたのだ。とはいえ、メッセージそのものは率直でストレートなものだった。

チームに必要な3つの価値観

選手を個人的に指導するとき、コミュニケーションには柔軟性が必要だ。だから、「能力、価値観、信念のギャップを理解する」ことが不可欠になる。

前述のように、クリエイティブな選手ほど神経質な傾向がある。それが悪いと言っているのではない。このタイプの選手の気質は複雑で、浮き沈みが激しいということだ。前線のフォワードの選手は違う。ハードに働き、ひたすらにタフな仕事をこなす。気質も安定している。彼らは毎日炭坑に通っているようなものだ。掘って、掘って、掘って、一息入れる。そしてまた、あの暗くて辛い炭坑に戻っていく。バックスの選手は、そうやってフォワードが掘り起こした鉱石や金をつかみ取り、それをきらびやかなものにつくり変える。だから、クリエイティブでなければならない。

コーチは、相手に合わせてコミュニケーションの方法を変えなければならない。これはどの組織でも同じことだ。物流部門とマーケティング部門は違うし、営業部門とクリエイティブ部門も違う。チーム内の様々な小チームに対して、それぞれに合った伝え方をしながら、いかに同じ絵を描かせ、同じゴールを目指させるかが重要なのだ。

私はよく、「チームや組織には、天才肌で一匹狼型の人間は重要ですか?」と聞かれる。私の答えはいつも同じだ。「彼らがどれだけ優秀かによる。本当に優秀な人材なら、常に欲しい。だが、優れたパフォーマンスを1、2回しただけでは十分ではない」

メディアはこの点でいつも間違っている。私はテレビでよく、1、2試合で良いパフォーマンスを見せただけの選手について、評論家たちが「なぜイングランド代表のメンバーに選ばれないんだ」と語っているのを目にする。だが現実的には、50試合くらいで良いパフォーマンスを発揮しなければ、その選手を本当に評価することはできない。ビジネスでも同じだ。安定して良い仕事ができてこそ、その従業員を初めて評価できる。

ランドウィック時代のチームメイトだったデービッド・キャンピージは、周りから天才肌の選手だと見なされることが多かった。彼は素晴らしい個人技を持っていたが、チームプレーヤーでもあった。その鮮やかなプレーが試合を決めることも少なくなかった。10試合中1回程度はプレーが冴えないときがあり、それは平均的な選手よりムラがあるとも言えたが、残りの9試合では素晴らしいプレーをした。だからこそ、ランドウィックやニューサウスウェールズ、オーストラリア代表の主力選手として活躍できたのだ。とにかくプロ意識が高い選手だった。当時は皆昼間の仕事を持っていたが、それでもいつも45分も早くグラウンドに姿を現していた。最高の選手になりたいという思いが強く、鋭い軌道を描く持ち前のキックを熱心に練習していた。

一流の選手が一流であるゆえんは、すぐにわかるものだ。それは、彼らが生まれ持った天才だからではない。彼らは皆、誰よりも懸命に技術向上に取り組んでいるのだ。ボーデン・バレットもその好例だ。他の選手が到着する前に、真っ先にグラウンドに出てパスとキックの練習をしている。オーウェン・

ファレルも、全体練習の前後にいつもキックを練習している。NBAのシカゴ・ブルズを題材にしたネットフリックスのドキュメンタリー番組『ラストダンス』で、最も熱心に練習していたのは誰か？偉大なるマイケル・ジョーダンだ。彼は最高の選手だったが、それでも他の誰よりも懸命に練習に取り組んでいた。

誰よりも懸命に、賢く努力をすれば、自らの可能性を最大限に発揮できる確率を高められる。自分のベストが何かは誰にもわからない。だから、自分が思っている以上のものがあると考えるべきだ。

能力を十分に活かせずにいる選手を見るのは残念だ。ダニー・シプリアーニがその典型だ。22歳の頃の彼は、信じられないような選手だった。才能にあふれ、スピードがあり、独創的で、とてつもなくクリエイティブだった。しかし、ラグビーに打ち込むことができなかった。その後、彼を指導したときには、もう手遅れだった。2018年、すでに30歳になっていた彼の行動パターンはもう固まっていて、それを根本から変えることはできなかった。

あるチームでは、私は選手たちに重要な価値観を教え込んだ。また、選手たちが自然に成長するのを見守る場合もある。イングランド代表では、コーチに就任した直後は、価値観や信念体系について選手たちに話さなかった。まずはラグビーに集中したかったからだ。2015年のワールドカップで惨敗した直後だったチームに、私は「自分たちのラグビーをしよう」と伝えた。そこから、ある種の行動が生まれ始めた。そしてヘッドコーチに就任してから4年目の2019年、3つの価値観がチームの倫理観に組み込まれた。

1. 全力で取り組む――勇気を持って何事にも挑戦していく
2. 連帯感――自然と湧き上がるような団結力、一体感をつくり出す
3. 明晰な思考――明晰さの重要性を常に念頭に置く

この3つの価値観は、選手たちが考え出したものだ。価値観が明確になれば、それと一致する行動を評価し、一致しない行動には改善を求めるのは容易になる。ただし、最も重要なのは価値観そのものではない。たとえば、世界中には様々な宗教を見るが、基本的な価値観はどれも似通っている。重要なのは、リーダーシップだ。つまり、その価値観をチームとしてどのように実践していくかが成功の鍵を握っているのだ。

最後に、この「マネジメント」フェーズでは、以下を確実に行っていく必要がある。

・全体のビジョンを、個人の成長の道のりと一致させる

「チームには、私はいない」（訳註：「Team」という単語には「I」という文字が含まれていない。我を通さずにチームのために尽くそう、という意味）という古い慣用句は、もっともなことを語っていると思う。だが現代では、チームのためというより、自分自身の成功をモチベーションにしている選手が多い。20年前、イングランドの選手が代表チームに憧れたのは、このジャージを着ることにモチベーションを感じていたからだ。だが、状況は大きく変わった。そこで私は、3年前にサッカークラブ「アヤックス・アムス

テルダム」のサッカーアカデミーに数日間滞在して視察し、この育成組織がどのようにして多くの優秀な若手選手を輩出しているのかを学ぼうとした。このアカデミーは何世代にもわたって優れた選手を輩出してきたが、最近になって特にその傾向が強くなっている。クラブの関係者によれば、30年前は、選手を集めるのは今よりも簡単だったそうだ。当時の若者たちは皆、ヨーロッパを代表するチームであるアヤックスでプレーしたがっていたからだ。

しかし、次第にアヤックスはヨーロッパの経済大国のサッカーリーグのトップクラブとは肩を並べられなくなっていた。そのため、若く優秀な選手たちを集めるためには新しいアプローチが必要になった。現在では、「アヤックスは、一流選手になるための最初の足がかりとして最高のクラブ」という謳い文句で選手を集めているそうだ。アヤックスで能力を磨き、活躍すれば、高額の報酬が得られるビッグクラブに移籍できる、と。だが同時に、若手がそうしたモチベーションを持つことは、クラブの成績にも良い影響をもたらしている。何より、選手が個人として成長するには、それを可能とするチームが必要なのだ。この考えは、才能ある若い選手にとって魅力的なものになる。

アヤックスのクラブハウスには、コーチの役割を示す美しいインフォグラフィックスが掲示してあった。それは、コーチは、選手にとって最初は教師、次にリーダー、最後に友人のような存在になるというものだ。これはとても理にかなっている。チームスポーツでは、特に選手の能力を最大限に引き出すためには、選手個人の望みをいかにチームの目標と結びつけるかが重要になる。

もちろん、一番大切なのはチームを成功させることだ。だがコーチは各選手の夢をどのように後押しすればそれがチームのためになるかを考えなければならない。チームミーティングでも、選手たちの心をどの方向に動かすかについての細かな配慮が必要になる。選手がそれぞれ個人として抱いている目標を、うまくチーム全体の目標と合わせていかなければならないのだ。

ジェームズ・ハスケルは、チームのビジョンと選手の目標をうまく一致させられた好例だ。私は、彼に「自分はコーチから重要な選手と見なされている」と感じさせるように心がけた。そのことで、ハスケルはイングランド代表の選手として彼が過去に見せたことがなかったような能力を発揮してくれた。2016年のシックスネイションズの前に、私は彼に「全試合に出場させる」と伝えた。安心感が必要な選手もいれば、ギリギリの立場に置かれることで本気を出す選手もいる。ハスケルは、安心したいタイプの選手の典型だった。安心感を得た途端、自分らしさを発揮し、チームに多くを貢献してくれるようになった。コーチにとって、ハスケルは素晴らしい選手だ。たとえシックスネイションズの序盤でパフォーマンスが悪かったとしても、私は約束を守っただろう。なぜなら、彼が陽気で真面目な男で、タフでユーモアのセンスもあることを知っていたからだ。グラウンドの内外でチームに価値をもたらしてくれる選手なのだ。

ディラン・ハートリーのケースも似ている。彼は安心を求めてはいなかったが、キャプテンに任命することで、自分がとても大切にされていると感じるようになった。1年半のイングランド代表でのキャリアのなかで、最高の力を発揮してくれた。クリス・ロブショーのケースはそれとは違っている。キャプテンの座を失ったが、イングランドで最高のフランカー、そして若い選手たちのリーダーという新しい役割を見つけた。彼はそれを見事に成し遂げ、実に重要なリーダーになってくれた。キャプテンという肩書がないだけの、真のリーダーだった。私はそれ以上、クリスに何も求めることがなかった。

この3人は、それまでイングランド代表として十分な力を発揮できていなかったにもかかわらず、コーチの働きかけによって大きな変化を見せた選手の好例だ。我々コーチ陣は、彼らにとってのポジティブな環境や目標を設定することに成功した。それは我々が、彼らの性格や個人的目標をどう活かせばチームを前進させることにつながるかを理解していたからだ。これは、成果主義の組織でリーダーが常に心がけておくべきことではないだろうか。リーダーは、全体と個人の目標が合致するようなストーリーを描き、それを全員に示すべきなのだ。

それは、グループを知り、個人を知るというリーダーの目的とも合致している。それはこの章で述べてきた、本書のリーダーシップ・サイクルの第1ステージである「ビジョン」における重要な指針とも呼応している。

この章のまとめ

己を知り、選手を知る

・グループを理解し、個人を理解する

・能力、価値観、信念のギャップを理解する

・毎日、場やグループの雰囲気を確かめる
・自分を理解する――自己を知ることは、リーダーシップの要
・パフォーマンス向上のために、本音で語り合う場を設ける
・選手個人の夢を後押しし、それをチーム全体の目標と一致させる方法を見つける

ステージ2

構築

第5章　グロース・マンデー

［戦略］

好奇心を持ち、新たなアイデアを受け入れる

第6章　規律ある思考と精神的成長の道のり

［人］

偶然がもたらす成功に頼らない

第7章　対立があるのは健全なこと

［オペレーション］

すべてがうまくいっていそうなときこそ問題点を探す

第8章　アクセス・ポイントを見つける

［マネジメント］

感情的なつながりは個人の目標達成を助ける

第5章 グロース・マンデー
――好奇心を持ち、新たなアイデアを受け入れる

効果を上げる月曜日の過ごし方

ロックダウンは世界中の人々に衝撃を与えたが、それは同時に貴重な機会でもあった。考える時間が増え、仕事や人生に対する様々なアプローチを模索できた。パンデミックが始まる前の慌ただしい生活のなかでは見逃していたような、魅力的なものに出会うチャンスも増えた。2020年の2回目のロックダウンのとき、私はちょっとした幸運に導かれ、「ゴンザガ・ブルドッグス」という小規模な大学のバスケットボールチームの刺激的な世界に引き込まれた。このチームの物語は、アメリカのスポーツ界でもとりわけ興味深いものだ。

それは、ちょうどシックスネイションズが終わったところだった。2020年10月31日、パンデミックの影響で7カ月以上も延びていた最終戦、イングランドはイタリアを破って優勝を飾った。これからオータムネイションズカップが始まるのだが、この秋の国際大会の前に、まずはいつものように大会後

の振り返りをした。お馴染みの問題が浮かび上がってきた。

それは、月曜日に関する問題だった。私は、月曜日のトレーニング・セッションを効果的なものにするための方法を模索していた。土曜日に国際試合があった場合、選手たちはまだ身体のダメージが回復していない。その状態でどうトレーニングすべきか？　週末がオフだった場合も、月曜日からいきなり強度の高い練習を始めるのは難しい。試行錯誤の末、私はチームが1週間をスタートさせる新しい方法を見つけた。古いパターンを変えるのに役立ったのは、好奇心と、新しいアイデアへの寛容さだった。

私がリーダーとして、ライバルと共同する意欲があることもプラスになった。私には、国際舞台で活躍しているラグビーコーチの友人がいる。どちらも向上心が強く、仕事についてよく話をする。さすがにお互いのチーム同士が対戦する週には連絡しないが、定期的にいろんな意見を交換している。これはジェイク・ホワイトが南アフリカ代表のコーチで、私がワラビーズのコーチをしていたときによく交わしていた有益なやりとりと似ている。ジェイクとは、ライバルの情報を交換し、相手の長所や短所にどう対処するかを話し合ったものだ。

このオープンさは、私の師であるボブ・ドワイヤーが教えてくれたものでもある。ボブは自分の仕事について何かを隠し立てしようとはしなかった。1991年のワールドカップでワラビーズを優勝に導いたときも、トレーニングの様子を一般公開するなど、常にオープンだった。新しいアイデアを取り入れることに熱心で、良い意見には耳を傾け「それは我々のよりもいいアイデアかもしれない。ぜひ参考にさせてほしい」と言っていた。その寛容で前向きな姿勢は、私にとって手本にすべきものだと思えた。

このオープンな精神に基づき、私は月曜日のセッションに対して抱いていた懸念をくだんのコーチ仲間に伝えた。建設的な話をする中で、彼はゴンザガ・ブルドッグスのことを教えてくれた。面白そうな話だと思った。そして、彼がゴンザガのパフォーマンス・ディレクターとＺｏｏｍミーティングをしたという話を聞いて強く興味を持った。同チームは、月曜日の練習に斬新な方法を取り入れているという。彼は、私がゴンザガ大学のパフォーマンス・ディレクターであるトラヴィス・ナイトと話ができるように、もう一度Ｚｏｏｍミーティングを設定すると申し出てくれた。私はためらうことなく、ぜひそうしてほしいと答えた。トラヴィスとオンラインで会う前に、ゴンザガのプログラムについて時間をかけて調べた。私はこのチームが歩んできた道のりに大きな感銘を受けた。

ゴンザガ大学は米ワシントン州スポケーンにある小さな私立大学だ。カトリック系の大学で、小規模で学部も限られていることから、過去にはスポーツ分野で目立った活躍はしてこなかった。全米大学体育協会（ＮＣＡＡ）のバスケットボール競技で強豪校としての地位を築いてきたのは、ＵＣＬＡやデューク大学、ケンタッキー大学、カンザス大学といった大規模で潤沢な資金を持つチームだ。ゴンザガは、無名の弱小チームにすぎなかったが、この22年間、大学バスケットボール界の68の有力チームが〝マーチ・マッドネス〟と呼ばれる勝ち抜き方式のトーナメントを戦う「ＮＣＡＡファイナル」に進出し続けている。これはアメリカのスポーツ界全体の中でもとりわけ大きな注目を集める大会だ。

ＮＣＡＡファイナルへの連続出場が始まった１９９９年、ベスト8まで勝ち進んだブルドッグスは、スポーツ界のシンデレラともてはやされた。そこには、すぐにまた弱小チームに後戻りするだろうという意味合いも込められていた。だがそれ以来、ブルドッグスは押しも押されもせぬ強豪チームとしての地位を確立していった。シンデレラの比喩を使うことに飽きた人々は、ブルドッグスが勝つたびに「ガラスの靴はまだ履ける！」と叫ぶようになった。しかしこうした派手なチームの活躍の裏では、もっと興味深いことが起きていた。

時代の変遷とともに低迷するＮＣＡＡの強豪校もいる中で、１９９９年ヘッドコーチのマーク・フューが就任して以来、ゴンザガは着実に成長を続けている。以前は、練習場所を女子バスケットボールチームやバレーボールチーム、体育の授業と共有していたそうだ。フューの就任前、ブルドッグスは大会前にメディアに注目されたことも、全国ネットのテレビで試合が放送されたこともなかった。だが、このコーチがチームの文化と期待を一変させた。

ＮＣＡＡファイナルに進出し続けるようになると、周囲の目が変わってきた。レギュラーシーズンでウエスト・コースト・カンファレンスを制覇し始めると、新たな疑問が浮上した。「ブルドッグスは、マーチ・マッドネスでどこまで行けるのか？」。資金力の潤沢な伝統校と伍していくのは簡単ではなかったが、徐々に有望な選手やスポンサーがゴンザガに集まってきた。ブルドッグスは着実に成長し、大型の試合会場を新設すると、ＮＣＡＡの有力チームとの差を縮めるために必要な資金力も獲得し始めた。

そして、ブルドッグスの賢さや強い精神力に魅了された大学バスケットボール・ファンから、人気チーム投票で2位に選ばれるまでになった。２０１３年には第1シードでマーチ・マッドネスに臨んだが、第二のゴンザガになることを目論むウィチタ州立大学に早々と敗退してしまった。だがマーク・フューやナイトをはじめとするコーチングスタッフは決してひるむことなく、新たな決意のもとでチーム環境の整備に力を注いだ。田舎町にある小さなカトリック系大学であるゴンザガに、全米の高校から優秀な人材が集まるようにもなった。

２０１５年以来、ブルドッグスはNCAAファイナルでベスト16以上の成績をキープしてきた。２０１７年には決勝に進出したが、残り30秒というところでリードを許し、惜しくも敗れた。優勝候補と目されていた２０１９年にも、準々決勝で試合終了間際に相手に競り負けている。

２０２０年は、NCAAチャンピオンシップに挑み続けた21年間の集大成となるはずのシーズンだった。ゴンザガは第1シードでこの年のマーチ・マッドネスに参加した。また、大会会場は同大学の地元であるスポケーンになる予定だった。つまり、熱狂的な地元サポーターの前で、ホームで試合ができることになる。ブルドッグスは、ついに念願の全米タイトルに王手をかけたように見えた。しかし、２０２０年3月上旬、新型コロナウイルスの影響で大会は中止になった。

２０２０年11月に私がトラヴィス・ナイトと2度ほどZoomでミーティングをしたとき、すでに新シーズンは始まっていて、ゴンザガ大は破竹の快進撃を続けていた。開幕7試合で全米トップ20にランクされた4校を破るという大学バスケットボールの新記録もつくっていた。この快進撃は無敗のまま続いた。ブルドッグスは、レギュラーシーズンを26勝0敗で終えた。ファイナルに進んでからも、第1シードの名に相応しく順調に勝ち上がり、２０２１年4月6日の決勝戦を迎えた。インディアナ大学のインディアナ・フージャースがシーズンを32戦全勝で終えそのままファイナルでも優勝を飾って以来、無傷でチャンピオンになろうとしていた。それはブルドッグスにとって、初の全米タイトルとなるはずだった。

だが、スポーツの世界は何が起きるかわからない。ブルドッグスが精彩を欠くことなど皆無に等しい。

だがそのめったにない日が、この大勝負の日に重なった。下馬評では圧倒的に有利と見られていたにもかかわらず、この決勝ではベイラー大に敗れて優勝を逃した。実に429日ぶりの敗戦だった。ゴンザガ大が歴史に名を刻むのは、将来にお預けになった。

トラヴィスとZoomミーティングをした2020年11月当時、彼らの記念すべきシーズンがどのように展開していくかはわからなかった。それでも、私は彼らのプログラムの明快さと規律にいたく感心した。ラグビー文化が根付いていない米国人である彼らにとって、私が何者で、イングランドラグビーがどんなものなのかはまったくわからなかったはずだ。私は日本人とオーストラリア人のハーフの、得体のしれない男だと思われていたようだ。それでも、トラヴィスや彼のアシスタントは時間を惜しまず、丁寧に説明してくれた。

ブルドッグスの月曜日のトレーニング・セッションは、選手たちに責任を与えることで大きく改善したのだという。月曜日は、選手たちが成長する日（グロース・デー）と位置づけられている。この日は選手たちが主導権を握る。小規模なミーティングを開いて、新しいアイデアを探求する。トラヴィスは選手たちの好奇心を促し、コーチ陣は選手たちが自主的に意見を述べ合うのを見守る。選手たちがグラウンドを離れた場所で成長することが、グラウンド上でのリーダーシップや勝利につながることを心得ているからだ。

ゴンザガ大は、この「パーソナル・グロース・マンデー」をプログラムの要としている。この特別な時間は、激動の2020年に選手同士の絆を深めるだけでなく、コート内外で感謝の心を育むのに役立ったのだという。この年には、パンデミックや不況、警察官による黒人男性ジョージ・フロイドの殺害事件をきっかけにした反人種主義運動の高まりなど、様々なことが起こった。だが若い選手たちは、この月曜日のセッションを通して、自分を見失わずにバスケットに打ち込み、トップレベルのチームで競技できることのありがたみを実感できた。

「グロース・マンデー」のきっかけのひとつになったのは、トラヴィスが選手たちと一緒に行った「成功の妨げとなる3つの問題」を挙げるエクササイズだった。選手たちは、チームの成功を妨げている理由を3つ挙げ、それを「環境や人間関係上の問題」と「プレー上の問題」のどちらかのカテゴリーに分類するよう促された。前者の理由は多数挙げられたが、後者はひとつも挙げられなかった。つまり選手たちは、自分たちが全米チャンピオンになるのを邪魔するプレー上の理由はひとつもないと考えていたのだ。この結果を見て、トラヴィスは選手たちの環境面を改善することに注力する必要があると確信した。そして、シーズン前や不定期のチームボンディング・セッション〔訳註:チームの団結力を高めるための様々な活動を行う〕でグループの結束力を高めようとするのではなく、コミュニケーションや環境の問題に日々取り組むようになった。

ブルドッグスの月曜日のミーティングは15分程度と簡潔に行われるが、そこに込められた意義や高揚した雰囲気によって、月曜日の沈みがちな気分は一掃され、週全体を通してチーム内に良い空気が流れるようになる。ミーティングの直後には基礎練習をしたり、動画を観たりする。動画は様々なコンテンツが選ばれる。他のスポーツを題材にしたものもある。狙いは、選手たちが高い目標を目指し、チームメイトと密に連携することを促すことだ。この月曜日の取り組みの効果は、ブルドッグスの無敗記録が物語っていると言えるだろう。

私はイングランド代表にもグロース・マンデーを取り入れることにした。だが、ゴンザガ大とまったく同じようにしたわけではない。我々流の方法で、月曜日の取り組みを変えた。その根本的な考えを支えているのは、我々の好奇心と、トラヴィスらが示してくれた寛容さだ。

グロース・マンデーでは、選手との関係構築を何よりも重視している。プロジェクトを始めるときには、まずコーチと選手との関係を深めなければならない。グループ全体の成功には、チームの編成、専門的なトレーニングドリル、戦術的なコーチングやプランニング、ストレングス&コンディショニング、スポーツ科学など、いくつもの要素が貢献している。だが私は、チームの力を最大限に引き出す鍵は人間関係にあると考えている。

ニール・クレイグは、スポーツにおけるトップレベルでの競争で勝ち負けを左右するのは、選手選考と戦術と才能が全体の15%で、残りの85%は集団内のコミュニケーションや環境が占めると言っている。私はニールのこの意見はおおむね正しいと思っている。そしてだからこそ、キャンプでは毎週、チームが人間関係や連携を高めていくのを見守ることから始めるべきだと考えている。

月曜日が難しいのは、選手たちの疲労が溜まっている場合が多いからだ。土曜日に激しい試合をしたばかりなので、まだ身体の痛みが回復していない。日曜日に家族と時間を過ごして、まだリラックスムードが抜けていないこともある。ゆえに月曜日のトレーニングはあまり刺激的なことをしないのが一般的で、チーム全体の組織的な動きを確認する練習が中心になっていた。そこで、我々は主導権を選手たちに譲ることにした。彼ら自身に、成長し続けるために自らの手で月曜日を良い1週間のスタートにするための機会を与えたのだ。これは選手にとっても我々コーチにとっても、とてもエキサイティングなことだ。

アイデアはまず少人数に話す

私は大胆な変化をチーム全体に取り入れるときには、最初にそれを試すようにしている。このときも、まずはオーウェン・ファレルにアイデアを伝え、彼の反応を確かめた後で、他の年長の選手たちに意見を聞いてみた。彼らの率直な反応から、アイデアがうまくいくかどうかの感触をつかめるからだ。結果は、とてもポジティブなものだった。前にも述べたように、30年前の選手たちは一貫したルーティンワークを好んだものだが、今の若い選手たちは変化を求めている。十分な根拠さえ示せば、やり方を変えても素直に受け入れてくれる。だから、私は常にあらゆる面で改善策を探している。

選手たちはすぐに自分たちに合った方法を見つけた。月曜日、まずチームはポジション別に4グループに分かれるようになった。それぞれにリーダーがいる。また、各リーダーを束ねる全体のリーダーも決められた。このリーダーはキャプテンのオーウェン・ファレルである必要はなく、他の選手が務めてもかまわないことになっている。月曜日の午前中にどんな練習をするかは選手たちが決める。技術練習をするか、ストレングス&コンディショニングのコーチと一緒に身体トレーニングをするかは完全に彼らに任されている。タイムテーブルを決めるのも彼らだ。選手たちはこのように、月曜日の午前中、次の試合の準備のために自らが主体となって動く。昼食後は、コーチ陣が定めたスケジュールに切り替わる。ただし我々コーチ陣は今後、月曜日はすべて選手たちが仕切るようにしてもいいかもしれないとも考えている。

アウトサイドバックスのグループのリーダーは、抱えている怪我の状態次第ではあるが、だいたいアンソニー・ワトソンが務めている。インサイドバックスは、怪我をするまではウィリー・ハインツが、ルースフォワードはほぼ常にトム・カリーが担当している。タイトフォワードはジェイミー・ジョージかマコ・ヴニポラのどちらかだ。各グループのリーダーが集まり、タイムテーブルを作成する。

選手たちは月曜日の重要性を理解している。私がいつもそう説明しているからだ。月曜日の練習が終わったときにどう感じているかが、土曜日の試合のパフォーマンスを占う試金石になる。私は月曜日が終わった段階でチームにいい雰囲気でいてほしい。月曜日は1週間のうちで最もタフな日でもある。だから、彼らに主体性を発揮してもらうのは歓迎すべきことだ。

この活動は、リーダーシップも強化する。私は、アンソニー・ワトソンはチームのレベルを持続的に引き上げられる選手になれると考えている。これは彼の性格ではなく、その行動に関係している。アンソニーはとても影響力があり、人間としても成熟し始めている。これもボブ・ドワイヤーから教わったことだが、代表チームのヘッドコーチは、ワールドクラスのリーダーになれる能力のある選手を常に探しておかなければならない。今すぐにそうなれなくても、将来的にその可能性を秘めた選手だ。アンソニーには、間違いなくその可能性がある。

また月曜日は、選手たちがリーダーを通じて、前週の私やコーチのやり方に対する意見を述べられる機会にもなっている。また、折に触れてフィードバックセッションを設け、1週間ほど時間を与え、選手だけでチームルームで最近の状況を振り返ってもらう。そして、意見をまとめたものを、私に伝えに来てもらうようにしている。将来的には、こうした正式なフィードバックの機会をもっと定期的に設けたいとも考えている。私は現在のところ、個々の選手たちの意見は主に、普段の会話や触れ合いを通じて得ている。

ニール・クレイグは、我々イングランド代表のハイパフォーマンス・リーダーだ。前にも言ったが、彼は私に対して歯に衣着せぬ意見を伝えてくれるという意味で完全に信頼できる人物だ。65歳で、経済的な自由を獲得している。ニールが仕事をするのは、必要だからではなく、好きだからだ。嫌ならいつでもチームを立ち去ることができるので、遠慮なく私に考えをぶつけられる。

もし、本書のリーダーシップ・サイクルの「構築」ステージの「戦略」フェーズで変化や変革を起こすことを考えるのなら、私はたとえばイングランド代表の新キャプテンの任命を提案するかもしれない。私は常にリーダーグループの見直しをしているからだ。だが、もし今キャプテンを変えることを提案したら、ニールに反対されるのは目に見えている。彼の意見はラグビーのノウハウという面では限られているかもしれないが、選手やスタッフの人間性やチームが置かれた状況については鋭く本質を突いてくる。いつもの愛想の良さを一転させ、あえて厳しい反対意見を述べる「悪魔の代弁者」としての役割を担ってくれるはずだ。

ニールは強く迫ってくる。私の意見を変えたいからではなく、あらゆる角度から問題の可能性を検討してほしいからだ。仮定の話をしているときも、意図的に挑発的な質問をする。イングランド代表のキャプテンの役割を見直すというアイデア自体を否定しているわけではない。あらゆる角度から私にこのアイデアを考えさせようとするのだ。

「ああ、いい考えだな。賛成するよ」とは言わない。そのような態度は、イングランド代表にも私にも不要だ。

ウィル・カーリングも、このような状況で大きなメリットをもたらしてくれる。彼は22歳でイングランドのキャプテンを務めるということがどんなことかを知っている。ウィルは、「イングランド代表の主将であることは、素晴らしくもあれば、恐ろしくもある。容赦がないんだ」と言う。それによって家族に負担をかけ、キャプテンの座を降りる頃には、すっかり消耗したと振り返っていた。

しかし、ウィルはニールほど慎重ではない。私と同様、リーダー陣を厳しく見直す必要があると考えている。コーチングスタッフ内での議論は、今後数カ月は続くだろう。これは簡単な決断ではない。我々コーチ陣は現在のリーダーたちに、これまでチームに尽くしてくれたことへの恩義を感じているからだ。だが、情に流されてはいけない。これは、データに基づいて冷徹な判断をしなければならない問題だ。ここでいうデータとは、統計データや映像から得られる情報と、自分の直感的なデータの両方を意味している。私は、自分の考えを逐一検証してくれるニールとウィルという参謀がいることのありがたみを感じている。

選手や他のコーチにとって、ニールとウィルが温和な存在に見えるのもこのチームにとって重要なことだ。それは、部分的にはふたりの持って生まれた性格にもよる。どちらも温厚で気さくなタイプだ。それに加えて、ふたりとも選手選考に関与していないため、選手は威圧感を覚えにくい。オーストラリアン・フットボールという競技の出身者であるニールは、ラグビーの細かなことはよくわからないと言っている。それもあって、選手たちは安心して彼に思いをぶつけられる。

ニールがこのチームにおいて重要な役割を担っているのは、私に言いたいことを言えるだけでなく、選手たちが安心して彼と話ができるからだ。みんな、ニールを信頼している。その信頼は、ニールが選手と初めて会ったときに、ひとつだけ注意事項を述べることから生まれている。ニールは、選手とのプライベートな会話の内容を私に話したりはしないと約束する。ただし、チームの幸福や将来の成功に有害なことを口にしたと確信したときだけ、その内容を私に内密で伝えると警告するのだ。２０１７年の着任以来、選手たちはニールに心を開き、信頼をよせている。ラグビーに関することについては、ニールが選手たちと話した内容の95％は私に伝わっているはずだ。選手たちも、ニールに話をすることが、非公式にコーチ陣に意見を伝えるプロセスだと見なしている。

ウィルとリーダー陣との交流も、同じ原理で行われている。私にとってニールやウィルがそのような役割を担ってくれるのは助かる。30人もの選手がいるチームでは、ヘッドコーチだけでは、全員の意見を吸い上げられないからだ。こうして集めた情報によって、「チームの状態をしっかりと把握したうえで、それをビジョンや変革と結びつける」ことが可能になる。

「世界最高のチームになる」という我々のビジョンは、変革によって強化される。ここでは、「グロース・マンデー」によって引き起こされた変革だ。

適切なコンテクストは、絶え間ない重要なコミュニケーションを通じて浮かび上がってくる。チームには、自然に前に出て、進んで周りを観察する選手もいれば、控えめであまり自信のない選手も、特定の場だと楽に話せる選手もいる。我々は毎週、チームの心理学者とチームコミュニケーション・セッションを行っている。これは、チームについて話す機会を選手たちに提供するものだ。もし問題があれば、私がそれに対処する。私やニールと個人的に話したいという選手もいるし、サブチーム・ミーティングで少人数のチームメイトと話して、意見を間接的にコーチ陣に伝えたいという選手もいる。

我々がアイデアをまず少人数の選手に試してみるのもそのためだ。そのアイデアがグループのビジョンに合っていたとしても、選手たちがそれをポジティブな変革の方法として受け入れてくれるとは限らない。試合に出て、実際にパフォーマンスを発揮しなければならないのは選手たちだ。我々コーチは、アイデアを出し、それを選手に伝えることが仕事だ。だが選手たちから「それは使えない」と言われたら、それ以上アイデアを押し付けるべきではない。幸い、我々のアイデアはたいてい選手たちに賛同してもらえる。だが、選手たちがノーと言いやすい環境もつくっておかなければならない。全員がはっきりと意思表示でき、本音で会話できる健全な雰囲気があることが、チームの成功のために欠かせないからだ。

選手は、変革のアイデアにとりあえず「イエス」と言うが、現場では積極的に実践しようとしないことがある。心の底で、「ノー」と言っているのだ。私はこれを「日本式のイエス」と呼んでいる。相手への敬意のために表向きは同意をするが、行動は渋る。だが、私はこれも「そのアイデアはうまくいかないだろう」と相手に伝えるひとつの方法だと考えている。若くて経験の浅いコーチは、自分のアイデアは正しいと思い込み、それを押し通したくなるものだ。だが、コーチがいつも正しいわけではない。当然ながら、間違うこともある。だからこそ、チームやスタッフが必要に応じてブレーキをかけられることが重要なのだ。

とはいえ私はイングランド代表の面々には、最初から明確なノーを突きつけてほしいと思っている。なぜなら、そうすることで時間を節約できるからだ。スポーツやビジネスの世界で何よりも貴重なのは時間であり、コーチやリーダーの最大の悩みは時間が足りないことだ。選手と過ごす時間、アイデアを練る時間、心身を整える時間をもっと取りたいのに、常に時間に追われていると感じる。そこで、次のことが重要になる。

・方向性を明確にし、変化をサポートする

私はこのことを日本で学んだ。この国の会議では、何かを提案しても、多くの人が「イエス」とつぶやくが、内心では「ノー」と思っている。その結果、問題を解決するために、さらに多くの時間を会議に費やすことになる。だから私は日本で、方向性を明確にすることに加えて、新しいアイデアの有効性を確かめるために根回しを行うようになった。事前に有力者全員に意見を聞く。こちらの説明に納得してもらえるようになったら、正式な場で発表するのだ。協議と検討を重んじる日本でこの方法が有効だったのだから、他の国の組織でも効果があるはずだ。

方向性を明確にすることは重要だ。それは、次のことを実施していくうえでも役立つからだ。

・地平線を設定する——最終目標を実現する

我々のビジョンは、イングランドを世界最高のチームにすることだ。２０１9年のワールドカップでは南アフリカにわずかに及ばなかったが、このビジョンにかなり近づけた。だが、決勝戦で敗北したということの意味合いの大きさや、２０２1年の最初の3カ月で味わった失望は、我々がこの最終目標を実現するためにまだ多くの道のりが残されていることを思い知らされるものだった。

ラグビーの歴史は、重要な教訓を示している。どんな偉大なチームにも、成功が続けば、栄光を手にするための土台となっていた地道な努力をおろそかにするという誘惑にかられるときが来るものだ。どんな選手も、自己満足に陥ったり、傲慢になったりすることはある。だがリーダーには、このような事態を食い止める力がある。

ビジョンを変える必要はない。だが、目標を実現するために常に新鮮なアイデアを探すことは必要だ。チームを取り巻く環境に良い刺激を与え続けなければならない。

もうひとつは、人材を絶えず入れ替えていくこと。周りのスタッフをリフレッシュさせる。これまでとは違う視点や意見を持ったコーチや選手を入れることで、チームは活性化する。スランプに陥りかけていると感じたら、勝っているチームであっても人を変える勇気を持たなければならない。決して簡単ではないが、普段から現場を歩いて、自分の目と直感、テクノロジーの発達のおかげで利用できるようになった豊富な統計データを活用することで、プログラムを書き換えるべきタイミングは見えてくるはずだ。

また、チーム内に常に向上心があることも大切だ。それを支える鉄の信念は、逆境で鍛えられる。部下やチームを慢心させるべきではない。意欲が失われないようにするために、コーチや上司はいい緊張感を与えることを考えるべきだ。では、チームを弛緩(しかん)させないために、どのような方法を用いればいいのか？

選手選考のプロセスも、チームにいい緊張感をもたらす。慢心に陥る選手もいれば、決してその轍(てつ)を踏まない選手もいる。選手選考では、慢心して努力を怠っている選手は外し、決して驕ることなく常に成長を目指している選手を見つけるべきだ。後者のような選手が増えるほど、偉大なチームには必ず見られる確かな意志が育まれていく。

優れたチームには2、3人のリーダーがいる

前述のドキュメンタリー番組『ラストダンス』で描かれたマイケル・ジョーダンがその良い例だ。史上最高のバスケットボール選手であるジョーダンは、決して現状に満足しなかった。常に自分を追い込み、不満をはっきりと言葉にして、チームメイトをピリピリさせていた。ジョーダンは仲間に緊張感を与えることで、チームを高いレベルに引き上げていた。その結果、シカゴ・ブルズは歴史に残る名チームになったのだ。

ひとりの選手がチームや、ひいてはその競技全体に大きな影響を与えるというのは、とても魅力的なことだと思う。だが、バスケットボールではコートでプレーをする選手は5人で、控え選手を入れても12人程度でしかないのに対し、ラグビーではピッチの上に15人が立ち、チーム全体では30人以上の大所帯になる。ジョーダンが試合で見せたような圧倒的な影響力を、ラグビーでひとりの選手が発揮するのは不可能だ。そのため優れたラグビーチームには、2、3人の影響力のあるリーダーが必要になる。こ

うしたゲームチェンジャーを見つけ、育てるのが私の仕事だ。

我々の目的は、相手に「このチームにはどうあがいてもかなわない」と思わせることだ。ニュージーランドは、ときにそれを見事な「漆黒の芸術」と呼べる域で実現させている。オールブラックスは、全盛期のマイク・タイソンのようにライバルを威圧してきた。だが彼らの本当の偉大さは見た目の威圧感ではなく、絶対に負けないという雰囲気にある。彼らは常に迫ってくる。たとえ15点差をつけていても、勝つのは難しいと思わせられる。オールブラックスは決して、その激しさと、死んでも勝つという確信を失わない。我々はワールドカップで彼らを打ち負かしたが、ラグビー史を振り返れば、オールブラックスは常にオールブラックスだったことがよくわかる。彼らは、ラグビー界の最大の難敵であり続けてきた。我々が目指すのは、このような不滅のチームだ。

もちろん、そのようなオーラを出すようになるまでの道のりには、失敗や挫折もあるだろう。こうした勝者のメンタリティは、チームが何度も試練を経験し、激戦に勝つことで培われていくものなのだ。それまでは、それが水面下で醸成されているという感覚があるだけだ。

私は2001年にスーパー12のブランビーズのコーチをしていたときに体験したことをよく覚えている。ある朝グラウンドに行くと、その場全体が勝利への確信に満ちた雰囲気に包まれていた。選手たちは、ジムでもピッチでも溌溂としていた。我々のコーチングも鋭く、的確だった。裏方のスタッフも、グラウンドの外で最高の仕事をしてくれていた。我々は12試合中11試合に勝ってプレーオフに進出していた。周りの全員から、必ず勝てるという揺るぎない自信が感じられた。私は、優勝すると確信した。決勝でシャークスを36対6で破ったのも驚きではなかった。

我々が努力を積み重ねる先には、こうした勝利への確信を抱く理想的なチーム状態が待っているのだ。残念ながら私はその後、２００１年にオーストラリア代表のヘッドコーチになるチャンスを得たため、あの素晴らしいチームをそのまま数年間率いることができなかった。あのような最高のチーム状態と偉大さを保ち続けようとすることは、コーチとして興味深い挑戦になっただろう。それを実現できるチームはめったにないからだ。だからこそ、オールブラックスは長い間尊敬を集めてきた。彼らは時折、自らが掲げる高い理想を実現できないことがあるものの、長年にわたり、勝利への確信を保ち続けている。

オールブラックスは１９８７年から２０１１年にかけてのワールドカップでは、毎回、大会までの４年間で最高のラグビーをしていたにもかかわらず、優勝できなかった。原因は、プレッシャーと期待のコントロールがうまくいかなかったからだろう。ワールドカップで勝てない時期が長くなるほど、この大きな大会をチャンスではなく、脅威として捉えるようになったはずだ。しかし、彼らはついに大事な場面でプレッシャーをコントロールできた。

２０１１年のニュージーランド大会のように、４番手のスタンドオフでワールドカップの決勝を勝てるチームはオールブラックス以外にないだろう。大会中、ニュージーランドの10番は次々と故障した。追加招集されて決勝に出場したスティーブン・ドナルドは、開幕当初、釣りを楽しんでいたそうだ。多くの怪我やトラブルに見舞われながらも、オールブラックスは見事に優勝を手繰り寄せた。才能、決断力、優れたコーチング、グレアム・ヘンリーやスティーブ・ハンセンといったリーダーの活躍によって、問題や不安、期待、プレッシャーに対処したのだ。４年後の２０１５年、イングランドで開催されたワールドカップでも、再び同じ偉業を成し遂げた。彼らの偉大さは、我々イングランド代表が目指すべき指標になる。

2021年のシックスネイションズで、我々イングランド代表は厳しい現実を突きつけられた。その理由については、以降の章で詳しく説明していくが、本書のリーダーシップ・サイクルの「構築」のステージにおける「戦略」を考察するうえで、イングランド代表が道を誤ったのは、このサイクルの「ビジョン」のステージで構築したコアバリューや原則が、特権意識のような驕りに蝕まれたことが一因だと説明しておくべきだろう。

チームが成功を収めたとき、決まって問題になるのがこの驕りだ。それは外部から忍び寄ってくる。選手やチームを大げさにもてはやすメディアや、選手を英雄視し、〝スター〟やさらには〝有名人〟扱いしてしまう善意のファン。魅力的なコマーシャル案件で多感な選手たちの集中力を削いでしまうスポンサー。高級車やデザイナーズブランドの服、湯水のように使えるお金を手にした選手たちは、ラグビーに打ち込みにくくなってしまう。

成功が続くと、考え方や仕事への取り組みが揺れ動くのは人としてある意味で当然だ。だからこそ、こうした特権意識が選手のあいだに蔓延（まんえん）し、それによってチームが弱体化していく前に、コーチが手を打たなければならない。

この驕りの感覚があるとき、それは最も重要なときに限ってチームの邪魔をする。シックスネイションズでのイングランド代表がまさにそうだった。国際試合では、不運やミスジャッジに見舞われることがよくある。我々も、このシックスネイションズで優勝することになるウェールズとの試合でそれに見舞われた。不利な判定があると、選手は意気消沈してしまうものだ。そして、その不運に打ち勝とうとするさらなる努力をしなくなる。それまでのような闘争心が失われ、普段なら競り勝っていた試合を落とすようになる。

このシックスネイションズで、我々は会場の警備員から、ある選手が大会中にこぼしていたという不満の内容を耳にした。この選手は警備員に、「調子が良くないから、ライオンズには選ばれないだろうな」と言ったそうだ。

何人かのコーチ陣は怒っていた。その選手が、イングランド代表でプレーすることはライオンズへの足がかりにすぎないと考えているようだったからだ。これはまさにシックスネイションズが終わった後に我々が一掃しなければならない、忍び寄る驕りだと言えた。

大会3戦目のウェールズ戦では、我々は審判による2度の不可解な判定で大きな痛手を負った後、24対24の同点に追いついた。だがその後のチームには、その気迫とハードワークを維持しなくても勝てると思っているような雰囲気があった。次第に、試合の流れは我々の手から離れていった。ウェールズは着々と得点を積み上げ、最終的には16点差をつけて我々に圧勝した。

この驕りは、トレーニングや準備の段階でもチームに悪影響を及ぼす。選手たちは楽をし始め、自分自身のことばかり考えるようになる。ハングリー精神にあふれ、向上心に満ちていた頃には当たり前のようにしていた努力を怠るようになる。慢心が、チームの魂を蝕んでいくのだ。このような状態に陥ったら、チームをもう一度立て直さなければならない。フィールド内外でのメンバーの入れ替えや、意識改革が必要だ。サイクルを最初から回し始めることになる。

前に述べたとおり、人間には3つのタイプがある。トップのグループは、何事にも率先して取り組む。真ん中のグループは、全体の雰囲気に合わせて行動する。最後のグループは、努力をしない。イングランド代表には、最後のグループに当てはまるメンバーはいない。だが、トップのグループに当てはまるメンバーが少なく、真ん中のグループが多すぎる。真ん中のグループには、努力を続けなければ成功は指先からすり抜けていくという感覚が希薄だ。ファレル、イトジェ、カリーの周りには、十分なサポート役がいない。シックスネイションズでも、クルーズ、ローンチブリー、アンダーヒルを欠いていた。たゆまぬ努力が求められているチームには、多くのリーダーが必要だ。不断の努力を望む人間は少ない。一般的に、懸命に努力をしようとする人間は全体の1割で、8割は良い人生を送りたいと考えていて、残りの1割は面倒なことはやろうとせず、努力など無駄だと考えて投げやりに生きている。

成功のために長期間の努力が求められるとなれば、それを持続させるのが難しくなるのは当然だ。オールブラックスでさえ、勝率は以前の9割から8割に落ちてしまった。今後、オールブラックスがグレアム・ヘンリー、スティーブ・ハンセン、リッチー・マコウらが率いていたときのような黄金時代を再現できるかどうかはわからない。だが、彼らが今それを望み、目標に向かってチャレンジしているのはわかる。

「スポーツチームは果物のようなもの」といううまい喩(たと)えがある。チームが完熟しているとき、それは最高の状態であり、勝利を引き寄せられる。だが、その時期を過ぎるとチームは腐り始める。熟しすぎ、ベストの状態ではなくなってしまうのだ。それをできるだけ遅らせるのがコーチの仕事だ。冷蔵庫に入れるか、水につけるか？　チームがピークに達した瞬間、その状態が落ちていくのを食い止めなければならない。驕りや慢心を抑え、昨日の自分よりも良くなるようにさらなる努力を積み重ねることは、大きな挑戦だ。そのためには、適切なコミュニケーションや文化、環境が必要だ。

だからこそ、常に〝好奇心を持ち、新たなアイデアを受け入れる〟ことが大切になるのだ。

この章のまとめ

好奇心を持ち、新たなアイデアを受け入れる

・コンテクストを与え、ビジョンと変革を結びつける
・方向性を明確にし、変化をサポートする
・地平線を設定する——最終目標を実現する
・常に環境を刺激する——メンバーの入れ替え、新しいアイデアの導入などを実施する
・必要だと感じたら、勝っているチームを変える勇気を持つ
・勝者のメンタリティを身につける

第6章 規律ある思考と精神的成長の道のり

――偶然がもたらす成功に頼らない

読書には常に新しい学びがある

私の読書リストに終わりはない。毎週、2、3冊の本が加えられていく。コーチングやリーダーシップ、人の能力を最大限に引き出す方法について学ぶべき新しい情報は常にある。読書に飽きることはない。書物を通じて知識を得るのは、努力というよりむしろ楽しいことだ。読書は、世界中のコーチ仲間と毎週のように行っているZoomミーティングとも相まって、私の考えを深め、広げてくれる。新しいアイデアを聞き、コーチとしての喜びやプレッシャーをわかち合う機会があると、リフレッシュできる。読書、コーチ仲間との対話に加えて、コーチとして絶えず向上を目指すうえで役に立つ3つ目の方法は、東京やハルなど遠く離れた場所で行われるコーチングセッションに参加することだ。

これから、様々な環境でコーチングを実践し、リーダーシップのスキルを磨くことで得られる利点についで見ていく。しかしその前に、この「構築」ステージの第2段階である「人」において、どのようにリソースを調整するのがベストかを考えてみよう。まずは、こうした課外活動的なコーチングがどのように考えを整理するのに役立つか、例を用いて説明させてほしい。

2021年5月中旬、私はブレット・ホジソンがコーチを務める東ヨークシャーのラグビーリーグ・チーム、ハルFCのクラブ施設を訪れた。ブレットは現役時代、シドニーの名門クラブ、ウェスツ・タイガースで2005年のオーストラリアのナショナル・ラグビーリーグ（NRL）プレミアシップを制覇し、その後イングランドに渡った優秀なフルバックとして活躍した。ハダースフィールド・ジャイアンツでプレーしていた2009年には、スーパーリーグのシーズン最優秀選手に贈られる「マン・オブ・スティール」に選ばれている。ブレットは現在、私にとって非常に興味深いコーチだ。今回我々は、交換条件を結んだ。まず、彼がイングランド代表のキャンプを訪れて有益なアドバイスをしてくれた。そのお返しに、私はハルで2日間のコンサルティングを行ったのだ。

私はこのコンサルティングで、自分がいつも魅了されているコーチングの一面、すなわち個々の選手の頭と心にアクセスする方法を探ることを実践した。私が読む本には、このテーマに関連したものが多い。ラグビーは、規律が求められるチームゲームだ。チームを構成する各選手にはそれぞれ背景や個性があり、それを理解しないと彼らの潜在能力を引き出せない。そのために、コーチは各選手に合わせた最善のコミュニケーション方法を考えなければならないのだ。私はハルで、ブレットが率いる多くの選手と話をした。彼らの話に熱心に耳を傾けながら、若いラグビー選手とコミュニケーションをとるための様々な方法について考えさせられた。

そのうちのひとりとの会話から、シンプルだが示唆に富むヒントを得られた。彼はアイルランド出身の優秀な選手だ。「これまで最も影響を受けたコーチは誰か？」と質問したところ、あるコーチの名を挙げたので、理由を尋ねると「いつも家族のことを聞いてきてくれたから」と答えた。これは、この選手のアクセス・ポイントが家族であることを示している。彼のことをよく知り、信頼を得るには、彼の家族と、家族が彼の人生にとって大きな意味があることを理解しようとすべきだ。それぞれの選手には、アクセス・ポイントがある。それを見つけることで、関係性を深められる。アクセス・ポイントは一人ひとり違うので、相手の性格に合った方法を見つけるには、勇気を出して試してみる必要がある。ときには失敗して、バカにされることもある。だが、相手の心理を読み解くには、失敗を恐れてはいけない。

ハルにいるあいだ、私は愛読書の『マネーボール』（マイケル・ルイス著、ハヤカワ・ノンフィクション文庫）を読み返していた。低予算にもかかわらず、データを駆使してメジャーリーグで成功するチームをつくり上げたオークランド・アスレチックスを題材にしたノンフィクションだ。大金をつぎ込んで大物選手を獲得するよりも、データを重んじるこの手法は「セイバーメトリクス」と呼ばれ、オークランド・アスレチックスに成功をもたらしただけではなく、野球の経済学にも革命を起こした。この本には、この球団のデータ革命を指揮した重要人物として、ビリー・ビーンが登場する。

私はビリー・ビーンと面識はないが、機会があればぜひ一度、直接話を聞いてみたいと思っている。以前、同じポッドキャスト番組に音声出演したことがあるし、ロンドンで講演を聴いたこともある。どちらも彼の話に強い感銘を受けた。『マネーボール』で描かれるビーンのストーリーは素晴らしい。彼は選手としては無名だったが、優れたデータ分析を行うだけでなく、選手への直感と共感を忘れないゼネラルマネージャーとして本領を発揮した。一般的なゼネラルマネージャーは、契約後に選手とほとんど話をしないものだ。だが、ビリーは違った。データ分析の役割に革命を起こしながら、選手との対話を深め、フロントオフィスとダグアウトのあいだにあった溝を埋めたのだ。ビリーは、偶然に、あるいは有利な状況によって予測可能な形で達成されるような状況的成功には頼らなかった。選手の心の声にも耳を傾けながら、規律ある思考をした。

とはいえ『マネーボール』には、ビリーやオークランド・アスレチックスの他のコーチたちでさえ、科学的根拠を忘れ、表面的なものの見方をしてしまうことがあるのを示すシーンがある。彼らは、見た目や経歴だけで、選手の良し悪しを判断しようとしたのだ。「彼はいいスイングをしているぞ」「名門校の出身だ」。果ては、顔つきがいいとか、恋人がいるなどと言う。たしかに、こうした要素は以前は重要だったのかもしれない。誰でも、そうしたものに影響を受けてしまうことはある。だが、本当に理詰めで考えられる人は、ここで「でも、データはこの選手について何を教えてくれるだろう？」と立ち止まる。見た目のスイングの印象や、経歴、面構えなどに騙されない。スポーツの世界であれ、ビジネスの世界であれ、常にこのことを忘れるべきではない。ビリー・ビーンとオークランド・アスレチックスも、この基本を理解していたからこそ、軌道修正ができた。

私もハルから戻ってすぐ、2021年夏のアメリカ、カナダとの国際試合に向けたイングランド代表の選手選考会議に臨んだときに、そのことを改めて思い知らされた。我々は難しい状況に置かれていた。シックスネイションズが残念な結果に終わったことに加えて、南アフリカ遠征を控えたブリティッシュ・アンド・アイリッシュ・ライオンズのメンバーに、現行のイングランド代表のほとんどの選手が選ばれていたからだ。

我々は選べるメンバーが限られているこの状況を、チームに必要な変化を起こすために活かさなければならなかった。候補になるのは、若手選手を中心とした幅広い選手たちになる。これは、新しい試みをする良い機会でもある。２０２３年のワールドカップのメンバーになれる選手を、２、３人発掘できるかもしれない。２０１７年に、ライオンズがニュージーランドと対戦したアルゼンチン遠征のときに、我々は2年後のワールドカップでチームにとって不可欠な選手となるトム・カリーやサム・アンダーヒルを抜擢できた。今回も同じような選考をするチャンスだった。

だが、その場にいた何人かのコーチが、経歴や顔立ちといった基準で候補の選手について議論し始めた。確固としたデータではなく、選手の表面的な部分に目を奪われているのだ。私が「それではダメだ」とたしなめると、コーチたちはすぐにデータに立ち返った。私はまた『マネーボール』のことを思い出した。

扱いが難しい選手の育て方

そんなことが頭をよぎったのは、カイル・シンクラーが再び話題になっていたからでもある。カイルは我々のチームの要であり、世界屈指のタイトヘッド・プロップだ。ワールドカップ決勝の序盤でシンクラーを負傷で失い、それ以降、南アフリカとスクラムで同等に戦うことができなかったという事実も、イングランド代表にとって彼がいかに重要な存在であるかを物語っている。私は以前からシンクラーの能力を認めていた。彼は２０１７年にはライオンズにも選ばれている。だが、彼ほどの能力を持っていても、ラグビー選手の人生が順調に進むことは稀だ。南アフリカ遠征に向けたライオンズのメンバーに、カイルは選ばれなかったのだ。

ライオンズのヘッドコーチ、ウォーレン・ガットランドが5月初旬に37人のメンバーを発表した。シンクラーは自分が選ばれなかったと聞いてショックを受けた。私はしばらく、彼に電話もメールもしなかった。落選した選手は傷つき、その後丸一日は「残念だ」「不運だったね」といったメッセージを山のように受け続けることになるからだ。みんな善意でそうするのだが、憤る人から悲しむ人まで、この手のメッセージはみじめな気持ちを味わっている本人にはほとんど助けにはならず、むしろ傷口を広げるだけだ。私はこのような場合、数日から1週間待ってから連絡を取ることにしている。

シンクラーは正しいことをした。「失望はしているが、ライオンズの健闘を祈る」という殊勝なメッセージをSNSに投稿したのだ。さらに、ブリストル・ベアーズでの次の試合、5月8日のアウェイでのバース戦では、チームを勝利に導くマン・オブ・ザ・マッチとなる活躍を見せた。試合後のテレビの生中継では力強く感情的なインタビューで、私が長年尊敬してきた彼の人間性を隠さずに見せてくれた。

インタビュアーがアウェイでの勝利とブリストルのバースのホームスタジアムである「レック」ことレクリエーション・グラウンドでの史上最大の勝利を称えると、28歳の彼は笑っているふうを装いながらも痛ましい声を出した。「特に自分にとって、これはいろんな思いが込み上げてくる1週間だった」。シンクラーは声を荒らげ、目に涙を浮かべながら言った。「チームメイトや家族、愛する人たち、特にセイビアー・ワールドの人たちに感謝したい。チームの観点から見て、（出来は）どうだったか？　前半は良くなかったが、後半は持ち直し、自分たちやファンにとってこの試合がどれだけ意味があるのかを示せたと思う」

インタビュアーから、その週のパフォーマンスと「素晴らしいツイート」を褒められシンクラーはうなずいた。そして呼吸を整え、少し間を空けてから口を開いた。「嘘はつきたくない。正直今、かなり感情的になっている。うん、大変だったよ。僕にとっては、落選はとても大きな意味があったんだ」

シンクラーは泣きそうになるのをこらえながら、気丈に話し続けた。「セイビアー・ワールドのメンターが力になってくれた。1、2年後に振り返れば、今回の件に意味があったと理解できると思う。でも今は、この瞬間は、意味を見出せない。それでも僕は、子どもたちに見本を示したい。被害者ぶって、〝ひどいだろ？ 慰めてくれよ〟みたいな態度はとりたくないんだ」

私はシンクラーが、元ラグビー選手のオリー・プライス・ティッドが男性のメンタルヘルスの問題への対処を目的に設立した団体「セイビアー・ワールド」から大きな安心感を得ていることは知っていた。同団体はシンクラーやダニー・シプリアーニ、ジェームズ・オコナーといったラグビー選手を指導している。オコナーは、2019年のワールドカップにオーストラリア代表として出場できるよう回復できたのはセイビアー・ワールドのおかげだと語っている。

セイビアー・ワールドとの関わりについて語った過去のインタビューで、シンクラーはこう述べている。「僕のフラストレーションの源は、ラグビーとは関係なかった。僕は母子家庭で育った。だから、いつも父親のような存在を探していた。無意識のうちに、僕を裏切った父親のような立場にある人たちを信頼しようとしてきたんだ。僕は自分の人生をコントロールし、感情をコントロールできる一人前の男になりたかった。家族の面倒を見て、正しいことをする。苛立ちを表に出さず、ひたすらすべきことをする男に。過去の自分の振る舞いがチームに迷惑をかけてきたことに気づいて、二度とそれを繰り返したくないと思った。だから自分の内面を見つめて、成長したかった。そうすることが自分のためになっているのは間違いないと感じているけど、簡単じゃなかったね」

ライオンズに選ばれなかったことへの失望を飲み込み、ブリストルをバース戦の勝利に導いた大柄なプロップの言葉には、その人柄がよく表れていた。試合終了のホイッスルが吹かれて間もなく、ピッチでインタビューに応じたシンクラーは、ライオンズについて聞かれると首を横に振った。「とてもタフだった。ラグビー選手としてだけでなく、人生でもこんなに辛い経験をしたことはないよ。でも、周りにいいサポートチームがいてくれた。子どもたちや地元のみんなに、今回の件が自分にとってどれほど大きな意味があったかを知ってほしかったし、ふてくされたりせずに手本を示したかった。辛かったけど、顔を上げて精一杯ラグビーに取り組んだ。怒りをバネにしたんだ。腹の中には怒りが渦巻いているけど、それをポジティブな方向に使って、自分のことは忘れて、チームにとってベストなことをした。今日はそれができたと思う。チームが勝てて本当に良かった」

私はシンクラーを誇りに思った――この日の彼のプレーも、試合後の言葉も。シンクラーは涙を必死にこらえながらしゃべっていた。感情や弱さを隠そうとせず、それを逆に利用して力強い発言をしたのだ。私は大きなプレッシャーを抱えていた彼が、どんな反応を示すか心配していた。それだけに、その姿はとても頼もしく思えた。

私は2016年のイングランド代表のオーストラリア遠征メンバーに彼とエリス・ゲンジを選んだときから、ずっとシンクラーを応援してきた。荒々しい若手プロップ・フォワードだった当時のふたりはまだ無名で、成功したラグビー選手に特有の顔つきや表情も皆無だった。ふたりともラグビー界のエリート街道とは正反対の道のりを歩いてきた人間で、子どもの頃はイングランドのラグビーシステムの外側にいた。シンクラーは、ラグビーとは無縁の環境で育った。ロンドンのバタシー地区出身の気性の激しい黒人の青年で、厳しい生い立ちのなかで苦労してきた。やがて、イングランドラグビーの恵まれた中心地から遠く離れた場所にある歴史ある小さなラグビークラブ、バタシー・アイアンサイズで生きる道を見つけた。そして、ハーレクインズの目利きのあるスカウトに見出された。

シンクラーは感情をむき出しにしてプレーをした。それは彼の脆弱さでもあり、魅力でもあった。我々は、シンクラーは扱いの難しい選手ではあったが、イングランド代表に何か違うものをもたらしてくれると考えた。

ゲンジはブリストルの貧困地域にあるノウルウェスト公営住宅団地で育った。そのマレットヘアの野性的な風貌は、イングランドドラグビー界の華やかなスター選手たちとは異質なものだった。しかし彼は、私が好きだったジョー・マーラーやルーク・カウワン＝ディッキーといったフロントローのフォワードを彷彿とさせた。そして、正直で率直な人間だった。

私はイングランド代表が絶好調のときにゲンジとシンクラーを選んだ。それは私が初めてこのチームを率いてシックスネイションズを戦い、全勝で優勝した直後だった。オーストラリアに向かうにあたって、チームにエッジを加えたかった。もっとアグレッシブさが欲しかった。ゲンジとシンクラーには、育ちの違いから来る荒々しさがあった。ツアーに参加した当初は、トレーニングでも何かとトラブルを起こした。ふたりとも、自分たちがいかにラフでタフであるかを証明しようとするので、既存のメンバーとのあいだに軋轢が生じた。練習としては激しすぎる接触プレーも見られた。だが、それも彼らにとって国際試合を学ぶための過程だった。ツアーが終わるころには、このふたりの野性的な若武者は成長し、チームの一員になっていた。その後、国を代表して戦うことの名誉を覚えるようになり、それに相応しい結果も残した。それでも、彼らには常に問題がつきまとっていた。

イングランドラグビー界のコーチたちは、シンクラーに大きな疑問を抱いていた。私はある尊敬するコーチの意見に耳を傾けた。彼のシンクラーに対する印象は、自己中心的で、未熟で、気まぐれで、感情的で、怒りっぽい若者というものだった。ラグビー選手としての才能は認めていたし、ひとりの若者としては好感を持っていた。だがそのコーチは、シンクラーは規律を守らないので、チームをダメにしかねないと力説した。激しい真剣勝負のなかで、本当にシンクラーを信頼できるのか、と。

私は、もっともだと思いながら話を聞いていた。それでも、自分自身のラグビー観や人間観、シンクラーのパフォーマンスに関する具体的なデータから、彼を使い続けるべきだと総合的に判断した。もし、シンクラーの感情をうまくコントロールできれば、特別なキャラクターを持った選手をチームに加えられるかもしれないとも思った。

私は、我々コーチ陣がイングランド代表の選手たちに植え付けた価値観を信じていたし、その環境に身を置くことでシンクラーに良い変化が起こると考えていた。私はこの環境を責任を持ってつくり上げているし、経験を積んだコーチとして、自分自身の忍耐力や共感力が以前より向上しているのも感じていた。気分が変わりやすく、我慢強くもなかった若い頃の私には、シンクラーを十分に成長させる器はなかったかもしれない。だが、今は違う。それにクインズのアダム・ジョーンズやブリストルのパット・ラムといったコーチ、家族やセイビアー・ワールドのメンバーなど、代表チーム以外にも彼を支える人たちは大勢いる。みんな、彼に良い影響を与えてくれている。これはチームワークのようなものだ。とはいえ、一番重要なのは、もちろんシンクラー本人の努力だ。彼は、建設的な方法で自らの行動を変えた。

ただしシンクラーは2019年の初めに、セールで行われたハーレクインズの試合で問題を起こした。危険なプレーをして一時退場（シンビン）を命じられ、審判とチームメイトの何人かに激怒したのだ。彼は良い状態ではなかった。日曜日に電話して「会えないか?」と尋ねると同意してくれたので、リッチモンドのピーターシャム・ホテルで会った。私は単刀直入に、かつ気を配りながら言った。「君のあの振る舞いは問題だった。解決策を考えたい。一緒に話し合ってくれるかい?」。彼はすぐにうなずき、積極的な姿勢を見せてくれた。彼は例の一件について話をしたがっていた。どうすれば彼の感情をうまくコントロールできるか、実のある話ができた。

シンクラーはその年の後半、イングランドがワールドカップで決勝に進出したときに、重要な役割を果たした。1年半後、ライオンズのメンバーから落選したとき、再び大きな試練に直面した。2021年の夏に向けたイングランド代表のメンバーを決める前に、シンクラーとはしっかりと話をしておかなければならなかった。パドックでしばらく休みたいのか、それともまたすぐに走り出したいのか――彼にとって何がベストなのかを見極める必要があった。

彼やゲンジのような若い選手を扱うのは、荒馬を調教するようなものだ。彼らはただ自由に走り回りたがる。だが、時々は手綱を引いて、チームのために行動するよう仕向けなければならない。アレックス・ファーガソンも、エリック・カントナをそんなふうに扱った。このフランス人選手は素晴らしい能力を持っていたが、いささか危険な要素をはらんでいて、チームも何かと苦労した。しかし、ファーガソンが上手に手綱をさばいたことで、カントナは他の選手には真似できないようなものをチームに与えてくれた。

このような難しい選手には、自由に走るスペースを与えると同時に、引き止めるべきタイミングも見極めなければならない。ここでは、分析データは役に立たない。選手の感情を理解することが重要になる。チーム全体をコントロールしながら、各選手が自分らしくいられるようなスペースを確保するのは簡単なことではない。ものを言うのはコーチの経験だ。

本人に会って、イングランド代表でプレーする覚悟があるかを尋ねる前から、私はシンクラーがすでに正しい決断をしているとわかっていた。彼は、ふてくされた態度をとることもできただろう。だが、自分の弱さを見せながらも、もう一度頑張る姿勢を見せたのだ。それは勇気と誠実さを示す立派な行為だった。だから、イングランド代表でプレーする意思があるかどうか、簡単に尋ねるだけで十分だった。とはいえそのときの我々は、ライオンズで誰かが負傷し、シンクラーが追加招集されることになるとは知る由もなかった。

ブリストルでシンクラーに会い、彼がまだ若かった2017年の話をした。このとき彼はライオンズに選ばれた。だがクリス・ロブショーやダニー・ケア、マイク・ブラウン、ジョー・ローンチブリーといった偉大で人間性も優れた何人もの名選手たちはメンバー入りを逃していた。シンクラーはこのときのライオンズのアルゼンチン遠征で、彼らがイングランド代表の次世代の選手たちのために、いかに素晴らしい環境をつくったかを聞かされていた。私はシンクラーに、今度は君の番だ、次の若い選手たちのために良い環境をつくる手助けをしてほしいと伝えた。これは、人間性の優れた者なら誰もが暗黙のうちに理解している責任の引き継ぎだ。こうしたことができる人間こそ、組織には必要なのだ。

シンクラーも、間違いなく素晴らしい人間性を持っている。だから彼は私の言葉を理解してくれた。そしてこれが成長するチャンスだと気づいた――選手として、チームリーダーとして、大切なコミュニティーの一員として。すねて内にこもっている場合ではなかった。積極的に表に出て、自らの力を示すべきだった。我々は、彼がまだ世界最高の選手になれると信じていた。

初めて彼を選ぶのは少し勇気がいった。その顔立ちや風貌には、確実な選手という雰囲気が感じられなかった。ラグビー界のエリートコースを歩んできたわけでもない。だが、シンクラーは独自の道を切り開いてきた。我々は、フィールドでの活躍を示す確かなデータと、彼という人間への共感から、シンクラーを信じた。

シンクラーを疑っていたくだんのコーチもすっかり納得したようだった。バース戦でのマン・オブ・ザ・マッチの活躍と、試合後の感動的なインタビューに感嘆していた。全員が彼を誇りに思っていた。

ある人から、私がシンクラーのようなアウトサイダーに親近感を抱いているのは、自分自身がアウトサイダーとしての人生を歩んできたからではないかと言われた。たしかに私はシドニーの労働者階級の家庭で育ったハーフの子どもであり、現在もイングランド代表のコーチを務めるオーストラリア人である。常に、今いる居場所からはみ出しているような感覚がある。だが、私はそのポジションを楽しんでもいる。国際結婚をした両親にも同じような感覚があったのだと思う。これは常に私にとって大きなテーマであり続けている。2021年の初め、サントリーでコーチングコンサルタントを務めた後、私は双方から非難を浴びた。イングランドのメディアは、私がニュージーランドのボーデン・バレットと仕事をしているのが気に食わないようだった。だが私は、余暇をゴルフなどをして過ごすのではなく、自分のコーチングスキルを磨き、ラグビー界の世界最高峰の選手と意見交換をして過ごしていただけなのだ。バンカーから抜け出すことにではなく、コーチとして他のチームと短期間関わることのほうが、私自身やイングランドのためになると思ったのだ。

安定と破壊のバランスをとる

日本のメディアにも、「日本ラグビー協会はエディー・ジョーンズをサントリーに関わらせないようにすべきだ」という記事が出ていた。私はイングランドでも、多くの人が「RFUはエディー・ジョーンズを排除すべきだ」と言っているのを知っている。面白いことに、どうやら私は多方面から快く思われていないようだ。だが、私は人からどう思われるかはあまり気にならない。特に、今はそうだ。アウトサイダーであることにもこだわってはいない。ただ自分が大切にしている選手たちのために、より良いコーチになれるよう懸命に努力するだけだ。

私は、自分が選手たちへの奉仕者であることを決して忘れない。その逆ではない。だから、チームに合わないアウトサイダーを無理やりなかに押し込めようとはしない。明確なデータと規律ある思考、選手たちの特性を受け入れるオープンな気持ちに基づいて、選考したいと思っている。アウトサイダーなら誰でもいいと思っているわけではない。私は、多様な考え方や行動に興味がある。そのような多様性は、組織の力になるからだ。

日本のサントリーは、家族経営で大成功を収めてきた企業だった。だが２０１４年に初めて創業者一族以外の人間〔訳註：元ローソン社長の新浪剛史〕を社長に招聘した。新社長は当初は陰口を叩かれて大変だったようだ。一族の人間ではないから、この会社のビジネスは理解できないと言われた。社長就任１年目、周りは疑心暗鬼になっていた。新社長の顔も経歴も、サントリーに合っていないと見なされた。だが5年目を迎えた今、人々は彼がこの会社のビジネスに及ぼした良い影響について熱っぽく語っている。新社長はサントリーに新鮮な風を送り込み、外部の人間だからこその新しい規律を導入した。これは偶然ではなく、組織の根本を変えることで起きた、持続的な成功の例だ。

こうした考えが、シンクラーとのコミュニケーションや、２０２１年の夏に向けたメンバー選考の土台になった。他のコーチたちが候補の選手の出身校や外見、顔立ちについて話し始めると、私はすぐに議論をもとに戻した。客観的なデータと、その選手の性格に注目しなければならない、と。イングランドのラグビー界には、表面的な特徴だけに目を向けて選手を持ち上げようとする風潮が根強いのだと改めて思った。

クラブラグビーで活躍してもてはやされる選手もいるが、だからといって国際試合で力を発揮できるとは限らない。いかにも成功しそうな経歴やルックスを持っているという理由で絶賛される選手もいる。私はマーカス・スミスを夏のメンバーに選ぶつもりでいたが、彼を取り巻くメディアの報道は、イングランド代表にとってもマーカス自身にとっても有益ではないと以前から感じていた。

マーカス・スミスがハーレクインズで頭角を現したとき、なぜあれほど人気があったのか。ラグビーで成功することがステータスになるという文化のある名門のパブリックスクール出身のハンサムな若者だったし、フィリピン系のバックグラウンドがあるという異色の要素もあった。人々が彼のことを好きになる理由はたくさんあった。私は十代半ばだった頃の彼のプレーを見たことがある。誰もが将来のスターになると絶賛していたので、２０１５年のワールドカップで日本代表のコーチとしてイングランドを訪れたとき、ブライトン・カレッジで彼が出場した試合を観戦したのだ。当時はイングランド代表と関わりはなかったが、コーチとして純粋な好奇心で見に行った。スミスはたしかに素晴らしいスキルを持っていて、感銘を受けた。だが、彼はいつのまにかその輝きを失うようになった。

〝スミスがイングランドラグビー界の次の大スターになる〟という物語を打ち砕くつもりはない。イングランドのメディアには、彼にその役割を担わせたいという考えがあるが、私はスミスに、誰かがつくったこの物語を鵜呑(うの)みにはしてほしくない。自分自身で物語を描いてほしいのだ。２０２０年に最初のロックダウンがあったとき、彼に電話してじっくりと話をした。彼のポテンシャルには以前から注目していた。だがスミスにベストを尽くしたいという意欲があるのかどうかはわからなかった。自分の能力や人間性を最大限に高めようとすることなく、ハーレクインズで活躍し、イングランド代表の将来のスターになるとチヤホヤされることに満足している選手ではないかという疑念を抱いていたのだ。

２０２０年4月に電話する1年以上前から、私はずっとそう思っていた。私とスミスは、彼の現在の状態について正直に話をした。私は彼に、アイデンティティを確立すべきだと提案した。選手としてのアイデンティティを自分の言葉で整理し、書き出してほしい、と。彼はそれを実行し、私に送ってくれた。以来、我々はそれをもとにしてコミュニケーションを続けている。

スミスは、自分の強みは十代の頃に発揮していたような才能あふれるプレーにあると改めて自覚した。

「その強みをトップレベルでどう活かすか」「チームにおける自分の役割は何か」「10番を背負う選手として成長するために何が必要か」。私とスミスは、この3点を課題にした。彼にその答えを考えてもらい、私は少しずつフィードバックを返した。彼はまだこのアイデンティティの確立に取り組んでいる最中だ。２０２1年2月に22歳になったばかりなので、最高のパフォーマンスを発揮できるのは、おそらく20代後半だろう。我々は彼の精神的成長を助け、他の偉大な10番が歩んできた道のりを思い出させる必要がある。ダン・カーターの最盛期はいつか？　それは２０１５年の彼にとって最後のワールドカップのときであり、それ以前ではない。ボーデン・バレットは10番として完全に成熟しているか？　答えはノーだ。もちろん偉大な選手だが、最盛期はまだこれからだろう。

10番はアメリカン・フットボールのクォーターバックのようなものだ。コーチはこのポジションの選手の失敗は許容すべきだし、成熟するまでの時間も与えなければならない。そのなかで、良い選手は成長し、コーチの期待に報いてくれる。とはいえ、これが厳しいポジションであることに変わりはない。ジョージ・フォードは、私がこれまで見たなかで、18歳としては最高の背番号10だった。私はジョージが大好きだし、彼は私にとっても、イングランドにとっても重要な選手だった。だが、18歳のとき以上の輝きがあったかというと、そうだとは言い切れない気がする。マーカス・スミスは別の道を歩むことになるだろう。彼もまた10代の頃は傑出した選手だったが、それ以降は伸び悩んでいるし、過熱したメディアの期待から離れて成長する時間が必要だ。

私がイングランド代表のヘッドコーチを務めてきた6年間で、同じようなことは何度も繰り返された。クラブラグビーで優秀な成績を収めた若手選手が、これでもかというほど賞賛される。だが、クラブで成功したからといって、国際的に通用する選手になれるわけではない。テストラグビーには、クラブラグビーとはまったく別の厳しさがあるのだ。

　ジャック・ウィリスは2019-20シーズンに所属クラブのワスプスで大活躍し、個人タイトルを3つ（選手が選ぶ年間最優秀選手、プレミアシップ年間最優秀選手、ディスカバリー・オブ・ザ・シーズン）受賞したが、私は代表チームに入るにはまだ足りない点があると考えている。データや私の経験上、世界トップレベルのルースフォワードに求められるスピードが足りないのだ。私はジャックにはっきりと、トム・カリーやサム・アンダーヒルを押しのけて先発メンバーに入るには、もっとスピードが要ると伝えた。速く走るための簡単な解決策はないので、彼にとっては受け止めるのが難しい話だっただろう。しかし、彼は耳を傾け、私が彼に適応の機会を与えていることを理解してくれた。私は選手に常に適応力を求めているし、彼にはまだイングランドの選手として成功するチャンスがある。残念ながら、それからしばらく後の2021年3月、ジャックはイタリア戦で膝の内側側副靭帯（ないそくそくふくじんたい）断裂という重傷を負い、手術をして1年間は試合に出られなくなってしまった。それでも、ジャックはイングランド代表に復帰するために全力を尽くしてくれるだろう。

　サム・シモンズのような選手も、メディアの注目を浴びることが多い。サムは所属クラブのエクセター・チーフスで、ハードワークをして活躍する、クラブラグビーではトライを量産できる選手だ。南アフリカに遠征するライオンズのメンバーにも選ばれているし、イングランド代表としても良いプレーができるだろう。だが国際レベルでは、人並み外れた能力を持つ相手と対峙しなければならない。私は2021年5月、所属クラブのラ・ロシェルのバッククローとしてヨーロピアン・チャンピオンズ・カップ決勝のトゥールーズ戦に出場したフランス代表のグレゴリー・アルドリットのプレーを観たことがある。アルドリットは体重115キロもある巨漢だが、運動量がとてつもない。まさに信じられないような選手だ。国際舞台では、バックローの選手はアルドリットみたいに野獣に匹敵するようなハードワークが求められる。サムは体重が105キログラム程度だが、賢い選手なのでアルドリットに負けないプレーができる力は秘めている。イングランド代表における彼のための扉は、まだ開かれている。

コーチの仕事のいいところは、メンバーに選ばれた選手の名前をアナウンスできることだ。逆に辛いところは、メンバーに選ばれなかったことを選手に告げなければならないときがあることだ。ディラン・ハートリーに落選の事実を伝えたとき、それを実感させられた。彼にはとても親しみを感じていたが、もう肉体的な峠を越えていた。私は「残念だが、もう君を選べない」と言った。正直な気持ちだった。彼もそれをわかっていた。私は選手への情けよりも、チームへの忠誠心を優先させなければならなかった。ディランは理解してくれた。

ただし私はそのことを精神的負担には感じていない。いちいち気にしていたら身が持たないし、この仕事を続けられないだろう。メンバーから外されたことで、私に恨みを抱いている選手として頭に思い浮かぶのもふたりしかない。そのうちのひとりはオーウェン・フィネガンだ。2003年ワールドカップのオーストラリア代表メンバーに選ばれなかったとき、かなり怒っていた。死ぬまで私に恨みを抱き続けるかもしれない。

イングランド代表に関して言えば、チームを健全な状態に保つには勝利が必要だ。我々は、勝ち続けなければならないのだ。だがコーチにとっては、勝つためにベストプレーヤーを使うと同時に、新しい選手も発見していかなければならない。そのバランスをとることが求められる。新しい選手を投入する適切なタイミングを見極めることも大切だ。通常は、毎年2割から3割の選手を入れ替えることを想定しておくべきだ。

2018年にはハートリー、ロブショー、ブラウン、ケアがいた。彼らはその時点ではまだ力があったが、次のワールドカップでベストの状態でいられるとは思えなかった。そこで私は、彼らに静かに代表から退いてもらう決断をした。我々はチームを若返らせた。だが、スケジュールはタイトだった。次のワールドカップまで2年後の今、もし彼らが高いモチベーションを保ち続けられれば、チームの7割の選手はベストに近い状態で大会を迎えられるだろう。だが、残りの3割の選手は不確定な要素が多い。限られた時間のなかで新しい才能を見つけ、ワールドカップでベストの状態でプレーできるように十分な経験を積ませるのは、私にとっての大きなテーマだ。我々はオーリー・ローレンス、ハリー・ランドール、ウィル・スチュアート、ジョニー・ヒルといった選手たちを新たにチームに加えている。彼らには成長のための時間を与えているが、ある段階に来たら熾烈な戦いの舞台に飛び込ませなければならない。これがコーチの仕事の最も難しいところであり、最もエキサイティングなところでもあると言えるだろう。

コーチには常に安定と破壊のバランスをとることが求められる。これはビジネスでも同じだと思う。ある程度の安定は必要だが、新しい刺激が入ることで組織は大きな飛躍のチャンスを得る。ロブショーとハスケルがいなくなり、カリーとアンダーヒルが加わったとき、イングランド代表は一時的に不安定な状態に陥った。ふたり合わせて150キャップを誇るベテランを失い、試合でのパフォーマンス以外ではチームになんの影響も与えない若いふたりを迎え入れることになったからだ。大変な時期だったが、チームの他の部分が安定していたのでこの変化にうまく対処できた。

リーダーは、このような決断を下さなければならない。特に、必要な変化に対してリソースを調整する際には、それが必要だ。私もスタッフを入れ替えなければならないことがよくある。もちろん、相手には十分なチャンスを与えるべきだ。自分のもとで働く機会を与える際には、その環境に適応するための時間も与えなければならない。しかし、うまくいかないのであれば、組織と本人のために、できる限り相手を尊重した方法で異動させたほうがいいだろう。

その後、組織に短期的、長期的な変化をもたらすには、まず「クイックウィン（迅速な成果）」を目指していくべきだ。イングランド代表のクイックウィンの例としては、2019年ワールドカップ後の変革が挙げられる。我々は新しいビジョンを掲げ、そして選手たちに多くの責任を担ってもらうことに力を注いだ。そのために、内部のリーダーシップを強化した。軍隊では、細かな決定は現場にいる小さなチームによってなされる。上層部がすべてを決めるわけではない。同じように、我々はラグビーでも、戦いの渦中にあるときに、選手たち自身で良い決断ができるようにしてほしかったのだ。我々はこの方針のもとで積極的にチーム改革を推進したが、2021年にはパンデミックの影響などもあり、まだ完成形にはほど遠いというのが実情だ。

我々は様々な数値を活用することもクイックウィンのひとつと位置づけている。データ分析の分野ではライバルに先行していたとは思うが、昨年、その差は縮められた。どのチームも、ラグビーで勝っためにどんなデータに注目すべきかを理解するようになってきた。データの活用は、今やラグビーという競技の大きな部分を占めている。2018年に5連敗したとき、我々はすべての試合で相手よりもキックの回数が少なかった。だが、それまでの18試合で連勝していたときは、相手よりもキックの回数が多かった。キックの回数が減ったのは、選手たちがパスをつなぐ魅力的なラグビーがしたいと考えていたこともあるし、コーチ陣が戦い方の幅を広げたいと思っていたからでもある。それは、一時的に打率が50に上がった絶好調のクリケットの打者（バッツマン）と同じだ。そんなとき、打者は自分を過信して闇雲にショットを打ちたがるものだ。落ち着いてボールを見極めようとしない。だから、やがて打率も40まで落ち込んでしまう。イングランド代表が5連敗したときもそうだった。どれだけデータを示しても、選手たちを説得して、以前の好調時の状態に戻らせるのは難しかった。再び、チームが勝っていたときの状態を取り戻したとき、我々はワールドカップで優勝する寸前まで行ったのだ。

前章で述べたように、我々は2020年からチームを4つのグループ——タイトファイブ、バックロー、インサイドバックス、アウトサイドバックス——に分け、それぞれを率いるコーチを置き、根本的な改革に着手した。ミーティングのほとんどは、この4グループで行われる。各グループはゲームプランの策定や練習内容の計画などにも積極的に加わる。前述したように、我々はグロース・マンデーの制度も導入した。コーチである我々が進化し、選手が主体的に関わっているからこそ、チームは発展し成長しているのだ。同時に、チーム運営は厳格な枠組みのなかで行われている。その新しい秩序のなかで、選手やスタッフはお互いに学んだことを伝え合い、組み合わせることが許されている。この試みはまだ始まったばかりであり、これからもっと多くの段階やサイクルを経ることになるだろう。しかし、規律ある思考と感情的な共感を融合させようとするなかで、我々の挑戦の輪郭は明確なものになっている。

・**必要な変化にリソースを合わせる**

・**クイックウィンを実現し、その後で根本的な変化をもたらす**

個人、チームとして学び、成長し、向上していくために、我々は常にこの章で説明してきた重要なポイントを念頭に置いている。

この章のまとめ

偶然がもたらす成功に頼らない

・規律ある思考と精神的な成長の重要性を理解する

・必要な変化にリソースを合わせる

・クイックウィンを実現する

・短期的・長期的な根本的変化を実現する

・選手の原動力となる感情を理解する

第7章

対立があるのは健全なこと

——すべてがうまくいっていそうなときこそ問題点を探す

円満な会議では成功できない

ある組織を訪問し、ゲストとして重役会議や部門会議に参加しているところを想像してほしい。あなたの目的は明確で、先入観もない——その組織がどのようにして機能し成功しているかを学び、その教訓を自分の仕事やコミュニケーションに応用することだ。考えられる筋書きはふたつある。1番目は、会議がスムーズかつ円満に進行すること。議長はその日の課題をテキパキと効率よく取り仕切り、全員が賛同してうなずき、支持の声を上げている。1時間半、悪い雰囲気にはならず、意見の不一致もまったくなく、円満に会議は終了する。

2番目の会議は大きく異なる。部屋じゅうに対立の空気が広がっている。異議の申し立てや疑問が容赦なく浴びせかけられる。辛辣で喧嘩になりそうな会話や、発せられた意見を熟考する長く落ち着かない沈黙もある。外部から立ち会った者は居心地が悪く、内部関係者にとってもさらに厳しいものになる。

有効なのは、どちらのタイプの会議だろう？　私の経験では答えは明白だ。もし、1番目のような会社の株を持っていたら、すぐに売ることをお勧めする。このような会社は居心地が良すぎ、また独裁的な感じがする。なんの苦労もなく、向上するための思索もせず、すべての議案が通過されるだけの会議を繰り返すとしたら、その組織は怠慢であり、さらに言えば機能不全だと言える。一方、2番目の組織は、はるかに面白い。もちろん、お互いへの敬意は必要だし、反対意見にも積極的に耳を傾ける姿勢は大切だ。だが、議論や討論が、集中して公正に行われるなら、それは健全な対立が良しとされている、高度に機能している組織だと言えるだろう。

1番目のような会議をしていたら、トップレベルのスポーツの世界では絶対に成功に結びつかない。世界一になりたい、今置かれている状況で最高の成果をあげたいなら、常に問いかけ続けなければならない。「もっといい方法はないか？　なぜそれをしていないのか？　誰が率先して具体的な変化を起こすべきか？　どうすれば特定の分野で望む変化を起こせるのか？　次に問題が発生するのはどこか？どうすればその問題が危機的状況に陥るのを防げるか？」。これらは一流のスポーツ組織や野心的な企業・組織においては必須の、基本的な質問だ。

もしあなたがイングランドのコーチ会議に参加したら、心の中でこうつぶやくはずだ。「おい、この議題にはひどい間違いがいっぱいあるぞ」と。しかし、本音をぶつけ合える環境だからこそ、誰もが自由に意見を発表できる安心感を覚えるのだ。現在、「心理的安全性」と呼ばれる専門語が流行している。これは人々が安心して自由に率直な意見を述べられる、組織内のコミュニケーションにおける必要かつ理想的な状態を表している。誰にも、組織の大切なメンバーとして扱われ、意見を聞き入れてもらう権利がある。自分の意見に対して異議や質問はされても、バカにされたり、言い負かされたり、追放される恐れを感じることなく、各自が自分に合った方法で発言できるのは非常に重要なことだ。

私はすべての意見に賛成はしないが、コーチたちには意見を述べてもらいたい。どうすればチームがうまくいくか、それぞれの考えを教えてもらいたい。どのコーチも、誰よりも聡明で、洞察力の鋭い意見を持っているものだからだ。意見を述べる機会があるとわかり、心理的に安全であることが実感できれば、状況を改善するための提案を恐れずにできるようになる。そこには健全な対立が生まれる。

異なる意見や新しい発想に耳を傾けることは絶対に必要だ。２０２１年シックスネイションズの後、イングランド代表には問題があった。我々は選手たちを入れ替えた。彼らの驕りを取り除き、サラセンズ組やベテラングループの崩壊によって生じた空白を埋めなければならなかったからだ。コーチ陣自身も改善に取り組み、チームの若返りに相応しい選手を入れながら、問題の修正方法を見つけねばならなかった。

修正すべきことは常にある。長きにわたる成功のあいだでさえ、問題はひっきりなしに芽を出している。そんなときに、何も問題はないと考えるのは大間違いだ。すべてがうまくいくことはない。チーム内には分裂や疑惑、頭痛の種、複雑な問題が常に渦巻いている。試合に勝ち続けているときや、四半期ごとの業績が右肩上がりのときは気づきにくいが、水面下や角っこに問題は潜んでいるのだ。早めにつぶしておかないと、遅かれ早かれ大きな壁にぶちあたることになる。だから、早めに対策を講じることが何よりも肝要なのだ。

ニール・クレイグは、かけがえのない存在だ。私がミーティングで対立を起こすように仕向けたとき、適切なトーンを見つけられるよう助けてくれる。「エリートスポーツでは本音をぶつけ合える環境が欠かせない」という私の信念に共感しつつ、私が間違いを犯せば指摘してくれるのだ。私はあるミーティングのことをよく覚えている。終了後、ニールに「今のミーティングでのコーチ陣に対する君の態度を、自分ではどう思ってるんだ？」と尋ねられた。

「少し厳しかったかもしれない」長いためらいのあと、私は答えた。

「あれじゃダメだ」ニールは無遠慮に、だが親しみを込めて言った。「逆効果だ。みんな口をつぐんで、ほとんど誰も一言もしゃべらなかった」

ニールの言うとおりだった。みんなを分裂させ、彼らに十分な仕事をさせないような対立は、なんの成果も残さない。私はコーチたちを殻に閉じ込め、私自身の一瞬の怒り以外は何も共有できなかった。私はミーティングを無駄にしてしまった。

「わかったよ。君の言うとおりだ」と私は言った。

ニールは、次のミーティングの開始時に私がコーチたちに前回の自分の態度を謝罪したことに驚いたそうだ。だが、その謝罪に好感を持った。瞬時にその場の空気が変わったからだ。コーチたちは厳しく言い過ぎたテーマについて考え、自分なりの答えを出していた。彼らは自由にその意見を述べた。私も謝罪したことで胸のつかえが取れ、十分な配慮をしながら、再び彼らと本音で意見を交わし合う解放感を味わった。私は61歳にして、良い教訓を学んだ。

対立は、建設的で探索的な場合にのみ機能する。議論のための議論や、とげのある発言は、誰の役にも立たない。健全な対立が生じたときは、明晰な思考と冷静さが必要だ。ニールは私に、彼がオーストラリアン・フットボールのコーチだったときのことを話してくれた。ひとりの部外者が現実的な意見で彼を納得させたそうだ。ニールは危機や緊急事態対応の専門家である元警官をチームに招き、重要な試合の間、チームを観察してもらった。元警官は他のコーチたちと一緒にコーチ席に座った。ニールは緊張感のある激しい試合の間、彼のことを忘れていた。試合後、元警官にコーチ陣の試合中の態度について感想を訊いた。

元警官は無言でうなずくと、厳しい意見を述べた。「みっともない」とか「恥ずかしい」などと言われ、ニールは面食らった。しかし元警官から、「飛行機のコックピットにいると想像してほしい」と言われて、ハッとした。選手たちは飛行機の乗客のようなものだ。ニールやコーチたちが試合の間じゅう叫び、罵(ののし)り、身振りで指示を出していたら、選手たちはどう思うだろうか？　事故が起きたとき、コックピットにいるパイロットが必要以上に興奮していたら、乗客は無事に着陸してくれると信頼できるだろうか？　飛行機がスピンし始めたとき、パイロットには煽り立てたり、逆上してほしくないはずだ。飛行機を正しい軌道に戻すには、パイロットたちがプレッシャーの中でも冷静さを保ち、互いに綿密な連携を図れるかどうかにかかっているのだ。

強いプレッシャーがかかっているときは、対立よりも冷静さが大切だ。だが激しい争いから離れて戦略を練り、システムを構築しているときは、健全な対立があったほうが思考は研ぎ澄まされ、集中したものになる。

私のことをよく知るニールによれば、私はすべてが順調に思えるとき、居心地が悪そうに見えるらしい。事態が完璧に進んでいるように感じられると、神経質になる。間違った考えのもとで物事が進んでいるのを、本能的に察知するからだ。物事がすべてうまくいくことなどない。私はシステムの欠陥やねじれを探し始める。それらはすぐに大きくなり、好調な状態を中断させる。それが必ずどこかに存在することはわかっている。大きな問題になる前に見つけ出し、取り除いておかなければならない。

ペップ・グアルディオラからの教え

ここ数年で、私は人に対して以前よりも寛容になった。人はそれぞれ違い、誰もが私のように容赦なく休まず働き続けられるわけではないことや、誰もが私と同じものの見方をするわけではないと理解できるようになった。20年前は、自分の指導方法に異議を唱えられるのがイヤだった。だが、今なら歓迎する。それでチームがより良くなるなら、意見を聞きたいし、新しい方法を取り入れたい。細部にこだわり、高い基準を求めることはまったく変わっていない。だが、すべては流動的で変化しうるものだと感じるようになった。なぜなら試合に完勝したときでさえ、問題の種は生まれているものだからだ。

その単純な例は、連勝を重ねているときの控え選手の不満だ。レギュラーの選手は、幸せで満ち足りている。一方で、試合に出られないメンバーは失望し、怒りを感じている。私はサッカーチーム、マンチェスター・シティの監督であるペップ・グアルディオラと、元イングランド代表のリオ・ファーディナンドのインタビューを見たことがある。2021年5月下旬、チャンピオンズ・リーグ決勝でマンチェスター・シティがチェルシーと対戦する直前のものだ。シティはまさに驚異的なシーズンの締めくくりを迎えようとしていた。対抗意識の激しい地元のライバル、マンチェスター・ユナイテッドを12ポイント差で2位に追いやったプレミアリーグ優勝を含む、2つのトロフィーを獲得していた。FAカップでは準決勝に進出し、初めてのチャンピオンズ・リーグの決勝へ臨もうとしていた。

グアルディオラはシティの素晴らしいサッカーや快進撃が続く喜びよりも、夏のオフシーズンに、密かに現れ始めている問題を取り除くため、メンバーの入れ替えをする必要があると語っていた。問題の多く、少なくともリオ・ファーディナンドと話したものは、チームの脇へ追いやられ、レギュラーで出場する機会を奪われた不満を抱える選手についてだった。

「選手の状況は、チームと同じで、安定していない」。若きフォワード、フェラン・トーレスのシーズン後半の爆発的なゴールの話題になったとき、グアルディオラは言った。「どの選手にも浮き沈みはある。フェランがやって来たときは最高のムードだったが、自分を取り巻く状況の変化に動揺して、良いプレーができなくなった。笑顔を取り戻したときから、プレーが素晴らしくなった。選手のプレーは自信によって決まる。我々は手助けはできるが、結局は本人次第だ。サッカーは前向きな者に褒美を与える。いつも不満ばかり言っていると、別の選手に先を行かれてしまう。サッカーは待ってくれない。良い状態でなければ、別の選手がポジションを奪う。でも前向きでいれば、いつも良いプレーができるのさ」

グアルディオラは、にやりと笑った。「だから選手たちはみんな私を嫌う。シティにはいい選手があふれるほどいる。全員をプレーさせるのが難しいんだ」

シーズンオフには、チームに漂う苦々しい感情や慢心を取り除くために、有名選手を売却するなり、自分の行きたいチームへ行かせるなりするつもりだという。そして彼は、ファーディナンドにこう尋ねた。「君はプレミアリーグで何度優勝したか？」。ファーディナンドは、名将サー・アレックス・ファーガソン時代のマンチェスター・ユナイテッドで6回優勝したと答えた。

次にグアルディオラはこう尋ねた。「プレミアリーグで最初に優勝したときと、6度目のとき、メンバーは同じだった？」。グアルディオラは、答えを知っていた、あえてそう尋ねたのだ。ファーガソンがユナイテッドでチームを何度も改造したことは誰もが知っている。グアルディオラは、コーチングやマネジメントのキーポイントを強調した。「メンバーは入れ替えなければならない、常に変化しなければならないんだ。同じメンバーでずっと戦い続けることは、まず不可能だ。我々は敗北の後に変化する。勝利の後にも変化する。我々のなかには、もちろん私も含まれている」

私はサー・アレックス・ファーガソン、ペップ・グアルディオラと会い、コーチングやマネジメントについて話し合うことで、実に多くを学んだ。そのときに感じたのと同じ学びと向上に対する思いは、今も変わらず私の心の奥底で燃えている。だからこそ、すべてが順調に見えるとき、私は居心地が悪く感じるのだ。スポーツ、ビジネス、教育界の多くの人々から、指導とリーダーシップに関して学ぶべきことは山ほどある。そこで得た知識の一つひとつが、ラグビーコーチという仕事につきものの問題や困難に対処するのに役立つことを願っている。

私はバイエルン・ミュンヘンのクラブ施設でペップに会った。ペップはバルセロナで多くの成功を手にした後、バイエルン・ミュンヘンに移籍していた。彼はプレミアリーグでしたのと同じスタイルでブンデスリーガを支配し、多大な影響を与えていた。練習中の彼の仕事ぶりを近くで見て、長時間にわたって話を聞けたのはとても光栄なことだった。凍てつくような午前9時から練習が始まった。ペップは私がトレーニングと戦術の練習を見学するのを喜んでくれた。その熱烈な指導、細かな部分への目配りを目の当たりにするのは、素晴らしい体験だった。

午後はペップが忙しかったので、夜の7時に再び会う約束をした。私はその日の午後、トーマス・ミュラーとの写真撮影に臨んだ。彼はバイエルンとドイツ代表で活躍したインテリジェンスの高い選手で、写真撮影はとても楽しかった。しかし、その後でペップの事務所で過ごした3時間は、かけがえのないものになった。その指導に対する情熱と、世界最高の攻撃的サッカーチームをつくるためのひたむきな努力は類いまれなものだ。他の競技からもヒントを得ようと、ラグビーやハンドボールも研究したそうだ。私にも日本でのコーチの経験や、目指すべきラグビーのスタイルなど、様々な質問をしてきた。私は、小柄な日本の選手が大柄な相手と戦うために、ペップがバルセロナで築き上げたスペースや動きの概念が大いに参考になったと説明した。バイエルンでの新たな戦略を含め、彼の独創性や知見は極めて優れたものだ。

私は巨匠から多くを学んだアマチュアのような気分で、その場を後にした。しかし、私がバーンリーFCでショーン・ダイチに会ったとき、私はペップのことを別の角度から考えていた。ペップが偉大なコーチなのは誰もが知っているが、ダイチはペップは超一流の選手たちと仕事をしている、と言った。もしペップがバーンリーを率いるとしたら、どんな指導をするか興味をそそられる。ペップはショーン・ダイチより優れた仕事ができるだろうか？

イングランドのRFUには巨大な力があり、イングランドのラグビーチームはライバルチームより資金力と選手層の厚さで優位に立っている。もちろんこれらの特性は、この国のラグビー界を苦しめる際限のない辛辣さや混乱とも複雑に絡み合っている。ときにはこの混沌とした問題が、イングランドラグビー界のポジティブな側面をすべて覆い隠してしまうこともある。だが、私はバーンリーのホームであるターフ・ムーアの小規模で小回りのきく組織を訪れたことで、活気と刺激を受けることができた。

私は、プロスポーツのクラブは規模が小さく不利な条件であればあるほど自発性や創造力が発揮しやすくなると信じている。こうしたクラブからは学ぶべき点が多くある。私は多くのサッカークラブを見て回ったが、そのほとんどが大手クラブだった。だが、バーンリーは私が訪れた中で最も刺激を受けたクラブだ。小規模で、予算も少なく、そして他のプレミアリーグのどの監督よりも長い経歴を誇る監督がいる。ショーンは2012年10月からバーンリーのコーチになり、最初のシーズンでチームをチャンピオンシップからプレミアリーグに昇格させた。次シーズンで降格したが、2015-16シーズン後に再びプレミアリーグに復帰すると、その後は一度も降格することなくプレミアリーグで戦い続け、2018年シーズン終了後にはチーム史上最高の7位という、ヨーロッパサッカー界で十分に認められる地位を獲得した。

バーンリーの選手たちから最大限の力を引き出すために、首脳陣には独創性が求められた。ショーンは傑出した仕事をした。その振る舞いは、どのスポーツの指導者にとっても教訓になる。彼はいかなる状況でも冷静さを保ち、常によく考えたうえで発言する。適切な言葉を選び、適切な口調で話す。自分たちの立ち位置を理解し、どう戦うのが最適かをよく考えている。オーナーや運営組織の干渉も受けず、質素ともいえる慎ましい状況を逆手にとり、大きな強みに変えている。

バーンリーのチーム運営には一貫した優れたテーマがある。洒落たスローガンを掲げ、美しい写真を壁にかけることはどのチームにでもできる。だがそれらの意味を実際に体現しなければ意味はない。バーンリーは、チームとしてのアイデンティティが明確で、譲れないものは何かをはっきりと理解している。それは、常に相手よりもハードワークしなければならないということだ。それはこのチームの練習方法やコーチ陣から選手への指示の出し方、練習環境の設定の仕方などにも表れている。他のチームなら何十もの様々なスローガンが練習場所に掲げられているだろう――モハメッド・アリやマーチン・ルーサー・キング、スティーブ・ジョブズ、イーロン・マスクやラッパーのストームジーの言葉などだ。どれも悪くはないが、いくら良い言葉を寄せ集めても、選手たちは混乱してしまうだけだ。

バーンリーではもっと首尾一貫した、かつ楽しい方法でそれが行われている。選手たち自身がクラブのビジョンについて語った言葉が、あちこちに掲示されていたのだ。これらの言葉は3カ月ごとに変わる。それは各選手の個性を表すと同時に、とても説得力がある。私はこのようなものは今まで見たことがなかったが、バーンリーの目標達成に向けた努力の表れのように感じられ、とても素晴らしいと思った。

これが、私がいつもアメリカの学生バスケットボールチーム、ゴンザガ・ブルドッグスや、プレミアリーグのバーンリーのような、規模は小さいけれど結果を出しているチームに目を向ける理由だ。私は彼らの成功の秘訣が知りたい。彼らは知的で規律ある思考をしている。小さなクラブや、引退直後で時間をかけて秘策を明かしてくれるリーダーは、私のお手本だ。

彼らはそれぞれの個性がある。ファーガソンをダイチと比較するのも面白い。ファーガソンはマンチェスター・ユナイテッドのような巨大組織にいるので、大きく安定したチームをつくる資金や人材がある。優秀な選手たちの多くは、クラブに何年も在籍している。だからこそファーガソンは新鮮さを保ち、エリートスポーツでの成功に欠かせない変革を起こすために、定期的にコーチングスタッフを改造したのだ。彼の右腕となるコーチは、頻繁に変わった。ベテランの選手たちは新たなコーチからアドバイスを得ることで刺激を受け、ファーガソンは新しいコーチに、チームを活性化するトレーニングを任せ、自分は一歩離れた高い位置からチーム全体を俯瞰することができた。

ダイチのアプローチは違う。バーンリーが優秀な選手を育てると、その選手はほどなくして売却されてしまう。だからダイチは常にその代わりとなる無名選手に目を光らせ、チームに迎え入れた。その一方で、コーチングスタッフには一貫性を求めた。ファーガソンとは違い、コーチ陣は変えなかった。新しい選手が多く入ってくるために、その選手たちを早くチームに馴染ませなければならない。そのためには、バーンリー流のやり方を知り尽くしているコーチが必要になるのだ。

ペップ・グアルディオラが非常に優秀で、おそらく現在世界最高のコーチであることは誰もが知っている。情熱的に仕事に取り組み、常に豊富なアイデアを持っている。アレックス・ファーガソンやショーン・ダイチと同じだ。本書のリーダーシップ・サイクルの「構築」ステージの「オペレーション」フェーズについて考えるとき、模範的な例として私の頭に浮かぶのは彼らだ。

日本代表を強くした対立の意識

計画を立て実行するとき、私の仕事やチームについて忌憚のない意見を述べてくれるのはニール・クレイグだ。企業のCEOも同じだろうが、ヘッドコーチという立場にいると、周りの正直な意見が入ってきにくくなる。だからこそ私は現場を歩き回り、できるだけみんなに話しかけるようにしている。それでも、ヘッドコーチである私に対して、相手はどうしても壁をつくってしまうものだ。リーダーは皆、このジレンマに直面している。相手に威圧感を与えないようにするために、どんな方法をとればいいのか？　問題が起こればボスに見つからないよう隠そうとするのが人情だ。現場の生の声が私のところにスムーズに届くようにするには、どうすればいいのだろう？

リーダーが自由で開放的な「オープンドア・ポリシー」を掲げているだけでは十分ではない。現実には、そのドアをあけて苦労や不満を口にしようとする者はほとんどいない。この点で、私の場合はニールがいてくれてとても助かっている。彼はコーチと選手と私をつなぐパイプ役を務めてくれるからだ。我々は常に結束力を高めようと奮闘しているが、国際レベルの大会では時間がなく、それはかなり難しい。選手たちは所属クラブを離れ、シックスネイションズの場合は9週間代表チームで過ごし、終わるとまた所属クラブに戻っていく。夏のあいだ彼らと練習や試合ができるのは嬉しいことだが、11月のオータムシリーズまでチームの一員として彼らに会わない年もある。

クラブの環境では、コーチは一年を通して多くの時間をチームのメンバーと接することができるので、選手やスタッフと関係性を保ちやすい。だが代表チームでは欲求不満になりがちだ。コーチが望むような速さで物事が進んでいかないからだ。選手たちにはチームや戦術に馴染むための時間が必要になる。キャンプが始まると、すぐに試合に向けたコンディションづくりを開始する。チームの結束を高めながら、試合に向けた準備もしていかなければならない。ワールドカップがある年は、大会前の2カ月、場合によっては3カ月という期間があるので、コーチとしては助かる。長期間、一日じゅう選手と一緒にいれば、描いたプランを驚くほど実現しやすくなる。

私はワールドカップで戦うのが好きだ。なぜなら、この大会では準備のための十分な期間があるからだ。これまでオーストラリア、南アフリカ、イングランドという3つのチームで3度、ワールドカップの決勝戦に臨み、日本代表を躍進させた。そのことは、重要な大会で我々の手法が機能したことを証明している。ただし、次の大会までの4年間という期間はうまく使わなければならない。「構築」ステージの「オペレーション」フェーズに集中しすぎると、原則やビジョンがおろそかになってしまうことがある。「パレートの法則」と呼ばれる80：20の原理は、コーチの仕事にもよく当てはまる。

私はまず、チームのオペレーションにおける最も重要な要因を特定して、そこに全体の8割の時間を使う。ラグビーを研究し、チーム力学や人間行動を理解して、目標達成のために何に一番時間を使うのがよいかを考えるのだ。ラグビーの技術的、戦略的側面は、おそらく成功する要素のうちの2割しか占めていない。もっと多くの割合を占めているのは、チームの文化や結束力だ。我々コーチ陣の頭にあるのは、コミュニケーションの重要性、適切な計画、質の高いトレーニング、結果に対する責任、国際レベルのチームの指導やグラウンド上でのリーダーシップなどだ。インターネットで「ハイパフォーマンスなスポーツ環境の重要な特質」といった言葉で検索すれば、ほかにも様々な要素が挙げられているのがわかるだろう。だが大切なのは、こうした情報をいかに活用し、自らの環境に適切に当てはめていくかだ。

私は時々ニールに、時間を最大限に使えていないかもしれないと相談することがある。コーチとも十分に話ができていないし、選手たちも十分に注意してコーチの話を聞いていない、と。そんなとき、ニールは私を見て、「それは君自身の話し方に問題があるからだ」と言う。ニールは私の語気や口調について注意を促しているのだ。私の話し方が適切でなければ、健全な対立や議論は成り立たない。私は場の空気を変えて、バランスを取り戻そうとする。その場に応じて態度を変えようと努めることが、私にとって大事な仕事なのだ。

ニールはヘッドコーチやあらゆる種類のリーダーの役割を行動科学者や心理学者になぞらえている。リーダーの仕事は、相手の行動を正しい方向に変えることだからだ。だが人間は複雑な生き物なので、これは厄介な仕事になる。ゆえに、私は組織内の人間の意見や見解に重きを置いている。私は王様になりたいわけではない。物事をより良い方法で、必要ならばこれまでと違った方法で行いたいだけだ。私がすべての答えを知っているわけではない。だから、他のメンバーの意見をすくい上げられる環境をつくることが重要だ。私が自己満足に陥り、コーチや選手を寄せつけなかったり、私の話を聞く余裕を与えなかったりしたら、ニールに「それじゃダメだ」と叱責されるだろう。ニールは最近、イングランド代表にはまだ問題が山積みだが、こうしたコミュニケーション上の問題は減ってきていると言ってくれた。それでも、私は学び、改善し続けなければならない。いつも自分が正しいわけではない。それは誰にとっても同じだ。私は、そのことを神に感謝している。みんなが完璧なら、とても退屈な世界になるだろうから。

トップレベルのスポーツチームの内部は、極めて複雑だ。コーチは人間の感情や行動を変えなければならない。当然、多くのことが次々に起こる。朝起きて、誰もが素晴らしい1日を過ごすわけではない。スタッフやコーチ陣、選手たちのあいだには、常に緊張を引き起こす火種がある。うまくやっているのは誰か？　和を乱しているのは誰か？　どのように問題を修正し、でこぼこを平らにすればいいか？

30人の一流のプロ選手を束ねるために、コーチが考えなければならないことは多い。

チームを大型の旅客機に喩えてみよう。この旅客機には最高のテクノロジーが使われているので、とても複雑だ。パイロットがどれだけ優秀で経験があろうとも、ひとりではこの旅客機を操縦できない。トップレベルのスポーツチームにも同じことが言える。ヘッドコーチがひとりですべてやろうとして人の意見を聞かず、現場の知識や情報を無視するなら、大失敗につながりかねない。墜落して機体が炎上することになるだろう。

もちろん、「あなたはヘッドコーチだから、すべてを理解しているはずだ」と何も知らない周りの人間からもてはやされ、勘違いしてしまうこともある。だが経験豊富なコーチたちはみんな、自分ひとりでできることには限りがあるのを知っている。コーチはビジョンを描き、その実現を目指し続けることはできる。だが、様々な専門知識を持つ人間の力を借りなければならない。その仕事はひとりの人間が抱えるには膨大で、自身の力だけでは世界レベルのチームをつくれない。

リーダーがビジョンを描き、その実現を目指すためには、以下を実践する勇気と洞察力を持たねばならない。

・目標を明確にする――成功とは具体的に何を意味するのか？

・ハードワークを徹底する

2015年に日本代表をワールドカップの準々決勝に進出させるというありえない目標を立てたとき、最も苦労したのは、それまで大人しく従順であることが当たり前だった日本の選手たちに、健全な対立意識を持たせることだった。日本には目上の者の命令に従う文化がある。しかし、目標を明確にした以上、選手たちには安住することをやめてもらわなければならなかった。それまで穏やかで秩序だったチームに、対立を持ち込む必要があった。

あるとき、私は夜にチームルームで重要なミーティングを行うと選手たちに告げ、開始時間を知らせた。私たちは選手たちが時間を守り、私や他のコーチたちよりも2、3分早く集まるだろうと予想した。従順な彼らは、開始時間の5分前には集合し、いつもの場所に座ると、ミーティングが始まるのを待っていた。私は別の場所からその様子を見守っていた。他のコーチたちとともに数時間前に隠しカメラをセットして、選手たちの様子を撮影していたのだ。はじめはみんな無言で静かだった。10分後、時計を見て時間を確かめる者がちらほら出始めた。私はキャンプで携帯電話の使用を禁止していた。そのころ選手たちはまだ、携帯電話をいつ、どのように使うべきかをよく理解していなかったからだ。携帯電話で気を紛らわすこともできず、正式なミーティングが始まるという窮屈な思いをしながら、彼らは次第に落ち着きをなくしていった。

15分が経過した。1、2人の選手が不満を口にし始め、対立の兆しが見えてきた。20分が経過し、不満の声がまた上がり、結局また静かになった。30分後、ほとんどの選手がうんざりした様子になり、怒っているようにも見えた。私は、この無言の対立状態を統率する者が現れるのを見守った。ついに、数人の年長の選手たちがリーダーシップを発揮した。我々はまだその場に姿を現さなかった。選手たちはゆっくりと椅子から立ち上がり、それぞれのグループで話し合いを始めた。活気づいた時間は短かったが、次の練習の内容について、選手たちはチームで何をすべきか、お互いの意見を聞いて励まし合っていた。私はそれを見て胸が熱くなった。これを機に選手たちは、本物のリーダーとは何かを認識し始めた。

それから数日は、なんの支障もなく過ぎていった。私は時計のような正確さですべてを進行させた。誰もが快適なルーティンに戻っていた。皆、自分の立ち位置とやるべきことを理解していた。私は別の場所での練習試合を計画し、選手たちに午後1時のチームバスに乗るよう指示した。全員が時間通りに集まり、バスの到着を待った。私は運転手に、駐車場でバスを止めて待つよう頼んでいた。そして他のコーチたちとともに、再び心配して右往左往している選手たちを少し離れた場所から観察した。彼らの静かな期待は焦りに変わり、そして苛立ちとなった。怒りの声が上がり始めたが、それは悪いことではなかった。選手たちは相談し、誰かが私を探しに行き、試合が本当に行われるのか確認することに決めた。

彼らはもともと混乱を嫌ったが、今回はチームとしてより迅速に行動した。前回の経験が良い教訓になっていたのだ。フィールドの内外で不測の事態に備えるべきだという、私からのメッセージを理解していた。それ以降、我々はさらに心を開いて話すようになった。

また私は選手たちを、極限の疲労や強い不安に追い込まなければならなかった。それは、変革を推し進めるために必要なことだった。選手たちが最悪の状態にあるときに、私のやり方に対する反対意見や疑問の声は上がる。新たな葛藤のなかで、私がなぜ彼らをそこまで厳しく追い込んだのか、議論することができた。
我々は議論の末、インターナショナルなラグビーの世界では、タフで激しく肉体がぶつかり合う試合を戦わなければならないため、練習もその激しさに耐えうることを目的にしなければならないという考えで同意した。私は厳しい練習を通じて選手たちに世界の強豪に勝つための方法を与えていた。極限の状況に対処できるよう、彼らを肉体的、精神的に鍛えていた。日本代表はそれまで24年間、ワールドカップで勝っていなかった。だが南アフリカ戦では勝利に向けて一致団結した。試合終了間際、ペナルティキックで32対32の引き分けに持ち込める状況のなかで、選手たちは勝つためにトライを狙いに行った。それができるだけの力を身につけていたからだ。試合終了後、キャプテンのマイケル・リーチは私に言った。「練習より簡単だったよ」

私はこの瞬間を誇りに思った。ここ一番の戦いに備えて、選手たちにハードワークを課すことが私の仕事だからだ。選手たちは大舞台でのラスト1分の白熱した戦いをある意味で楽しんでいた。厳しい試練とトレーニングで、鍛えられていたからだ。ビジネスで難しい会議に臨む場合も同じだ。プレッシャーに耐えられないなら、準備が不足しているということだ。

我々は長い時間をかけてチームを鍛えた。ハードに、そしてスマートに。まずは午前5時、10時、午後3時から、1日3回練習をした。当初、選手たちはそれを嫌がった。4時30分にプロテイン・シェイクを飲むには、4時15分に起きねばならず、寝過ごすのが心配でぐっすり眠れなかったからだ。彼らは葛藤とストレスを感じていた。2週間の高地キャンプのときは、1日5回の練習を行った。1日3回のサイクルに戻したときには、選手たちは練習を楽にこなせるようになっていた。大会本番を迎えるころには、逆境と不安に耐えうる逞しさが備わっていた。

今では日本の多くのチームが午前5時から練習している。はっきりとした理由があるわけではなく、とにかくそうすることが正しいと考えているのだ。もし私がまた日本のコーチに戻ったら、この新しい伝統をとりやめ、何か別の方法を探すだろう。選手にもチームにも、何か特別だと感じるものを見つけて、他とは違うことをしていると感じさせたいからだ。

そのためには、健全な対立意識と、この章で説明してきたことを受け入れる必要があるのだ。

この章のまとめ

すべてがうまくいっていそうなときこそ問題点を探す

- 計画と実行
- 目標を明確にする——成功とは具体的に何を意味するのか？
- ハードワークを徹底する
- 健全な対立（探索的、建設的）の基盤を築く
- 健全な対立が起こったとき、明晰さと冷静さを保つ

第8章

アクセス・ポイントを見つける

——感情的なつながりは個人の目標達成を助ける

五郎丸歩のアクセス・ポイント

２０１５年6月、私は、ワールドカップ日本代表チームへのプレッシャーを強めていた。30日のうち28日間、厳しいトレーニングを課した。台風シーズンのまっただ中で、暑く、絶え間なく雨が降っていた。我々は泥の中で練習した。その月は毎週土曜日に公開練習をし、数百人もの地元のファンが紅白戦を見にやって来た。厳しい環境下での試合にするため、12人対12人でプレーした。さらに、ピッチの幅を60メートルから80メートルに広げた。これは選手たちの決意を試すテストだった。どれだけワールドカップに出たいか？　どれだけ不快さや苦痛に耐えられるか？　泥の拷問部屋に深く入り込んで、自分の個性を示す覚悟はあるか？

その月の第3土曜日、猛練習を終えた選手たちは疲れ切っていた。もう限界に達していた。しかし、私は巨大な泥の中で、12対12の過酷な紅白戦をもう一度やれと言った。これは選手たちがこれまで直面した中で、最もタフなコンディションだった。フルバックの五郎丸歩（あゆむ）は対処できなかった。他の選手たちも脱落寸前だったが、何とか踏みとどまっていた。だが五郎丸はダメだった。周りについていけず、プレーする気力を失っていた。降参したと言わんばかりに頭を垂れ、とぼとぼと歩きながらフィールドの外に出た。

孤独な五郎丸に、私は何も言わなかった。彼を無視してゲームを続けさせた。紅白戦が終わると、通訳に五郎丸とあとで話をすると告げた。そう予告された五郎丸は、自分のしたことがその場でカミナリを落とされて終わりになるような問題ではなかったと気づいたはずだ。選手たちは悪いパフォーマンスをしたり、いつもより覇気のないプレーをしたときには、そのことを自分でよくわかっているものだ。五郎丸は、控え室で私が近づいてくるのを待っていた。だが、私は何も言わなかった。いつもの土曜の夜のように、過酷な1週間の最後に行うハードな紅白戦のあと、チームみんなでビールを飲みに出かけた。リラックスして楽しむことも大切だ。私は選手たちとは交流したが、五郎丸のことは避けた。

日曜日、五郎丸は通訳に電話をかけ「いつエディーさんとミーティングをするのか?」と尋ねた。通訳は、わからないと答えた。私は通訳と連絡を取っていなかった。数時間後、五郎丸は再び通訳に電話して、ミーティングはいつか尋ねた、通訳の答えは同じだった。五郎丸は、私の思うつぼの状態になっていた。私は、もう少し彼をじらすべきだと考えた。月曜日、通訳の携帯電話は「ミーティングはいつだ?」という五郎丸からのメッセージでいっぱいになっていた。

ついに、私は返答した。「今夜6時、レストランで」

私が選んだのは、ホテル内の寿司屋だった。小さいが洒落た高級な店で、普段は使うことはない。五郎丸はその店を指定されたことに驚いていた。誰もいないチームルームで叱られると覚悟していたからだ。だが、私は五郎丸の複雑な人間性に入り込むには、別のアクセス・ポイントを見つけるべきだと思った。私が日本チームを率いることになったとき、一番おおっぴらに反抗した選手が五郎丸だった。

五郎丸は、私の前任であるジョン・カーワン時代、2011年のワールドカップでメンバーから外され激怒した。カーワンはニュージーランドで開催されるこの大会に、五郎丸を選ばなかった。偉大なオールブラックスの選手だったカーワンは、外国人選手によるチームの補強が必要だと考え、日本でプレーするニュージーランドや太平洋諸島の選手たちの多くを代表メンバーに選んだ。愛国心の強い五郎丸は、カーワンの選出基準に腹を立てた。自分がポジションを奪われただけでなく、日本人選手に対する侮辱であると。

2012年4月、カーワンからチームを引き継いだとき、私は違う方法を採用した。外国人を多用せず、日本人中心のチームに戻したのだ。迷わず選んだのが五郎丸だった。日本のクラブチームのコーチを何年か経験した私には、彼が優れたフルバックでゴールキックの名手であるのを知っていた。実力だけを基準にしても彼を選んだだろうが、愛国心の強い日本人選手をチームに入れるという私のプランにも合致した人材だった。

しかし、問題があった。五郎丸は、代表に戻るのが嬉しくなさそうだったのだ。不満の原因は私だった。私が憎らしい外国人のため、彼はとてもよそよそしく、接触をことごとく避けていた。チームミーティングのときはいつも部屋の後方に座り、話し合いに進んで参加しようとはしなかった。少し離れたところでチームメイトと話すことはあったが、私が近づくとすぐに身を引いた。五郎丸にはチームの中心選手になりうる能力がある。壁を壊し、関係性を築かなければならなかった。

五郎丸とのアクセス・ポイントになる鍵は、愛国心だと思った。そこで、私は友好的な日本人選手たちを頼り、私の代わりに五郎丸と話すよう促した。五郎丸に、彼らの言葉でチームの構想を説明してもらったのだ。我々コーチ陣はメンバーのほとんどを日本人から選んで、はっきりとした日本スタイルのラグビーがしたかった。走ってパスを回すスタイルだ。それが日本人選手には向いている。時間はかかったが、五郎丸は我々の真意を徐々に受け入れるようになった。ミーティングで最前列に座り、話し合いに参加し始めたとき、私は彼も同じ船に乗る仲間だと確信した。

それから3年が経過していた。五郎丸が泥のなかでのプレーを放棄した後、私は彼に近づくための別のアクセス・ポイントを探した。寿司屋の客は我々ふたりだけだった。私は普段とはまったく異なるアプローチを試みた。約1時間半、ただ食べながら、彼の家族の話をしたのだ。これは珍しいことだった。このような文脈で、家族の話題になることはめったにない。特に日本人選手は、社会での礼儀を重んじて、プライベートな話題には触れない傾向がある。けれど私はそれが、五郎丸の感情に訴える鍵だと感じた。彼の家族のことで会話がはずんだ。心を開いて楽しんだ。

ふたりとも、このミーティングの目的を完全に忘れていた。私はパソコンとノートを脇に置いたままにしていた。それも私のちょっとした演出だった。食べ終わると私は言った。「さて、話を聞かせてくれないか」

五郎丸は熱意を込めて、はっきりと語った。まず、チームメイトを失望させ、自分自身もがっかりさせてしまったこと。次に、自分が行うべき重要な改善点を3つ挙げた。素晴らしかった。3日間、考える時間を与えたことで、彼は問題を自分のものにしていた。もはや、私から言うべきことはなかった。私たちは感情面でも、大いに深くつながったと感じた。直接会い、個人的なことをたくさん話したからだ。私から大切に思われていることを、理解してもらえたはずだ。彼は安心感を得て気持ちに余裕ができ、問題は解決された。私の手を借りずとも、その態度は目を見張るほど変化した。五郎丸はワールドカップに出場し、大会のベストフィフティーンに選ばれるほどの目覚ましい活躍をした。

選手が変わる方法は、ひとつではないということだ。15年前なら、練習を途中で投げ出す選手を見たら、私は激怒し厳しく叱咤(しった)しただろう。だが、適切なアクセス・ポイントを見つけたことで、五郎丸が自分を根本から変えるのを促せた。

廣瀬俊朗をキャプテンにした理由

日本代表のヘッドコーチを初めて任されたとき、チームのキャプテンは廣瀬俊朗(としあき)だった。小柄で、特にスピードには恵まれていないウィンガーだが、とても興味深い経歴の持ち主だった。非常に頭脳が優秀で、日本の名門校である慶応義塾大学出身。希望すればどんな会社にでも入れただろう。アメリカのゴールドマン・サックスやイギリスのアーンスト・ヤングまでが、彼に興味を持ったのだから。しかし廣瀬は、ラグビーを続けることを選び東芝に入社した。その後彼は、発展する日本ラグビー界に目を向けた。そして、選手としての能力には限界があると知りつつ、その知性をうまく活かすことに取り組んだのだ。

私が廣瀬を最初のキャプテンに任命したのは、世界と戦うチームを率いる私をサポートしてくれると思ったからだ。チームの中心は日本人選手にしたかったが、これまでの代表チームのように視野を狭くしてほしくはなかった。廣瀬の知性は、その自由さや好奇心の強さの表れでもあった。それはチームに適切な気風を与えた。私のチームで2年間キャプテンを務めたが、最初の頃は私の怒りの矢面に立っていた。

在職から1カ月後、フレンチ・バーバリアンズ相手に惨敗し、我々はコーチとキャプテンとしてメディアの取材を受けた。この試合の日本代表のパフォーマンスはまったく容認できないもので、私はチームを辛辣に批判した。廣瀬は日本人が緊張するとよくやるように、私の話の途中でぎこちなく微笑んだ。私は「笑いごとではない」と言って、容赦なく続けた。「笑いごとじゃないぞ。これが日本ラグビーの問題だ。真剣に勝とうとしない。勝利を求めるなら、もっと前に出て相手を圧倒しようとしなければならない。何人かの選手は、変わらないかぎり、成長しないかぎり、二度と日本代表としてプレーすることはないだろう。私は日本のラグビーのために何をすればよいのか？　日本人選手だけで続けてほしいのか？　それとも半数をニュージーランド人にする道を選んでほしいのか？」

私は真剣に怒っていたが、その一方で、選手たちの心の奥深くに通じるアクセス・ポイントを見つけようと冷静に考えていた。私は廣瀬や五郎丸のような聡明な若者と打ち解け、選手として変容する引き金になるポイントに触れたかった。このときの試みは功を奏した。日本チームはより団結し、決意を強め、情熱を燃やし始めた。

廣瀬はチームをまとめつつあり、私は常にその知性を最大限に発揮してもらうよう促した。チームは改善されたが、廣瀬はウィンガーのレギュラーポジションを確保できなかった。そこで、私はマイケル・リーチをキャプテンにした。彼はニュージーランド出身だが、長年日本で暮らしていた。完璧な日本語を話し、私よりもはるかに日本文化に通じている。だが、廣瀬もチームに置くと決めた。試合には出ないキャプテンとして。

廣瀬は日本代表として28試合の出場歴があるが、２０１５年ワールドカップで選出された31人の選手の中で出場機会がなかった。けれどフィールド外では才気にあふれ、リーチと全責任をわかち合っていた。廣瀬はマイク・ブレアリーと同じような存在だった。ブレアリーはイングランドのクリケットチームで、打者（バッツマン）としてはレギュラーに選ばれなかったが、人の心を動かすキャプテンだった。

エリートスポーツ界では、人間関係がこれほど重要なのだ。スポーツでもビジネスの世界でも、ついカッとなってしまうとき、フィールドの外で感情的なつながりを感じている信頼できる人の存在は、気持ちを楽にしてくれるものだ。

あれから数年が経つが、私は今でもスポーツ心理学者とよく話をする。彼は水泳選手を担当している、私の古い友人だ。選手たちを励まし心の平静を見出す方法を話し合うとき、貴重な相談役になってくれる。大切なのは、常に選手たちとのアクセス・ポイントを持つことだと教えてくれた。選手とコーチの関係の中で、選手に精神的なつながりを感じさせる方法を見つけなければならない。その選手にとって人生で何が一番大切かを理解し、ラグビーに対する意欲を起こす原動力を特定できれば、つながりを強めるための言葉を見つけられるだろう。

ここ3年の間、私はそのことを強く実感してきた。近頃の若い選手といると、なにかしら彼らと気持ちが通じ合う感覚を得ることがある。誰でも、高校時代を振り返ったとき、教師との会話で思い出すのは、自分の心に響いたものではないだろうか。新たに自分自身と向き合い、何が自分を成長させ、変化させるのかを考えさせられたような言葉だ。また、現在のエリートスポーツの世界では、これまでと違う行動パターンが生じていると感じる。若い選手たちは感情を周りと共有することに喜びを感じるが、年長者はそれに抵抗がある。若者たちは感情を大らかに表に出し、弱さも隠そうとしない。コーチはそんな彼らの希望や恐れに近づく道を探さねばならない。

はっきりしたアクセス・ポイントが見つけにくく、最初は近づくのが難しい選手たちもいた。若いプロップ・フォワードのウィル・スチュアートは、気持ちが読みにくかったが、ついに正しいアクセス・ポイントを見つけた。彼は何より母を幸せにしたかったのだ。我々コーチ陣は、ラグビーを頑張れば母を喜ばせることができると彼に理解させた。

チームは個々の人間でつくられている。選手たちは皆、それぞれ違う。しかし、彼らが大切にされていることを知ったなら、みんなと良い関係をわかち合える。そうすれば、彼らの個性に寄り添い、生き方を理解することも簡単になる。それは、選手たちが指導に対して最高の答えを出すことにもつながる。これは馬の訓練に似ている。ムチで打つのが必要な馬もいれば、背中を軽くポンポンと叩いてほしい馬もいる。手綱をきつく締めねばならない馬もいれば、自由に走らせたほうがよい馬もいる。どれも、馬を速く走らせるための手段だ。コーチは、選手が大切にされ、評価されていると実感させるために、同じことをしているのだ。

オーストラリアでコーチをしているとき、五郎丸にしたのと同じ手法をウェンデル・セイラーに対して使った。セイラーは存在感のある選手で、オーストラリアでは英国よりもはるかに盛んなラグビーリーグで長くトップスターだった。セイラーは、ジェームズ・ハスケルを彷彿とさせる。彼らのように個性の強い選手は、調子のいいときは自信たっぷりにプレーし、遊び心も大いに発揮する。しかし、少しでも傷ついたり、思うようにことが運ばなかったりすると、不安定になりがちだ。

私はセイラーを、いくつかのあまり重要ではない試合でプレーさせた。パフォーマンスが悪いとき、セイラーは私から怒られるだろうと思っているようだった。しかし、私はあえて2、3日、彼と話そうとはせず、じらす作戦を取った。彼の疑念が最高潮に達したところで、話し合いの場を持った。私は彼を褒めたたえ、君はこの競技のスターだと言った。なぜ自分がこれほど愛されているかを、みんなに見せてほしいと言った。次の試合では、彼は素晴らしいプレーを見せた。彼に必要だったのは、コーチから本当に評価されているという実感だった。だが、それが得られず自己満足に終わっていた。そこで私は、彼の最高の側面を引き出すために、適切な方法で心理学的に働きかけたのだ。

イングランドの選手とは、あまり心理的な駆け引きをする必要がない。一般的に気質が安定しているからだ。彼らは長いシーズンをプレーすることが多いため、感情をコントロールし続けねばならない。それは彼らの強みにもなっている。この国の若者のほとんどは、とてもわかりやすい性格だ。ハスケルは彼らの中では、おそらく最も複雑だった。私は五郎丸やセイラーのように、彼をよくからかった。とても楽しかったし、彼の気を引くこともできた。ハスケルが私やチームからの好意を感じることが、重要だとわかっていた。さらに、能力を発揮するにはベストな状態でいるべきだと彼に気づかせねばならなかった。

私がイングランドのコーチになる前から、我々は友好的な関係を築いていた。2011年と2012年、ハスケルは日本のクラブチーム、リコーブラックラムズでプレーした。我々は時々、〈トレーダー・ヴィックス〉という東京のレストランで過ごした。彼はよく外国人の仲間たちとやって来て、みんなで和やかにランチを食べた。私は彼が好きだった。ちょっと個性的で、やることなすことユーモラスだったからだ。彼も私を気に入っていた——特に、私によってイングランド代表に選ばれたときは。選手はメンバーに選ばれたとき、コーチに好意的になる。選ばれなければ、熱心に好意を示してはくれない。

2016年に私がヘッドコーチに就任して以来、私は常にハスケルをイングランド代表のメンバーに選んだ。前に言ったように、私はシックスネイションズで、彼にずっと試合で使うと約束した。ハスケルはこれで自分が大切にされていると感じ、気持ちも安定した。私はチームメンバーの前でハスケルに冗談を言った。明るいムードを保つためでもあったが、ハスケルに良いパフォーマンスを出し続けるのを促す意味もあった。ある日、私は2階のチームルームに足を踏み入れた。ハスケルは部屋の隅の窓の近くにいた。私は言った。「ハスク、指の筋肉を鍛えているか?」

ハスケルは心配そうに、そして真剣に尋ねた。「なぜですか?」

「君は崖っぷちにいるからさ」と私は答えた。「指で崖にぶらさがらないといけないからな」

彼はチームメイトと一緒に笑った。ハスケルは注目の的になるのが好きだ。彼が私を見ながら、何かを考えていることもわかった。〈たしかに、エディーは僕に好意を持っている。でも、なぜこんなことを言うのだろう?〉。彼は自分の立ち位置がよくわかっていなかった。自信はあるが、チーム内のポジションでは危うい立場にある。私は、そのことを自覚してほしかった。そして、あとでふたりきりになったときに、こうフォローした。「おい、気にするな。みんなを笑わせたかっただけだ。いつも頑張ってくれている。我々は君を愛してる、君がチームに貢献してくれているのを心から評価している」

ハスケルは再び100万ドルの価値を取り戻したかのように顔を輝かせ、情熱的に次のトレーニングに励んだ。彼にとってトレーニングは、良いプレーをするためのアクセス・ポイントを見つける手段だった。

2017年の後半、チームを再編成するときが来た。私はハスケルを和やかに、威厳のある態度で送り出したかった。彼には大いに敬意を払っていたからだ。ハスケルはチームに多大な功績を残していたが、すでに新しい時代が到来していた。面と向かって話をするため、彼のところへ行った。彼は私が来るのを知っていて、緑茶を用意してくれた。チームを離れて楽になるよう勧めたが、彼はそれを拒んだ。代表チームの一員として戦い続けたいと望み、私もそれを受け入れた。だが、代表選手としては峠を越えているともはっきりと言い渡した。現代では、このようなメッセージは慎重に選手に伝えなければならない。以前なら、コーチは選手を簡単にクビにした。だが、彼とのあいだには絆があった。私は自分の考えをハスケルに正直に伝えた。

私たちの絆は強いままだった。彼は2019年のワールドカップ開催時でも日本に帯同し、広報や報道の仕事を担ってくれた。我々は決勝トーナメントに進んだ。私はチームに活気をもたらすためにハスケルをキャンプに招いた。当然のように、彼は場の空気を明るくしてくれた。選手たちはこれまで何度も耳にしたハスケル得意の冗談話を聞いて、大笑いしていた。誰もが彼の話を聞きたがった。私はハスケルにチームミーティングに参加するよう頼んだ。ミーティングで観た最初の動画に、2016年、オーストラリアでワラビーズに3連勝したときの2試合目で、ハスケルがデビッド・ポーコックに激しくタックルしている様子が映し出された。

ハスケルは甲高い声で言った。「いいか、みんな、最高のタックルを一発決めれば、選手としてキャリアを築けるぞ」

それは、ハスケルと私の愉快なやりとりを象徴するものだった。それは常に、ハスケルの機嫌をよくするためのものだった。だが、若い選手たちとは、ハスケルとのような関係を築くのは簡単ではない。皆頭の回転がはやく、正しい答えをすぐに欲しがる。iPhoneを指で触れればなんでもできる環境にいるので、時間のかかることは好まない。だから今の若い選手とは、ストレートなコミュニケーションを心がけている。課題を与えれば、混乱することはない。一方、プロができた頃からハスケルの時代に至るまで、古い世代の選手たちとは、冗談を言ってふざけ合うことも今よりは多かった。

しかし、いつでも少しのユーモアが入り込む余地はある。私はベノ・オバノに対しても、適切な接し方、正しいアクセス・ポイントを見つけたと思う。オバノはクラブチーム「バース・ラグビー」に所属する若いプロップで、2021年シックスネイションズのスコットランド戦で、イングランド代表デビューを果たした。ニール・クレイグと私はチームのキャンプ地にあるペニーヒルパーク・ホテルのバーで彼に会った。ニールに同伴を頼んだのは、ベノに厳しいことを伝えようと思っていたからだ。ベノは体重が増えすぎていたが、テストマッチのための減量に必要なコーチ陣からの提案にことごとく抵抗しているように思えた。ニールはいつも、それぞれの選手に相応しい方法で、つながることの必要性を気づかせてくれる。だから3人で会うことにしたのだ。

ベノが来てしばらく雑談した後、ニールが健康状態を尋ねた。体調はどうだ？と。

ベノはシャツを持ち上げた。プロップ・フォワードに美しい体型は不要だとしても、お世辞にも良い身体とは言えなかった。

我々は座って、彼が国際レベルの試合でプレーするには、何をすべきかを話し合った。雑談で話がはずんだが、本筋から脱線することはなかった。ニールが、ベノは酒を飲まないのだから、食べ物に原因があるのでは、と指摘した。

長い沈黙のあと、ベノはニールの膝に手を置き、振り向いて私を見た。「ハンバーガーが大好きなんです」

愛嬌のある言い方に、私とニールは笑いをこらえるのに必死だった。私に真実を話している間、ニールの膝に手を置くことで、温かみと、秘密を打ち明ける感じがあった。馬鹿げていると思われるかもしれないが、この小さな告白によって、私たちのあいだには真の絆が生まれたのだ。ベノはそのしぐさで、ハンバーガーを諦めるのは実に難しいとほのめかしていた。

私は彼を励ました。「大して難しくないさ。君ならできる」

そしてニールを見て、アイコンタクトで無言のメッセージを確認し合った。ベノは我々の意図を理解してくれた。しかも、とてもいい青年だということもわかった。ベノに辛くあたる必要はなかった。

それから、我々は真剣になった。彼は理想の自分になるため、ハンバーガーを断つ覚悟があるのか？

「はい」とベノはあっさりと答えた。実際、その言葉に嘘はなかった。彼はその後、大きな進歩を遂げた。イングランド代表として初出場を果たし、フィールドの内外で以前よりもはるかに成長した。ハンバーガーも食べなくなったし、良い体型を保っている。ベノはこのときの会話を一生忘れないだろう。もちろんニールと私もだ。

このときのやりとりには楽しさがあっただけでなく、適切で、正しい方向性に満ちていた。我々はベノに恥をかかせたり、気分を害することをしたりせずに、彼の心に入り込む手段を探さねばならなかった。また、ニールの価値も改めてわかった。もし私がひとりでベノと話をしていたら、おそらくもっと強い言い方をして、うまく成果をあげられなかっただろう。しかし、ベノはユーモアのセンスがある愛すべき若者だ。「ハンバーガーが大好きなんです」と言ったときの声の調子とタイミングによって、我々とのあいだのつながりは深まった。また、我々がベノをきちんと理解していたとも言える。別の選手ならば、体型を指摘されることを侮辱と感じたかもしれない。

しかし、ベノは国際試合という新しい世界に足を踏み入れたばかりで、そこで求められている高い水準がよくわかっていなかった。これまで、食生活の改善といった領域の問題をコーチから求められたこともなかっただろう。だからこそ、我々は彼を潰したくなかった。我々の真意を理解してもらうだけでなく、我々が彼とその未来を大切に思っていることを知ってほしかった。下手な小細工をせず自然体で向かったことで、作戦は成功した。ニールと一緒に会いに行き、その場の雰囲気やベノの身振りにありのままに反応しただけだ。

コミュニケーションが組織を強くする

前述のように、ハイパフォーマンスな競技では、重苦しい真剣さを感じることがよくある。だが、〝たかがスポーツだ〟と思うことも大切だ。たしかに、スポーツは大きなビジネスであり、選手やコーチの人生を左右するものでもある。プレッシャーは強く、厳しい監視の目がある。だが、プレーを始めた頃の子どものような喜びと純粋な楽しみを忘れたら、それは大きな間違いだ。一流のスポーツ界には、ユーモアや喜びがなくてはならない。

誰もけなすことなく、自分やチームメイト、スタッフのことを笑いのネタにできる能力は、トップレベルのスポーツの世界では極めて重要だ。笑いに勝るものはない。笑うことで気分が良くなる。辛いときでも、誰かと冗談を交わして笑うことができれば、物事は上向いていく。

笑いをとるには、文脈とタイミングが重要だ。ベノとの場合、それは代表選手としての心構えについて初めて真剣に話しているときだった。私たちはユーモアを交えながら、これからどんなことが求められるようになるのかをベノに伝えた。他のコーチなら、ベノに今すぐ行動を変えるよう単刀直入に促したかもしれない。

しかし私は、長年の経験から、言葉は慎重に選ぶべきだと学んできた。いったん口から出てしまった言葉は、もう戻せない。正しい言葉を使えば人の心を動かし、やる気を奮い立たせることができる。だが、言葉を間違えば、相手に途方もないダメージを与えてしまう。コミュニケーションは何より重要だ。だから、話す前は少し間をおいて考えよう。そうすれば、相手との感情的なつながりを強め、長続きさせるアクセス・ポイントが見つけやすくなるだろう。

選手やコーチ陣との結びつきが、とても深く親身になるときもある。あるとき、選手のひとりの父親が失業したことがあった。その父親は60代で、再就職できる可能性は極めて低い。そこで、キャンプに参加していたあるメンバーが、この選手の両親の住宅ローンを毎月肩代わりして支払うことになった。両親の面倒をみることが、その選手の人生の一部であり、目標だった。彼はこの状況を受け入れていたが、楽ではなかった。けれども、私やリーダー陣に話をしたことで、苦しい状況を和らげることができたのだ。

我々の目的はいつも、個々の選手それぞれの目標達成に力を貸すことだった。それができれば、チームにも大きなメリットになる。その際、各選手を全体から切り離して個別に評価し、その歩みをサポートする最善策も見出さねばならない。

マロ・イトジェが面白い例だ。彼が彗星のようにラグビー界で頭角を現したとき、彼が特別な選手になることは火星人にもわかっただろう。ラグビーの詳しい知識や先見の明がなくても、彼が競技場に立つだけで、傑出したキャリアを築くだろうと誰もが想像できた。

その一方で、こういう才能のある選手こそ、最初のうちは慎重に扱わなければならないこともある。マロは2016年のイタリア戦で途中交代でデビューさせてから、順調に成長してきた。賢く、自分を見失うこともない。早い時期から国際試合で使ったことも、このような良い態度を身につけるのに役立ったと思う。メディアは才能ある若者に脚光を浴びせようとするが、こうした過度な報道からは選手を守らなければならない。私は選手が世間で評判になることに興味はない。いつの日か代表で50試合、マロのような選手なら100試合出場できるように、長い目で育てたいのだ。だから、我々が代わりにメディアに対応する。その選手が「自分は特別な人間だ」と勘違いしないようにする。どんな職業であれ、こんなふうに自惚れると人はダメになる。マロには集中力を高め、自分のプレーを向上させるために何をすべきかを明確に理解してもらいたい。それを理解したら、あとは着実に力を伸ばしていけばいい。流れ星のように、一瞬だけ輝き、すぐに落下してしまうような選手は要らない。我々が求めるのは、ゆっくりと成長し、国際試合で長く活躍できる優れた選手だ。

マロの最初のイングランド代表の試合で私は言った。「ボクスホール・ビバ〔訳註：イギリスの自動車メーカー、ボクスホール社の小型自動車〕にしては悪くなかった」

この談話は、マロよりもメディアで話題となった。するとマロがやって来てこう尋ねた。「ボクスホール・ビバが何なのかさえわかりません」

私は答えた。「気にするな。次の試合はもっと頑張るんだ」

けれど、マスコミには大げさな報道を控えるように頼んだ。マロはまだ子どもで、潜在能力を十分に発揮していなかった。我々は根気よく待つ必要があった。

誰よりマロ本人が、我慢する意味を理解しなければならなかった。彼は我々を信用しなければならなかった。我々は力になれたと思う。なぜなら、彼は我々の思いをすぐに理解してくれたからだ。彼はチームにとって大切な選手だが、彼も家族や自分自身に対する責任がある。彼が個人的な目標を達成できると感じながら、そのための最善策はチームのために力を尽くすことだと理解してもらうことが重要だった。

チームが飛び立てば、マロも一緒に飛躍できるということを。

我々は選手全員に対して、グループミーティングと1対1の話し合いの場を設けている。会話の内容が選手たちの心に残り、選手とコーチ陣をひとつにするような感情のつながりを見つけられるよう、いつも気を使っている。そのためには、選手の気分を良くすることと、不快な気持ちを引き起こすことの両方が必要だ。励まされると同時に、向上のため自分と厳しく向き合うことも必要になる。ここでも、選手の本心を引き出すような、感情的なつながりを見つけるアクセス・ポイントを探すことが重要だ。

私はジョニー・メイを、近年でもとりわけ優れたイングランドの選手だと評価している。ハードワークする高速ウィンガーであり、チームメイトを支える縁の下の力持ちでもある。2015年のワールドカップでは、ボールを持つと毎回45度の方向へ走っているように思えた。「この男は誰だ？　ちゃんと頭を使ってるのか？」と思ったものだ。だが、今や彼の時代だ。世界最高のウィンガーになろうとしていると言っても過言ではない。私はジョニーにあまり関与しない。自分で判断して物事を進めていくタイプの選手だからだ。かなりの変わり者で、趣味も独特だが、選手同士を結びつけるグルー・プレーヤーとしては最高の存在だ。周りにいる人同士の絆を自然と深めてくれる。

またジョニーは、何を話すかではなく、何を話さないかも大切であるということも教えてくれた。ときには、コーチが指導しないことも重要だ。コーチは、選手にどうすればもっと良くなるかについてのイメージを描かせるだけでいい。あとは、選手に任せても大丈夫だ。選手の領域にあまり入り込むべきではない。成長するためのスペースを必要とする選手もいるからだ。ジョニーもまさにこのタイプだった。ジョニーには1対1のミーティングをしすぎるのは、かえって逆効果だ。細かい指導が必要な選手と、自力で伸びる方法を見つけ出す選手がいる。コーチはそれぞれの個性に合わせて対応しなければならない。

　我々はいつも、選手の目を目前のチャンスに向けて開かせるよう努力している。だが、多くの選手が、両親の影響が強い子どもの頃からラグビーをプレーしていることを忘れてはいけない。目標に向かって選手を伸ばしていくことを考えるときの興味深い例として、ウィル・ゲニアのケースを紹介しよう。私は2007年、スーパーラグビーのクイーンズランド・レッズのコーチに就任したとき、アカデミーの試合を見に行った。ぽっちゃりして小柄なハーフバックが目に留まり、アカデミーのコーチに「彼は誰だ？」と訊いた。

「ウィル・ゲニアです」コーチは答えた。「でも、あんまりいい選手じゃありません。怠け者だし太りすぎている。それに熱心に練習しないんです」

「でも、きれいなパスが出せるじゃないか」と私は言った。

　アカデミーのコーチは同意しなかった。そして、ゲニアは軟弱すぎる、父がパプアニューギニアの国会議員だから彼は甘ったれなんです、と言った。

　私の仕事は、トップチームのメンバーをまとめることであり、厳しいシーズンを迎えようとしていた。私は手一杯だったが、それでもまだ、あの小太りの若者に興味があった。私はウィルをつかまえて話をした。君は本当に才能があるが、もっと真面目にラグビーに取り組んでその能力を引き出さなければならない、と言った。ごくシンプルなアドバイスだった。

　翌日、ウィルの父が私に会いに練習場へやって来た。大柄な男で、とても高価なスーツを着ていた。パプアニューギニアのＧＤＰの一部を、そのスーツにつぎ込んだように思えた。ウィルも同席して、我々は話し合った。私は父親に言った。「あなたの息子には計り知れない可能性がある。ただ、本腰を入れて練習しなければダメです」

父は息子を見て言った。「おい、聞いたか？　おまえは今、すごいチャンスを手にしてるんだぞ。わかってるのか？」

彼が言ったのはそれだけだ。少なくとも私の前では。そしてウィル・ゲニアは、それ以来めきめきと頭角を現した。それは父親とウィル本人が起こした奇跡だった。

チーム練習が休みの日も、ウィルはいつも練習場にいて、何時間もかけてトレーニングし、ボールを蹴っていた。彼はすぐにトップチームでプレーするようになり、やがて世界最高のハーフバックになった。２０１９年に国際試合のキャリアを終えるまでに、オーストラリア代表として１１０試合に出場した。

父親の一言がきっかけとなり、ウィルが意識を変えたことで、無名の選手が偉大な目標を達成するという大変革が成し遂げられたのだ。

他の同じようなストーリーにも、根底にはコミュニケーションがある。コミュニケーションはチームや組織の結束と改善の鍵だ。メンバーに高い成果が要求されるハイパフォーマンスな環境では、特にそれが当てはまる。リーダーが部下の心の底にある希望や恐怖とつながるアクセス・ポイントを探すとき、コミュニケーションは極めて重要になる。リーダーの仕事は、部下の希望を実現させ、恐怖を克服させることなのだ。

この章のまとめ

感情的なつながりは個人の目標達成を助ける

・個人のやる気を起こさせるアクセス・ポイントを見つける
・変革と発展を促す関係性を強める
・目標達成に向けて、個人の個性を形成する

ステージ3

実験

第9章　常に見直す

［戦略］

感情に流されず、計画に従って規律を守る

第10章　3%の違い

［人］

周りが言うほど良くも悪くもない

第11章　人の意見を聞く

［オペレーション］

他人の意見に耳を傾け、柔軟に学ぶ

第12章　徹底的なレビュー

［マネジメント］

個人、プロセス、組織の分析が強いチームをつくる

第9章 常に見直す

——感情に流されず、計画に従って規律を守る

雑音に耳を貸さず自分を信じる

スポーツの世界で特に難しいのは、外野の批判や疑念（私はこれを〝雑音〟と呼んでいる）によって窮地に追い込まれそうなときも、自分の計画を信じ続けることだ。外部の人間が持ち込む雑音に潰されそうになっても、規律を保ち、戦略を遂行することが肝心だ。雑音を遮断し、原則と計画を貫くこと。スポーツは激しい感情を引き起こすものなので、常に論理（ロジック）を蝕み、転覆させる力があることを忘れてはいけない。警戒を怠ったり、ビジョンを設定したときの目標や野心を忘れたりすれば、泡立つ波のなかで溺れ死ぬことにもなりかねない。リーダーシップ・サイクルの「実験」ステージでは、計画を見直し、これまでの進捗を図式化することが重要だ。

もちろん、チームには浮き沈みがあるので、リーダーは必然的に生じる周囲の感情的な反応に備えねばならない。熱烈なファンは、応援しているチームが負けると惨憺たる気分になる。2連敗すれば危機

感を覚え、3連敗となれば大惨事（カタストロフ）が起こったと騒ぎ立てる。これが、２０２１年のシックスネイションズで、イングランド代表が直面した事態だった。

イングランド代表がスコットランド、ウェールズ、アイルランドに負けると、これは私との契約を終わりにすべき何よりの証拠だと方々で激しい論議が起こった。これはチームとしてもヘッドコーチとしても致命的な出来事であり、我々がこの5年半やってきたことはすべて無駄だったというのだ。私の解任を求める声や、私の欠点を痛烈にあげつらう声が上がった。私が率いたイングランド代表の勝率は77%と高く、1年半前にチームをワールドカップの決勝に導いたという事実は無視された。

我々は感情が渦巻く世界に生きている。当然、辛辣な意見も出てくる。メディアもイングランド代表のサポーターも、我々のパフォーマンスに疑問を投げかけ、私の解任を要求する権利を持っている。厳しい詮索や痛烈な批判の対象になるのはやむを得ない。他のスポーツ界のコーチやチームも、みんな同じような扱いを受けている。これが現代のスポーツなのだ。

私自身は、こういったネガティブな報道はまったく気にならない。だが、いくら私がそんなものは無視していると言っても意味はない。周りの人間が記事や報道の内容を伝えてくるからだ。外部の雑音は自分にはコントロールできない。私自身は記事も読まないし、テレビやラジオのスポーツニュースも見聞きしないが、ラグビー界で何度か職を失ったことがある身としては、こうしたメディアの過熱報道が結果として何をもたらしうるかもよくわかっている。ＲＦＵと私との契約に途中解約条項があるのがメディアへのリークによってあらわにされたときも、驚かなかった。２００５年にオーストラリア代表のヘッドコーチを解任されたときも、同じような経験をした。自分に対するメディアの注目の大きさで、これから何かが起こることを予測できる。

RFUの内部レビューでシックスネイションズの結果として妥当だと決定されれば、私の解任もありうる。その結果、激しい論争や騒動が巻き起こるだろう。だが私は自分の仕事に集中するしかない。自分の将来に関わる決定は他人に任せるしかないのだ。

2019年後半、私はイングランドを世界一のチームにするというビジョンを掲げ、それまで誰も見たことのないような最高のプレーをすることを究極の目標にした。イングランドは、2020年のシックスネイションズでは優勝したが、2021年のシックスネイションズでは5位に終わった。だが、だからといって、ビジョンが間違っていたとか、次のワールドカップに向けた計画がお粗末だったということにはならない。一時的な失望を味わったとしても、私の仕事は、計画に従って規律を守ることに尽きる。それは、どんなリーダーでも同じだ。

同時に、戦略を練り直し、見直し続けることも大切だ。戦略の欠陥や、それらを修正するための最善策から目を背けてはならない。しかしその一方で、計画を実行に移す際には、徹底した態度が求められる。浮き沈みはあるし、途中で悪い結果が生じることもあるが、だからこそ、スポーツには限りない魅力があるのだ。

25年間プロスポーツのコーチをしてきて、私はこうした厳しい時期には、冷静さを保ち、戦略を維持し続けることが重要だと理解するようになった。しかし短期的には、低迷状態からできるだけ早くあるべき姿に戻れるような方向性を示すことで、リーダーシップを発揮する必要もある。そのためには、サポートしてくれる適切な人材が必要になる。その一方で、逆境に呑まれて脱落する者もいる。しぶとさが足りなかったり、居心地が悪くて仕事を続けられなかったりするのだ。そういう場合、去る者は追わずだ。このときリーダーには、優れた後任を素早く選ぶ力が求められる。

我々は現在、2023年のワールドカップに向けて計画を立て、一歩一歩、前進中である。ただし、戦略の短期目標は試合に勝つことだ。ハイパフォーマンスなスポーツでは勝ち続けなければならないが、我々は常に大局的な視点も持っている。ボブ・ドワイヤーの名言にもあるとおり――「長期的な戦略が正しければ、短期的な結果はおのずとついてくる」のである。

現在や未来の成功への鍵は、常に見直しを行うことだ。企業の年単位または四半期のレビューを最大限に活用するにはどうすればいいかという質問をたまに受けるが、私はいつも「もっと頻繁にレビューすること」と答えている。

パフォーマンス・レビューを散発的にしか行わないのはまったく間違っている。自分の仕事、スタッフ、自分自身を常にレビューしなければならない。絶え間なくレビューをするのは疲れるし、難しさもある。だがこれこそが、チームを改善し成功に導く最良の方法なのだ。

シックスネイションズの開催中、私は毎日レビューを行い、大会終了後もすぐに全体のプロセスを徹底的に吟味した。その結果、単純な真実が確認できた。ロックダウン中、私はコーチとして苦しい日々を送った。選手や仲間のコーチと会えないのが辛かった。ニールとコーヒーを片手に、毎日のように健全な意見を戦わすこともできなかった。私は部屋で長時間、ひとりきりで過ごした。健全でもポジティブでもない時間だった。コーチングとは人と接する仕事だ。言葉も交わせない状態では、カミソリのように鋭くあるべきコーチとしてのスキルは磨けない。

この孤立が、私に個人的にも仕事的にも悪影響をもたらしたのは疑うべくもない。スコットランドとの開幕戦の前に、それを実感した。孤立していた期間があまりに長く、準備不足は否めなかった。コーチとして、選手やスタッフと適切なコミュニケーションがとれない。我々の戦略に実のある会話は欠かせない。それ次第で、選手のパフォーマンスを70％から80％に引き上げられる。適切な言葉を、適切なタイミングで使うことで、選手やチームを向上させられる。しかし、選手やスタッフの顔が見えないなかでそれを実践するのはとても難しかった。

これは他の業界でも同じだろう。だが驚いたことに、ビジネス界では、Ｚｏｏｍは将来のコミュニケーション・ツールとして最高だと賞賛する向きもあるようだ。人と話をするのに、交通費もかからず、時間も手間も省けるというのだ。もちろん、リモートでの会話のほうが便利な分野もあるのだろう。しかし、プロスポーツのように人とのつながりが重視される分野では、Ｚｏｏｍでリーダーが必要とするレベルのコミュニケーションができるとはとうてい思えない。

対照的な例を挙げよう。２０２１年5月下旬、私は早朝5時半にブリストルを発つと、2時間以上かけてエクセターに向かい、午前8時過ぎにジャック・ノーウェルに会った。彼はその日、プレミアシップのエクセター・チーフスの選手として試合に出場するので、ほんの10分ほどしか話せなかった。だが顔を見て話したこの10分は、Ｚｏｏｍでの会話の10倍の時間の価値があった。ジャックは負傷していたので、試合に出場できるのか、心身の状態をこの目で確かめたかった。元気そうな顔を見て一安心したし、絆をすぐに取り戻せた。往復4時間をかけただけのことはあった。こういった1対1の対面での会話は、自分がどれだけ相手を大切に思っているかを伝えられる。とりわけ、わざわざこちらから出向いた場合には。

スコットランド戦では、事前にこうしたことはいっさいできなかった。試合後、コーチとして十分な仕事ができなかったと公言したのもそのためだ。私は選手たちに、最高の状態でプレーするための機会を与えられなかった。

重要なのは、不十分なコーチングや失策を認め、信頼を築くことだ。いつも思うのだが、信頼とは、預金と引き出しを行う銀行口座のようなものだ。リーダーは、信頼という預金を取り崩すことなく、積み上げていかなければならない。信頼は、その相手と向き合い、時間と労力を割いて話を聞くことで築かれる。自分のためではなく、相手のためという意識で会うことが大切だ。これはどんな組織のリーダーにも当てはまることだ。

1990年代、私はシドニーのインターナショナル・グラマー・スクールで副校長をしていた。就任直後、まず大勢の教職員一人ひとりと面談した。うだるように暑い夏の日で、気温は30度を軽く超えていた。私はサリーヒルズのオフィスにいた。シドニー郊外とはいえ、今とは違い、環境は良くなかった。街じゅうに埃(ほこり)が舞っていて、学校周辺も同様だった。オフィスは狭くエアコンもない。必要最小限の設備しかない部屋で、私は顔や背中に汗を流しながら、77人の教師全員と順々に面談をした。ひとり5分から10分かけて話を聞き、全員との面談を終えるのに12時間近くかかった。とはいえ面と向かってひとりずつ話すのは、大勢の教員を一カ所に集めて行うミーティングよりもはるかに有意義だった。私が教員たちのことを大切に考えていて、責任を持って自分の役目を全うする決意があることが伝わったと思う。

選手自身に解決策を見つけさせる

スコットランドに負けた後、私は自分の失策の責任を認めた。選手のセレクションの段階で間違いを犯していた。もっと若い選手を選ぶこともできたかもしれないが、基本的に、国際試合に出場する準備ができていない者は選べない。出場させる際は、適切な時期を見定めることが肝要だ。通常は、控え選手として国際試合を何試合か経験し、試合前の1週間、レギュラー選手と一緒にトレーニングを積んだ者に限られる。その好例がジョージ・マーチンだ。我々はジョージを5週間のトレーニングに参加させた後、大会終盤のアイルランド戦に20分間だけ投入した。彼はまずまずのプレーをした。現在では、出場時間を増やしても問題なくプレーできるほどに成長した。だが、ジョージをもっと早い段階でデビューさせていたら——たとえばシックスネイションズのスコットランド戦やフランス戦に出場させて、こてんぱんにやられていたら——その後の試合でジョージの姿を見ることは長らくなかったかもしれない。その結果、我々はイングランド代表で50キャップ以上を経験できる潜在能力を秘めた選手を失っていたかもしれないのだ。

私は、ジョージの燃えるような闘争心が好きだ。そういう気質を持った選手はめったにいない。正直に言えば、ラグビーは20年前まではかなり暴力的なスポーツだった。特定の相手選手を止めようとするときは、荒っぽい戦術に訴えたものだ。だが、今ではそうしたことも減り、身体をぶつけて敵のプレーを止めねばならないときにも、節度は保たれるようになった。サム・アンダーヒルとトム・カリーは、どちらも激しい接触プレーができる特別な選手だが、その方法はフェアなものである。ジョージ・マーチンにも強い闘争心がある。私は、彼らのように、コーチが教え込めない資質を持った選手を探している。ボブ・ドワイヤーからも、コーチが教えることのできない資質、たとえば負けん気の強さや、天性の勘のようなものを持っている選手を探すべきだと教わった。ジョージにはそうした資質があるが、まだ発展途上であり、急がせるのは間違いだ。

ファンや評論家はジョージのプレー姿をできるだけ早く見たいと望む。だがそれは彼が今注目の選手だからで、その長期的キャリアは気にもとめていない。メンバーを選ぶ際には賢明な判断をしなければならない。ときには、ゆっくり進まなければならないときもある。周囲は早くジョージのプレーを見たかったかもしれないが、十分な準備をさせてからデビューさせたのは、彼にとっては良いことだった。なにしろ当時、まだ19歳だったのだから。

前日の試合に敗れたばかりの日曜日、レビュー・プロセスはうまくいかないものだ。スコットランドに負けたときも、選手たちはかなり落ち込んでいた。すぐに事細かに改善策を説明しても、頭には入らないだろう。そこで我々は選手たちに試合内容をまとめた動画を見せ、翌日までに解決策を各自で考えてくるようにと宿題を出した。最近、我々はこの方法をよく採用している。悪かった点をこちらが指摘するよりも、解決策を選手自身に見つけさせるのだ。その後にミーティングを重ね、選手たちが出した解決策をもとにして答えを探っていく。選手が出してくる解決策は、ラグビーに対する態度や戦術の問題に関するシンプルなものが多い。それらはおおむね正しい。そこから、いかに改善していくべきかを選手と一緒に考えていく。

月曜日になると、レビュー・プロセスにギアが入る。選手たちと5分間の個別面談を行い、それぞれのパフォーマンスをレビューし、何が良かったのか、悪かったのかを指摘する。あまり細かなことには触れず、来週末のイタリア戦に備えてすべき、重要な点のみを明確にした。私はいつも、正直かつ明確に、選手と話し合う。また、一方的に上から目線で話すのではなく、選手にも意見を出させる。パフォーマンスが満足できるものでなかったのなら、その理由を考える。計画のどこに問題があったのか？　どのようにしてそのギャップを埋めればいいのか？　その選手にはコーチの助けが必要か？　それとも自力で修正できるか？

月曜日には、チームを確実に軌道修正させるために、コーチ陣ともしっかりと話し合う。敗戦の原因は彼らにもあり、それなりの責任は負ってもらわねばならない。来週に迫った試合に備え、陣頭指揮を執る私のもとで、彼らにより良いコーチングをしてもらう必要がある。

敗北の後は、その原因から目をそらして、次の試合に向かおうとしたくなるものだ。だが、何もしていないのに、次の試合ですべてが改善することはまずないと言っていい。冷静かつ慎重に、失敗の原因を振り返らなければならない。今の若い選手は、こうした振り返りに積極的に関わってくれる。このように冷静に失敗の原因を話し合うことが重要なのは、ビジネスの世界にも当てはまるはずだ。誰でもワクワクしたいし、気分良くなりたい。だがラグビーは必ずしも、常に私たちの気分を良くしてくれるわけではないのだ。

ラグビーはタフで、心身ともに摩耗するスポーツだ。瞬時に興奮できるような、よどみなく自由に展開していく競技ではない。現代では、スポーツはエンタテイメントであるべきだと認識が高まっている。人々はスポーツに娯楽性を求めている。しかし、テストラグビーのコーチやプレーは、映画づくりではない。ほとんどの時間は、骨の折れる地道な仕事に費やすことになる。選手たちの目指す夢と、現実とのあいだにあるバランスを見つけ出さなければならないのだ。

クリケットの国際試合がその良いお手本だ。クリケットの打者(バッツマン)はテンションを高めるときと、気持ちを静めるときをわきまえている。これはラグビーの国際試合でも同じだ。コーチは選手たちの頭のなかに、この絶妙なバランスをイメージさせなければならない。また、チーム全体の成功と選手個人の成功をうまく結びつけることも大切だ。これがこの仕事の面白くかつ難しいところだ。

コロナ期間中は、この難しさがさらに高まった。我々は、オーストリアのサッカー・ブンデスリーガのチームを対象にして実施された調査の結果を参考にした。この調査では、観客がいる通常の状態で試合をした場合と、無観客で試合をした場合の選手の反応を比較した。それによると、後者の場合、選手たちは積極性に欠けていた。特に、その傾向はホームゲームで顕著だった。これは、無観客がマイナスの影響を与えたためと考察されている。イングランド代表の場合も、トゥイッケナムの誰もいない殺風景な環境で試合をしたことがマイナスに働いたのだろうか？　同じ無観客のスタジアムでも、アウェイのスコットランドのほうが積極的になれたのだろうか？　本当のところはわからない。

スロースタートにはなったものの、選手たちは水曜日のトレーニングでは強度とペースを取り戻した。その状態になるまで50分ほどかかったが、その後は素晴らしいトレーニングになった。土曜日のゲームでは41対18でイタリアを下し、2週間後の重要なウェールズとのアウェイ戦に向けて良い準備を整えた。コーチングをし、リーダーシップを取るときの懐かしい興奮がようやく蘇ってきた。私は選手たちに、自分自身で課題を立て、それに取り組んでほしいと要求した。まだ困難な状況は続いていたし、チーム内の対立や問題も残っていたが、我々は以前よりも良い状態でカーディフに向かった。

結局、我々は2021年2月28日日曜日の午前中に行われたウェールズ戦、不可解な判定にも苦しめられて敗れた。私は控え室に向かった。私が室内に入ると、騒ぎ声や話し声がやみ、静寂が訪れた。全員の視線が私に向けられるのを感じた。私が目を向けると、誰もが視線をそらした。奇妙な気持ちだった。まるで私が誰かを殺し、前日、犯行に及んだときと同じ血まみれの服を着ているかのような感覚だ。エリートスポーツの世界では、勝つべきだったはずの試合を失ったとき、責任者をこのような気持ちにさせる。孤独で不快さも感じるが、自分自身や選手たちについて多くを学べる機会にもなる。

この敗北に、全員がそれぞれ自責の念を感じていた。私にとって、スタッフの気持ちを高揚させることも大切だった。彼らの態度は選手たちに影響を与えるからだ。気まずい空気の中、皆の視線はなおも私に向けられていた。当然のことだ。リーダーの私に、予想外の敗北を味わった後の雰囲気を変えてほしいのだ。彼らがきちんと自分の役目をこなせるように力づけ、背中を押してやる——それがリーダーの役目だ。そして、無念な結果が出たときは、自身もそこから学ばねばならない。

だが、「失敗は恐ろしいものであり、破滅と暗い見通ししかもたらさない」という考えは捨てるべきだ。短期的に見れば、たしかに失敗は恐ろしい。私も負けるのは嫌いだ。しかし、敗北から学べることはとても大きい。リーダーは、失敗を最悪の結果と見なすべきではない。負けた途端に目標から目を背けがちになるのは、イングランドラグビーの悪い癖だ。

試合終了後、私は「残念だったね。でも心配しないで。まだ応援しているから」という意味のメールをたくさんもらった——まるで、私が彼らからサポートされるのを疑っているか、ラグビーコーチとしてもう終わりだと思っているかのように。翌朝、同じ疑念は私に視線を向ける多くの人の表情からも見て取れた。選手たちのなかには、きっとこう考えている者もいるだろう――「たぶん、エディーはこれでクビだな」「彼はイングランド代表のヘッドコーチには向いてない」。ちょっと失敗すると、イングランドでは周りからよくこういう態度をされる。正直、私は笑ってしまう。

たしかにこの試合に負けたことには大きな意味合いがあったが、チームの出来は、スコットランド戦に比べれば、私にとってはずっと満足のいくものだった。選手たちのプレーは規律を欠いた部分もあったし、不運や疑惑の判定にも見舞われたが、残り15分で24対24の同点に追いついていたのは上出来だった。私は審判の判定に苛立ち、自分たちのミスに落胆していたとはいえ、前向きな気持ちは持っていた。チームが相手に献上した14のペナルティのうち、マロ・イトジェの反則によるものは5つもあった。個人としてもチームとしても許されないことだが、私はマロや他の選手たちは反則を繰り返した経験から何かを学んでくれるだろうとも思っていた。だが、この審判が選手と同じように反省してくれることは期待できそうになかった。

審判のパスカル・ガウゼルは、ジョシュ・アダムスとリアム・ウィリアムズによる2本のトライを認めたが、これは私にとって納得できない判定だった。ひとつは、ルイス・リース＝ザミットによる明らかなノックオンの直後のトライだ。ガウゼルと、同じフランス人でTMO担当のアレックス・ルイスはこの反則を取らなかった。その後のアダムスのトライは無効とされるべきだろう。ペナルティが課せられなかったことがわかったとき、若いルイス・リース＝ザミットは信じられないような顔をしていた。

もうひとつのトライは、さらにひどい状況下で生まれた。ガウゼルがイングランド代表のキャプテンであるオーウェン・ファレルを呼び寄せ、イングランドが反則を多発しているので選手たちに注意するようにと伝えた。オーウェンはこれを受け入れ、チームの仲間のところに駆け寄った。ところが、あろうことか、選手たちがオーウェンの話を聞くために円陣を組もうとしていたにもかかわらず、ガウゼルはウェールズのダン・ビガーがペナルティキックを蹴るのを許したのだ。そのボールをキャッチしたウィリアムズがそのままトライを決めた。

これら2本の不正なトライで得点を重ねても、ウェールズは前半終了時点で17対14と僅差でのリードしか得ていなかった。後半、キーラン・ハーディが正当なトライで得点し、ベン・ヤングスも見事なトライで応酬。同点で迎えた最後の15分間、試合はイングランドが制するはずだった。だが、我々は反則を犯してペナルティを3回与え、コリー・ヒルにトライを決められた。途中出場のカラム・シーディがコンバージョンキックとすべてのペナルティを決め、40対24でウェールズが勝利した。メディアは、これがウェールズの対イングランド戦での史上最高のスコアだという事実を取り上げた。だが我々に言わせれば、最初の2本のトライで得た14点は認められるべきものではなかった。ただ我々が4本のペナルティキックを相手に与え、12点を献上してしまったのも事実だ。不公平な判定と我々の荒っぽいプレーによって、せっかくの良いパフォーマンスは台無しになった。

翌日、ワールドラグビーから謝罪があったが、それは信頼性に欠ける判定結果を補うものではなかった。国際試合で試合開始後20分間に正当性のない判定で2本のトライを奪われたチームもないだろう。

試合終了後に、審判への苦情を長い動画にして訴えることもできただろう。実際、2021年7月下旬、南アフリカがライオンズ戦に負けた後、前ヘッドコーチのラシー・エラスムスが同じことをしている。リーダーシップの観点からすれば、代表コーチは皆、ラシーの思い切った行動を真似ることもできる。だが、果たしてそれはラグビー界のためになるだろうか？　それは審判にもっと圧力をかけることになるはずだ。ライオンズシリーズが進むにつれ、審判は南アフリカに配慮して公平性を欠くようになった。ラシーは自分がとった方法が実を結んだと感じているかもしれないが、ラグビー界のためを思えば、もっと広い視野を持つことが必要ではないだろうか。

目下のところ、ラグビー界に影響を及ぼしている問題のひとつは、試合の判定にテクノロジーを持ち込もうとしていることだ。だが、それは簡単ではない。ラグビーでは大勢の選手が激しく身体をぶつけ合っている。ボールを奪い合えば、ミスや反則が多発する。サッカーやバスケットボールとは違い密集地帯でのプレーが多く、接触プレーの頻度や強度も比べものにならない。判定をテクノロジーの手に委ね、審判の判断よりもＴＭＯやビデオ技術に頼ろうという流れがあるが、私はＴＭＯの使用はトライなど、重要な判定の場合のみに限定すべきだと考えている。それ以外は審判の判断に任せたほうがいい。

しかし現在、世界のラグビー界では今後の試合の判定に関して適切なリーダーシップが取られているとは思えない。そのため、ラグビーの試合はアメリカン・フットボールと同じようになりつつある。ロスタイムを正確にカウントしようとするために、ライオンズシリーズでは、80分のプレー時間が2時間近くにもなっていた。まったく馬鹿げた話だ。審判にもっと権限を与えるべきだし、我々も声を上げるべきだろう。

こういう理由で、我々はウェールズ戦の後、審判を批判するのは控えた。それに彼らにとっては顔から火が出るほどの恥辱だっただろう。私は口を閉じることに決めた。もし、ラシー・エラスムスと同じアプローチをとっていたら、次の2試合、審判は大きなプレッシャーを感じ、かなりひいき目で見てくれただろう。しかし、それは私の目指すラグビー人としてのあり方ではない。

だから、1本目のトライは実にあやふやで、2本目は言語道断としか言いようがなかったが、試合序盤で相手チームに不当に14点を奪われたという事実を飲み込むことにした。その代わりに、試合全体を通して良い戦いができたというポジティブな側面に目を向けた。選手たちは試合後に精根尽きるほど試合にエネルギーを注ぎ込んでいた。

だが本当に強いチームは、そうしたミスをものともせずに、最後まで戦い抜いて勝てるものだ。我々は残り20分の時点でまさにそのような状況にあった。だが、その肝心なときに自滅してしまった。規律を欠き、勝利を逃がしてしまったのだ。

敗北にはきちんと向き合う

この敗北の意味は大きかった。ウェールズに負ければ、イングランド代表のコーチとして、国民を失望させてしまうことになるからだ。シックスネイションズでは、各チームの対抗意識は極めて強い。アイルランド、スコットランド、ウェールズなどのケルト諸国はイングランドになんとしてでも勝ちたいと思っているし、イングランドもこれらの国には絶対に負けたくないと思っている。それは当然のことだ。とはいえ、こうした大一番の試合に負けたときに必要なのは、その事実にきちんと向き合うことだ。自分たちの良くなかった点を受け入れ、改善の方法を探さなければならない。審判に怒りの矛先を向けるべきではない。次の試合では、誤審などでは覆されないほど相手を圧倒すると受け止めればいいのだ。

選手たちにとって辛いのは、試合後の雑音に対処することだった。選手やチームは、マスコミやファンからさんざん叩かれ、真実とはまったくかけ離れた言葉を浴びせられた。たしかに我々は3試合中2試合で敗れた。とはいえ、彼らは素晴らしい選手たちだし、我々もいいチームに変わりはない。だから私にとって、選手たちにこういった雑音には耳を貸さず、前向きな気持ちを持たせることが重要な仕事だった。プレッシャーがかかっている状況では、メッセージの伝え方にも慎重にならなければならない。話す言葉のすべてが、良くも悪くも誇張されて受け止められがちだからだ。

とはいえ、国際ラグビーの世界では成功と失敗の差は小さい。それは外野が騒ぐほど大きくはない。たとえばウェールズ戦なら、マロが5回のペナルティを相手に与えなければ、このわずかな差は消えていただろう。

翌日の日曜日の朝、朝食後、短いチームミーティングをした。当然ながら、重苦しい空気が流れていた。ボビー・ロブソン曰く、試合後の更衣室は、明るいか暗いかのどちらかだ。今回、我々は暗いほうだった。私は試合を決定づけた小さな違いについて話をした。「審判の不当な判定はあったが、それでも我々には勝ち目はあった。良いプレーをして負けることもあれば、お粗末なプレーをして勝つこともある。だが勝利を手繰り寄せるには、ペナルティを与えすぎてはいけない。ペナルティの数は、14対9で我々のほうが多かった。そのうち5回は不要なものだった。もしペナルティの数が9対9だったとしたら、どっちが勝っていたか？　そう、素晴らしいプレーをしたチームだ」。私はシンプルなメッセージを心がけた。

ミーティングの最後に、ヤングスが決めた見事なトライの動画を見せた。それは、我々が目指しているラグビーを象徴するプレーだった。我々は自陣深くまで攻め込まれていたが、ジョニー・メイを中心にしてボールを奪い返すと、流れるような攻撃でトライを決めた。美しく俊敏な、チャンスが来たときにどうプレーすべきかというビジョン通りの動きだった。このトライの映像を見せることで、外野の雑音がどれほどうるさくても、選手たちに「君たちは素晴らしい選手たちであり、チームの輝かしさもまったく変わっていない」と伝えたかったのだ。

「君たちがどれほど優れたプレーヤーであるかを忘れないように。これからが腕の見せどころだぞ」

最後は前向きな気持ちで、全員が決意を新たにして悲しみに満ちた控え室を去ることができたと思いたい。まだ何も解決はしていないが、自分たちが成長のための過渡期にあると考えることで気持ちは軽くなっていた。

我々は、貴重な教訓を学んだ。そして、イングランドの挑戦は特別なものだという認識も新たにした。ウェールズの場合は少し違った。2019年のワールドカップ後、ウォーレン・ガットランドの後任としてウェイン・ピヴァックが代表コーチに就任した。ウェインは新しいビジョンを導入し、幅の広いプレースタイルを目指した。だが、うまく成果につながらず、1年目は苦杯をなめた。シックスネイションズでは5試合中4試合で敗れ、5位に終わった。2020年のテストマッチでは10試合中3勝しか挙げられなかった。ラグビー人気の高いウェールズの国民にとっては受け入れがたい成績であり、ウェインの解雇を求める声が上がった。

ウェインは、ウェールズ代表のヘッドコーチの仕事を続けるには試合に勝たねばならないとわかっていた。勝つための現実的な戦いをしなければならないというプレッシャーにもさらされていた。また、ベテランの主軸選手の力にも頼っていた。頭角を現した若手はルイス・リース＝ザミットだけだった。

ウェールズはこれまで十分に試されてきた方法に戻った。2021年前半に負けが込めば、ウェインは母国のニュージーランドへ戻らねばならなくなるだろう。だから、現状の戦力を使って勝つためのラグビーに徹するしかなかった。

この週末の試合でのウェールズ代表の平均年齢は29歳で、イングランド代表は26歳。ワールドカップで優勝するチームの平均年齢は29歳前後なので、ウェールズは2023年までに選手を大幅に入れ替えなければならないと言える。その頃には現在の主力選手は年を取り、ピークを過ぎているだろう。我々イングランド代表は、ワールドカップでピークを迎えるようなメンバー構成をとっている。

2021年のシックスネイションズでは、ウェールズに幸運が戻ってきた。アイルランドとスコットランド（両チームとも途中で退場者等を出し、選手は14人に減っていた）に僅差で逆転勝利を収め、イングランドに対しても審判の誤審にも助けられて勝ちを拾った。下馬評では不利と見られていた3戦をものにして、いきおい全勝優勝に王手をかけた。これらは、わずかな差が明暗を分けるテストマッチを象徴するような戦いだった。だが、最終戦となったパリでのアウェイ戦では、フランスに土壇場でトライを決められて30対32で敗れた。

とはいえ、ウェールズはシックスネイションズのチャンピオンとなった。5位に終わったイングランドとは、2020年の大会から立場がちょうど入れ替わったことになる。もしイングランドが、2021年のウェールズのような勝利至上主義の戦い方をしていたら、おそらく批判されただろう。イングランド代表には、単に勝つだけではなく、イングランドらしい戦い方も求められているからだ。私は、人々がスポーツのロマンやエンタテイメントに魅せられているのは承知している。みんな、チームの勝利を望みつつ、魅惑的で壮観なプレーを見たいとも思っているのだ。データに基づいた、勝つことだけを目的としたラグビーを見たいわけではない。私も、勝利と同時にエンタテイメントが求められているこの時代の現実を受け入れている。サッカーのプレミアリーグやバスケットボールのＮＢＡには「試合は観客を楽しませる商品だ」という認識がある。だからこそ大金を稼げるのだろう。それに比べれば、ラグビーはまだまだピュアなスポーツだ。しかし、健全な収益性を確保しなければならないという流れのなかで、ラグビー界がエンタテイメントのほうへ移行しているのも事実だ。

我々は適切なバランスのとり方を模索している。シックスネイションズではそれを見つけられなかったが、これ以降はもっと魅せるラグビーができるようになっているかもしれない。とはいえ、２０２３年のワールドカップ本番では、より現実的な戦い方をすることになるだろう。

私には、チームに素晴らしいラグビーをさせる責任がある。だが現代では、すべての試合に勝つ、あるいは勝つチャンスを大きくするには、キッキングゲームに注目しなければならないことも理解している。信頼性のあるデータは、２０２1年において、ラグビーではランニングよりキッキングを重視した戦い方をするほうが、結果が出やすいことを示している。一方で、別の戦い方に取り組むことも我々の責任だ。世界一のチームになるというビジョンに従い、これまでに誰も見たこともないような最高のラグビーを目指すことも我々にとっての重要なミッションなのだ。

イングランド代表は２０２1年のシックスネイションズの3節目までに2敗し、窮地に追い込まれた。しかも、次戦はこの大会で魅惑的なラグビーを展開している、進境著しいフランスが相手だ。だが、私の心は落ち着いていた。楽観的でさえあった。

絶え間なくレビューを続け、軌道修正していくことが大切だとわかっていたからだ。

・重要な決定事項に優先順位をつける
・軌道修正を行う
・進化させた戦略のもとで、再び実行に取り組む

外野からの雑音の波が襲いかかってくるなか、私はビジョンに立ち返っていた。

この章のまとめ

感情に流されず、計画に従って規律を守る

・ビジョンと進捗の比較検証
・軌道修正のための重要な決断を下す
・計画・戦略を見直す
・進化した計画・戦略への再挑戦

第10章 3%の違い

――周りが言うほど良くも悪くもない

逆境に対して見られる3種類の人間

私がこれまでにスポーツの世界で得た最高のアドバイスは、ラグビーリーグのベテランコーチの、「勝ったときは、周りが言うほど素晴らしくはない。負けたときも、周りが言うほど悪くはない」だ。2021年2月下旬のウェールズ戦と3月13日のフランス戦を挟んだ2週間、この言葉が何度も頭に思い浮かんだ。「良いチーム」と「ダメなチーム」のどちらに見られるかの違いをもたらすのは、たった3%程度の差でしかない。

たとえ我々のパフォーマンスが特に優れていなかったとしても、ウェールズよりチーム力が3%上回っていれば、試合に勝てるだろう。だからこそ、コーチにはチーム力を3%上げるための改善策が求められる。だが、もし間違った判断でこれまでの方法を変えようとすれば、逆にチーム力を3%落としてしまうかもしれない。そうなれば、うまくいった場合と比べてチーム力は6%下がることになる。これでは、勝負に勝つのは難しい。成功と失敗の差は小さく、それを底上げするのは簡単ではない。だから、変革を起こす前には慎重にならねばならない。その変革の結果が、国際試合における紙一重の差を縮めるか広げるかの決め手になる。

フランス代表はローマでイタリア代表を撃破すると、ダブリンに乗り込んでアイルランド代表を破った。まだ試行錯誤を続けている段階だったとはいえ、誰もがこのファビアン・ガルティエ率いる前途有望な若いチームを愛しているようだった。彼らは〝スリル満点〟だとか〝ワクワクする〟と評された。だが私は統率のとれたラグビーをすれば、イングランド代表は彼らに勝てると思っていた。

私はフランスがホームでスコットランドをどう迎え撃つか、とても楽しみにしていた。だが、ガルティエと3人のスタッフ、そして12人の選手がコロナウイルスに感染し、大会の第3節は延期になった。ガルティエは息子のラグビーの試合を見るために無断で外出し、出先でコロナに感染して、キャンプにウイルスを持ち込んで集団感染を起こした。想像してみてほしい。もし私が外出禁止令を破ってコロナウイルスに感染し、他の14人に感染させ、シックスネイションズのトゥイッケナムで行われる対スコットランド戦が延期になったとしたら、イングランドではどんな反応になるだろう？　蜂の巣をつついたような大騒ぎになったはずだ。

大会第3節と第4節の間の中断は、フランスに回復し、チームを立て直す時間を与えた。我々も同様だった。それはチームが直面していた逆境と向き合うチャンスだった。私はこの試練を恐れるのではなく、むしろ歓迎した。逆境を経験しなくては、世界一のチームにはなれない。軍隊やビジネス、スポーツ、他のプレッシャーのきつい様々な分野のリーダーは、困難を自ら探し求めるくらいのほうがいい。

その経験は、後に大きな財産になる。日頃から困難に対応する技術を磨いておけば、組織は鍛えられ、逆境に強くなる。そして、いつか最大の試練に直面したときに、それに負けずに真価を発揮できるようになるのだ。

シックスネイションズでは、もちろん試合に負けたくはなかった。だが、次のワールドカップに向けたサイクルの途中で、スコットランドとウェールズに負けたとしても、それは選手たちにとって困難に対応する機会になり、将来へ向けたさらに厳しい戦いへの準備になることもわかっていた。コーチであれ、キャプテンであれ、一介の選手であれ、困難に直面したら、目を輝かせて、「望むところだ。自分にリーダーの資格があるかを試す絶好の機会だ」と考えるべきだ。それは最高責任者や中間管理職、部長、教師でも同じはずだ。

物事が思い通りに進まないとき、どれだけ力を発揮できるか？　四面楚歌の状況において、自分の力を証明し、持てる力を発揮できるかどうかは究極の挑戦だ。不利な状況下で、いかに自分や部下の士気を高めるか？　それはリーダーとしての試金石になる。だから私はヘッドコーチとして、逆境を歓迎する。楽に手に入れられるものなどない。強烈なプレッシャーのなかでこそ、技術や性格、野心が試される。厳しい状況だからこそ、活力が増し、成功への意欲が高まってくる。

人の特性は、逆境のなかでこそ明らかになる。だから逆境は、進むべき道を確認する意味で役に立つと言える。もちろん、誰もが逆境を楽しめるわけではない。緊張や争いから離れ、安寧な生活を望むのは人間としてある意味当然のことだ。しかしなかには、これと反対の性質に生まれついた者や、複雑な人生を歩んできたことで闘争心を培い、過酷な試練を好む者もいる。

一般的に、集団内には逆境に対して3種類の反応をする人間がいる。極度のプレッシャーが生じると、この違いが明確になる。1番目は、逆境でも冷静さを保ち、物事に集中するタイプ。彼らは言う。「気持ちを強く持ち続けることだ。やり方を少し変えることは必要かもしれないが、すでに正しい方法をとっている。いずれ良い結果が訪れ、この状況を抜け出せるだろう」

2番目は、逆境にさらされ、不安を感じていて、なぜ物事が間違った方向に進んでしまったのか、今後正しい方向に戻るのかどうかがよくわからない状況に陥っているタイプ。ほとんどの人がこのタイプに当てはまる。自分が何をすべきか、これから何が起こるかも把握しておらず、誰かが導いてくれるのを待っている。

3番目は、なんでも他人の責任にするタイプ。チームがうまくいかないのは、無能なコーチやキャプテン、やる気のないチームメイトのせいであり、ファンの野次や、やかましいメディアのせいであると考える。この種の人は、常に言い訳や逃げ道を探している。

私はこの話を、チームのスタッフ、アシスタントコーチ、選手たちにそれぞれわずかに違ったトーンで話し、最後にこう質問する。「さて、君はどのグループに属している?」

彼らの表情が変わる。頭のなかでどんなことを考えているのかが手に取るようにわかる。誰も3番目の〝不平を言う〟グループには入りたくない。後でコーチのひとりから、「この話の元ネタは何ですか?」と尋ねられた。これは以前にどこかで読んだことがあるものなのだが、私自身の経験からも学んだものだ。私はコーチという職業を通じて、プレッシャー下で人がどんな行動をとるのかをよく知っている。また、勝ったときも、同じように3つのグループに分かれる。ただし1番目のグループが多くなり、3番目のグループは少なくなる点が違う。

翌日、オーウェン・ファレルが言った。「3つのグループの話の意味がよくわかりました。このチームにもまさに3つのタイプがいます」

フランス戦に向けては、スコットランド戦やウェールズ戦の前よりもチーム内に良い緊張感が漂っていた。誰もがポジションを得ようと必死だった。連敗にうんざりしていて、イングランドがまだ特別なチームであることを世界に示そうという思いもあった。そこには健全な対立があった。選手たちは、リーダー格の選手たちが以前のような力を持たなくなることをわかっていた。中核を担っていたサラセンズ組の選手たちには、これまでのような影響力はない。そのことで、チーム内の覇権争いにも空白が生じるだろう。誰もがそれを感じていて、チーム内での自分の序列を上げようとしていた。その結果、1年半前のワールドカップ以来、本当に有益な議論がチーム内で何度も交わされるようになった。

人生は成功と失敗で成り立っている。どんな人間も、どんなチームや組織も、成功し続けることはない。誰もが失敗する。ハイパフォーマンスが求められるスポーツやビジネスの世界ではなおさらだ。そこでは必ず、自分より良いパフォーマンスをする相手に出会う日がある。だからこそ、敗北や失敗が避けられないという事実を受け入れる技術や姿勢が求められる。次回に勝つことを目指さなければならないが、自分の手ではどうしようもない問題や状況もある。そんなとき、周りにどんな人がいるかが大切になる。良い態度で接してくれる人は重宝すべきだし、事態を悪化させるような態度をとる人間は穏便な方法で遠ざけていくべきだ。

ここでもティーバッグ理論が当てはまる。選手やスタッフが本当に好ましい人物かどうかは、熱いお湯の中に入れて初めてわかる。だからこそ、困難やストレスは歓迎すべきなのだ。逆境でこそ、その人の本性が明らかになる。チームや組織の挑戦が進むにつれ、さらに大きな逆境が待ちかまえている。大きな挑戦になればなるほど、お湯もどんどん熱くなる。このやけどするほどの熱さに耐えられる者が必要なのだ。

激しく困難な状況の渦中では、人の特性が明らかになっていく。だからリーダーにとって、逆境は目指すべき方向を見つけるチャンスになる。我々にとって最悪なのは、2年前から同じ傾向が続くことだ。我々はワールドカップと2020年のシックスネイションズでそれなりの成功を収めた。しかし、望んでいたようなスピードで成長できず、そのことでチームは悩まされていた。

我々は選手たちについて多くを学んだし、何人かについてはそれまで抱いていた印象をさらに強めることもできた。最も顕著な例はオーウェンだ。困難に直面しながらも、期待に違わず大きく前進してくれた。オーウェンは大会当初、厳しい状況にあった。試合出場時間が足りず、コロナにも感染した。スコットランド戦では精彩を欠き、カーディフでは審判との間で多くの問題を起こした。だが、ベストな状態を取り戻すため熱心に練習に励んだ。すでに輝かしいキャリアを持ちながら、さらに高く飛躍する準備が整ったように見える。トム・カリーも意欲的で傑出したプレーを披露してくれた。カイル・シンクラーもそうだ。数年前のウェールズ戦でのシンクラーの出来は最悪だった。あれから大きく成長し、精神的にも大人になった。シンクラーのような選手が成熟することは、チームの成長にとっての鍵になる。

本質的な価値を強めて思考を成長させる

ウェールズから帰国したとき、マロ・イトジェは落胆する理由をチームの誰よりも多く抱えていた。ひとりで、1試合で5回も反則を犯したのだ。マロは、すねて目立たないようにふるまうこともできた。だがミスを反省し、過ちを修正する練習に励む姿勢を見せた。練習中の鬼気迫るその姿は野獣のようだった。もし次の試合で練習中と同じようなプレーをすれば、フランスにとって厄介な存在になるだろう。

また、我々は彼がウェールズ戦で犯したミスの根本的な原因を見つけ出す手助けをした。このような場合、規律違反によって見えにくくなりがちな他の問題が何かを見極めることが重要になる。マロはラインアウトのリーダーとして2年目を迎えたばかりだった。ラインアウトほど頭脳を使うポジションもない。ワールドカップが終わるまではジョージ・クルーズがこのポジションを務めていた。2020年にジョージが日本のチームに移籍したため、マロがラインアウトになり、ジョー・ローンチブリーがその補佐役になった。ローンチブリーは見事な働きぶりで、マロのプレッシャーをかなり軽減した。しかし2021年、ローンチブリーが負傷し、ひとりでリーダーの役割を担わねばならなくなったマロは重圧を感じていた。いつもローンチブリーがしてくれた判断のアシストがないために苦しみ、ラインアウトで思うように力を発揮できないため、他の部分で印象的なプレーをしようとした。その結果、激しいプレーに走り、ペナルティを与えてしまったのだ。

マロはいつも精神と体力の限界まで力を出し切ってプレーする。他の一流の選手、リッチー・マコウやジョージ・スミスもそうだ。それだけに、状況や審判、自らの感情を理解しながら、自分自身をコントロールしていくのは大変な労力を伴う。このコツをすぐに身につける選手もいるが、バランスを見つけるのに時間がかかる選手もいる。こうした選手がリーダーの役割を担うのは簡単ではない。オーウェンは攻撃的で好戦的なラグビーをしているときに最高の力を発揮する。だがその性格は、リーダーとして厄介な審判と良い関係を築こうとするのに必ずしも役に立たないのだ。

アラン・ウィン・ジョーンズは、南アフリカ遠征のライオンズでリーダーに選ばれたこのシーズンの終わりに160回の国際試合出場を果たしていた。そのうちの148回がウェールズ代表でのものだ。国際ラグビー史上、ジョーンズほど代表キャップ数を重ねた選手もいない。ロック・フォワードとしてフィジカルを活かした激しいプレーをしながら、仲間を励まし審判と気さくに話をする冷静なキャプテンとしての役割も担っている。ジョーンズに比べれば、オーウェンはリーダーとして様々な状況下でどうふるまうべきかをまだ学んでいる段階だ。リーダーとして成熟し、キャプテンシーとは何かを理解するには時間がかかるだろう。カリーやイトジェが将来国際試合でキャプテンを務めたとしても、オーウェン・ファレルと同じ課題に直面するだろう。なぜならジョーンズと違い、彼らも精神的、肉体的な限界レベルでプレーするからだ。

我々はファレルやイトジェをはじめとするチーム全員のために、フランス戦直前のキャンプに審判のウェイン・バーンズを招き、審判としての考えを語ってもらった。これは貴重な体験だった。表面上、審判は警官のようにふるまう。赤信号を無視したり、追い越し禁止の場所で追い越したりしたのを警官に見つかったら、当然、車を路肩に停止させられ、罰金を払わされる。同じように、ラグビーの審判も、ルール違反を取り締まる立場にある。

しかし現代のラグビーでは、審判のスタイルも変わってきている。バーンズは、今の審判はゲームプランを持って試合に臨んでいると説明してくれた。我々が試合前に対戦相手の研究をするように、審判も前の試合の動画を見て両チームを分析し、どう試合をコントロールすべきかを予め想定しているのだ。つまり、審判は先入観のない真っ白な状態でゲームに臨んでいるわけではない。最初の笛を吹く前から、イトジェのような選手は要注意人物としてマークされているというわけだ。我々は、現代の審判がそこまで考えて試合の準備をしているということを理解していなかった。

　選手たちは、審判がある種の先入観を持って試合に臨んでいることを受け入れねばならない。だからこそ、審判の笛にいちいち苛立つべきではない。感情的なエネルギーを無駄にするだけだ。審判に心を乱されることなく、ルールを守り、プレーを続ける術（すべ）を学ばねばならない。審判とうまくつき合う最善策は、自分自身とうまくつき合うことだ。

　私は審判を非難したりはしない。最近のラグビーはプレースピードが上がり、接触プレーも激しさを増している。現代の審判は、１試合でおよそ１８０回のラックをジャッジしなければならない。そこでは３、４人の選手が素早く、攻撃的にぶつかり合う。こうした状況で正しい判定を下し、両チームをコントロールするのは至難の業だ。テストラグビーというジャングルで生き残る道を探し出そうとするのはコーチや選手だけでなく、審判も同じだ。そこで審判は、両チームの最近の試合でどんな選手がどんな反則を行っているかを見て学ぼうとしているのだ。

　この教訓を、選手たちは短時間のミーティングですぐに理解してくれた。良いミーティングは短く終わるものだ。問題を明確にし、具体的な対策を立てる。問題が複雑で細かな配慮が必要な場合は、まずコーチ陣が少人数のグループに分かれて議論する。各グループでアイデアを出し合い、意見をまとめたら、15分間のミーティングで選手たちに報告する。選手にもスタッフにも、高い意欲で何かを受け入れてもらうには15分程度がベストだ。フランス戦の前も、こうした短時間のミーティングを行って準備をした。現代の選手は、試合前のゲームプランに密接に関わることになる。私の現役時代や、プロ化して間もない頃は、コーチには独裁的な傾向があったものだ。だが今日のコーチは、選手に一方的に指示したりはしない。大まかな枠組みを提示するだけだ。あとは、自分自身で考えさせる。この点で、今の選手は昔の選手よりもはるかに優れている。

フランス戦のゲームプランに関しては、選手たちが細かい部分まで100パーセント関与していた。私は選手とアシスタントコーチの意見が正しい方向に向いているかを確認するため、各グループを見て回った。タイトファイブ、バックロー、インサイドバックス、アウトサイドバックスのどのグループも申し分なく、全員が活発に意見を交わしていた。

フランス戦に向けた準備はうまくいっていた。建設的で前向きな議論がなされ、具体的なゲームプランが立てられ、各自の責任範囲も明確だ。スコットランド戦とは違い、チームが本領を発揮してくれるだろう。選手たちは意欲に満ちあふれ、覚悟を決めている。過去の失敗を引きずってもいない。

ビジネスの世界でも同じことが言える。かつてノキアは最高の携帯電話を製造して市場を支配したが、成功に甘えて前進を怠った。今どき、ノキアの携帯を使っている人などいない。それに代わって天下を取ったように思えたブラックベリーも、同じく慢心のために停滞し、事業を大幅に縮小する結果となった。今、誰がブラックベリーを持っているだろう？　成功に胡坐（あぐら）をかき、他社のさらに先を行くための変化を起こせなかったために、急速に業績が悪化し、崩壊してしまったのだ。

大切なのは、自らの本質的な価値を強めながら、思考を成長させ続けていくことだ。

私は、たとえ2021年のシックスネイションズで連覇を果たしていたとしても、必要なチーム改革を行っただろうと思っている。いずれにしても、逆境に耐えたことでチームの問題点は浮き彫りになった。変革の必要性をこれ以上は無視できなかった。私はフルバックのエリオット・デイリーの代わりに24歳のマックス・マリンズを起用した。同じく、フッカーのジェイミー・ジョージに代わってルーク・カウワン＝ディッキーを、イトジェの隣のロックにはジョニー・ヒルに代えてチャーリー・ユールズを使うことにした。変化を起こすタイミングは重要だ。この3人の選手をスタメンに起用するのはいい時期だと思えた。15人のうち新しい選手を3人入れると、チーム全体の2割を入れ替えることになる。カウワン＝ディッキーは私がこのチームを率い始めて以来ずっと不可欠な選手で、先月のイタリア戦では珍しく先発させてはいたが、それにしてもこの変更には大きな意味があった。秋にはさらにスタメンを3人入れ替えるかもしれない。そうなるとスタメンの4割が新しい選手になることになり、新鮮な印象がさらに強まるだろう。今回3人、半年後にさらに3人メンバーを入れ替えるというのは、それほど抜本的な変革には見えないかもしれない。だが、チームをさらなるレベルアップに導くため、我々が重要な改革に着手したのは確かだった。

その一方で、我々はメンバーが替わってもチーム全体に規律を浸透させることを怠らなかった。イングランドはスコットランドとウェールズに敗北したことでひどいチームと見なされてはいた。国際ラグビーの世界では、素晴らしいチームと呼ばれる状態からわずか3%だけパフォーマンスを落とせば、こんなふうに酷評されてしまう。チームを外側から見ている人たちの印象とは、そんなものだ。

フランス戦の前週、ディヴィッド・モイーズ〔訳註：スコットランド出身の元サッカー選手、サッカー指導者〕やデイブ・ブレイルズフォード〔訳註：イギリス自転車競技のコーチ〕などのエリートスポーツ界の指導者たちとZｏｏｍで話をする機会があった。ブレイルズフォードが、ツール・ド・フランスや他のメジャーなサイクル・ロードレースにおける自らのチームに対する世間一般の評価について語った。それは、私にも馴染みのあるものだった。彼が言うには、チーム・スカイはほぼすべてのレースで勝ったのに、世間の支持を得られなかった。スカイは貪欲な機械のようなものと思われていた——冷酷非情で、ただ勝利のために容赦なく戦うチームだと。その後、２０１９年3月、衛星放送大手のスカイがスポンサーから撤退し、モナコ在住の英国人の億万長者で、石油化学製品製造で財を成し、大企業イネオスを創業したジム・ラトクリフがチームを買収した。

ラトクリフはスポーツ界に莫大な投資をしていた。チーム・スカイに興味を示す前には、イギリスのセイリング選手ベン・エインズリーのアメリカズ・カップ優勝の夢に1億ユーロをつぎ込み、フランスのプロサッカーリーグ1部、リーグ・アンのクラブ、ニースを買収。またイネオスはメルセデスのF１チームの主要パートナーになり、株式の3分の1を保有した。同社はオールブラックスとも提携している。ラトクリフは、２０１９年10月の「イネオス１：59チャレンジ」で、マラソン・ランナーのエリウド・キプチョゲがフルマラソンを人類史上初めて2時間以内で走るという挑戦も支援した。

石油・天然ガスの開発事業は、地球環境に及ぼす影響の大きさから、多くの社会的な議論を引き起こしている。ラトクリフは、この事業と関わりのあるイネオスのイメージを変えたがっていた。そこで自らのスポーツ好きを活かし、スポーツと関わることでイネオスをもっと大衆に親しまれる企業にしたいと考えた。ブレイルズフォードのチームのスポンサーになると、はっきりとした方針を打ち出した。レースを離れた場所では、チーム・イネオスはチーム・スカイより親しみやすくフレンドリーにならねばならなかった。それまで勝つことしか考えてこなかったチームは、以前よりもにこやかになり、見栄えの良い服を着て、フレンドリーな態度で公の場に出るようになった。勝つだけではなく、イネオスのブランドを高めるために好感度を上げなければならない。

我々、ラグビー・イングランド代表は人気がない。2020年にシックスネイションズとオータムネイションズカップに勝ったときも批判はやまなかった。その原因は、勝利を追い求めるあまりキックを多用する退屈なプレーをしているというものだった。だが前述のように、分析データは、現代のラグビーではキックを多用するチームが有利になるとはっきり示している。私は世間からどう思われようが、ひとつのスタイルにこだわるとすぐにライバルに追いつかれることを懸念していた。まさにフランスがその例だ。今では我々よりもキックを多く用いるようになっている。世間的には、フランスは素晴らしいプレーをしているということになっている。けれども客観的なデータは、2021年の試合でのキック数はフランスのほうがイングランドより多いことを示しているのだ。

我々は戦術の幅を広げて、さらなるレベルアップを目指さなければならない。キックを多用するスタイルが優位であるという状況も、少しずつ変わってきている。ルールも改正されている。我々がハイブリッドなラグビー・スタイルを積極的に創造しようとしているのは、好ましいことだ。臨機応変な戦い方ができるようになるし、エンタテイメント性の高い、刺激的なラグビーをしたいというチームの願いとも一致する。この世界的なパンデミックという不安な状況でも、この試みは諦めるべきではない。とはいえ、様々な制限のあるなかで、パスとキックをダイナミックに組み合わせたハイブリッドなラグビーへとスタイルを変えるのは簡単ではない。いずれは形になるだろうが、習得までに時間はかかりそうだ。2021年前半のパフォーマンスを見る限り、まだ理想には近づいていない。だが、プレースタイルに変革を起こす道を着実に歩んでいるのは間違いない。

ホームでの重要な試合が近づいてきても、我々はフランスチームを恐れてはいなかった。相手は将来性のあるチームで、若い選手たちは今後もさらに力を発揮してくるだろう。だが私には勝てるという自信があった。トゥイッケナムで行われた2020年のオータムネイションズカップの決勝では、フランスに押し込まれる展開になった。イングランドは前半、若手主体のフランスにペースを握られたが、ハーフタイムに選手と話し合い、後半は修正点を明確にして臨んだ。我々は局地戦に勝つ必要があった。徐々にペースを奪い返し、タフな試合だったが、最後には勝利した。

プレッシャー下でパフォーマンスを発揮する方法

2021年3月、ついにフランス戦を迎えた。その週のチームにはいつもと違う雰囲気があった。イングランドの選手たちが、戦いに向けて燃えているときに発する独特の空気が発せられていた。こんなふうに燃えたぎる気力がみなぎっているとき、チームは最高の状態にある。あまり重要ではない試合のときは、選手たちの気持ちが乗らないこともある。だが追い込まれたとき、このチームは力を発揮する。スコットランドやウェールズ相手に恥ずかしい思いをした後で、フランスと対戦する。選手たちにも複雑な思いがあったはずだ。我々コーチ陣も、毎週、彼らを理解しようと努めた。だが、選手たちはロボットではなく人間だ。迷いや矛盾から完全に逃れられるわけではなく、気持ちに波が生じることがある。だから我々は、チームが一貫した心構えで準備に取り組めることを目標にした。

結果、我々はこのフランス戦で大きな飛躍を遂げた。チームの平均走行速度は、前年の秋のフランス戦では1分あたり102メートルだったのが、2021年のシックスネイションズのフランス戦では1分あたり120メートルまで上がった。約2割も上がったのは、それだけ激しく、気迫を込めて戦った証拠でもある。同時にそれは、我々のラグビーのスタイルが変わったことも示していた。

我々はワールドカップでニュージーランドを破って以来の最高の出来のラグビーをした。それまで取り組んできたハイブリッド・スタイルの戦術もうまくはまった。偶然がもたらしたものではない。計画を正しく遂行してきたからこそ実現できたことだった。フランスと同じスタイルで戦い、そして打ち負かしたのだ。フランスのプレーは実に堂々としたものだった。開始たったの80秒で、いかにも彼らしいやり方でトライを奪った。ヴィリミ・ヴァカタワとガエル・フィクーが我々のディフェンスの真ん中に穴をあけ、テディ・トーマスの右脚のアウトサイドで蹴ったチップキックが、才気あふれる若いスクラムハーフ、アントワーヌ・デュポンの手に渡った。デュポンがそのままゴールラインを越えてトライ。

しかし、その週の猛練習のおかげで自信と意思を強めていた我々は萎縮しなかった。すぐに激しく反撃し、フランスにプレッシャーを与えた。キックを使ってボールの競り合いに持ち込むと、奪ったボールを次々にパスで回した。ヘンリー・スレイド、ジョニー・メイ、アンソニー・ワトソンが鋭い動きを見せ、トム・カリーとマーク・ウィルソンがトライ寸前のところまで迫った。マリンズがワトソンをコーナーに向かわせる絶好のチャンスがあったが、デビュー戦ということもあってか、パスは逸れてしまった。

　スレイドが、フランス代表（レ・ブル）のディフェンダーの間に隙間を見つけて突破。フォワードがライン手前でボールをつなぐと、ジョージ・フォードが、オーバーラップしていたワトソンに長いパスを放った。それをしっかりとキャッチしたワトソンが、テストマッチ50試合の節目で素晴らしいトライを決めた。前半10分の段階で7対7。その後も緊迫した試合展開が続いた。我々は規律を維持し、5分後にフランスからペナルティキックを奪った。ファレルがこれを決めてリードを奪った。さらに、ブレイクダウンでフランスがミスを犯すように仕向け、3点を加えて前半20分の段階で13対7。30分手前でマチュー・ジャリベールにペナルティ・ゴールを決められ、得点差は3に縮まった。

　2分後、フランスが見事な2つ目のトライで逆転する。フッカーのジュリアン・マルシャンがラインアウトからフィクーに正確なロングスローを渡すと、フィクーは内側に走り込んだトーマスをダミーランナーにして、外側から回り込んだデュポンにパス。デュポンからのパスを受けたジャリベールは、イングランドのディフェンスが陣形を整えようとしたところ、ライト・ウィングでフリーだったダミアン・プノーにロングパス。プノーが教科書通りの動きでフィニッシュした。ジャリベールがコンバージョンを決め、イングランドは13対17と4点差をつけられて前半を終えた。

　後半9分、イトジェがこの試合初めて犯した反則で与えたペナルティキックを、ジャリベールが再び決めてフランスが7点リード。だが、我々はひるまなかった。ラインアウトでフランスが反則を犯し、ファレルがペナルティ・ゴールを決めて16対20。我々はまだ勝てると信じていた。激しい応酬が続き、お互いに自由で大胆なプレーを繰り出せなかったが、この肉弾戦は説得力のあるドラマを生み出した。

フランスは必死のディフェンスで我々の攻撃に耐えていたが、試合時間残り4分、イトジェがラックからボールを拾い出すと、キャメロン・ウォキとテディ・トーマスを引きずるようにしてゴールラインを越え、ボールを地面にタッチさせた。

審判のアンドリュー・ブライスは、フランスの選手ふたりが、イトジェがボールを地面につけるのを阻止したと判定した。しかしその後、TMOのジョイ・ネビルとともに映像を確認し、張り詰めた空気の中で、正当なトライだと宣言した。ファレルがコンバージョンキックを決め、我々は23対20で勝利。スリル満点の展開で、イトジェは戦犯からヒーローへと変身した。

大いに満足できる勝利だった。勇気と強い信念を持ち、ハイブリッドなスタイルで戦った結果、相手に3%の差をつけることができたからだ。ワトソン、スレイド、ファレル、シンクラー、イトジェ、カリーはワールドカップ以来最高のプレーをしてくれた。チームのハイブリッド・スタイルも大きく前進した。

「いつもこんな試合がしたい」。私は試合後にチームに向かってこう話した。「残念なのは、今日このスタジアムの客席に8万2000人のファンがいなかったことだ。もし試合を観戦できたら、チケット代以上の価値が得られただろうし、ラグビー・フットボール・ユニオンも喜んだはずだ。今の世の中では、人々の注目を集めるものが求められるようになっている。各種のスポーツも、エンタテイメント性を高めようとしていて、そのためのルール改正もなされている。我々はボールを持ってパスやランをする能力を高めようとはしているが、まだセットプレーにも頼っている。チームが変化していく中で、そのバランスをうまくとっていこうとしているところだ。ワールドカップのために設定した明確な目標に向けて、取り組みを続けていこう。今日はその第一歩を踏み出したが、今後はさらに素晴らしいプレーができるはずだ」

　大きな前進だったが、次に待ちかまえていることを考えると、勝利の喜びに長くは浸れなかった。大会最終節となるダブリンでのアイルランド戦はタフな試合になるだろう。フランス戦とは違った戦い方を余儀なくされる。アイルランドは激しく、粘り強いプレーをしてくるに違いない。イングランドは、フランス戦のようには自由に走り回れないはずだ。

　メディアは手のひらを返してきた。スコットランドとアイルランドに負けたときは酷評されたが、フランスに良い試合内容で勝ったことで、輝かしい新生イングランドとして絶賛された。とはいえ、ロンドンの南西部で土曜の夜に素晴らしいチームと称えられても、7日後には敵地で獰猛なアイルランドと戦わなければならない。だから私は選手たちをねぎらう一方で、自分たちを賞賛する記事やコメントは読まないよう強く釘をさした。この先には、もっと大変なことが待ちかまえているのだ。

　数日後、私は報道陣に、私の選手たちに〝殺鼠剤〟を与えないでくれ、と文句を言った。「メディアの絶賛記事は、選手にとっては殺鼠剤みたいなものだ。その手の記事を読んだ瞬間から、チームは悪いほうへ向かい始める。我々コーチは、選手たちがこの殺鼠剤に手を出さないように気をつけている。君たちのおかげで忙しいんだ」

　この手の発言をしてもオーストラリアでは誰も驚かないが、イングランドのメディアは大騒ぎした。とはいえ、この〝殺鼠剤〟という過激な喩えの裏で、私は真剣にこの問題を懸念していた。フランスとの戦いを過剰に褒めたたえられ、アイルランド戦でも同じようなプレーができると選手が勘違いするのは本当に危険だった。フランス戦の後、メディアや評論家は「なぜイングランドは、毎週あのような試合ができないのか？」という疑問を繰り返していたらしい。私の答えは簡単だ。どのチームも同じではないし、優れたチームと戦うのはいつだって並大抵のことではない。こちらが望むランやパスのスタイルがまったく通用しないこともある。アイルランドが我々にフランス戦と同じような試合をさせてくれるだろうという甘い考えを持っていたら、間違いなくダブリンで痛い目に遭うだろう。

その週、チームはハードに練習したが、モチベーションを保つのに苦労している選手も何人かいた。アイルランドに勝っても3位にしかならない状況下では、十分な意欲が湧かないのだろう。１００パーセントの力を出し切れていないと感じた。

アイルランドは準備万端で試合に臨んできた。我々にはハングリー精神と、前週の土曜のような激しさが欠けていた。また、80分間のなかでボールが動いている時間、いわゆるインプレーが約35分間あったフランス戦と違い、28分間しかなかったアイルランド戦では自分たちの良さを発揮しにくかった。これは30％もの差だ。アイルランド相手に自由なプレーをするのは難しい。サッカー、プレミアリーグのチームがストークシティと対戦するのと似ている。雨の火曜の夜でストークの本拠地で戦うのはひどく大変なことだとよく言われる。ダブリンでのアイルランド戦もそんな感じだった。アイルランドはキックを多用して押し込んでくる。このチーム相手の試合はタフになる。徹底的に戦い続けなければならない。我々にはその準備ができておらず、結果として苦しんだ。

この試合は、18対32の得点から想像するよりも接戦だった。とはいえアイルランドの体力は最後まで衰えず、コナー・マレーとジョニー・セクストンが圧倒的な存在感を見せた。チームが違えばプレースタイルも違う。だから落ち着いて、強さを保ち、柔軟に相手に対処していくことが重要だ。我々はフランス戦で特別に偉大なプレーをしたわけではなかったが、天に昇るほど絶賛された。アイルランドに対して特別にひどい試合をしたわけでもなかったが、この過酷な試合で普段よりも3%力を発揮できなかったために、大きな罰を受けた。何かが足りなかったのは間違いなかった。

ダブリンで私が見た選手のちょっとした行動が、今後の選手選考に影響するだろう。何人かの選手は地面から起き上がるのが遅く、緩慢な動作でポジションに戻っていた。タックルも全力ではなかった。小さな違いだが、この3%の差がすべてを物語っているように見えた。こうした選手は一度チームを離れ、長く、激しく戦う意欲を取り戻さなければならない。

正しい方向へ進んでいないときは、変化を模索しなければならない。なかでも特に変わらなければならないのは、人間だ。計画に問題はなかった。だが選手やコーチにもっと強いハングリー精神と決意が必要だった。

私はいつも戦いを楽しんでいる。これには生い立ちが関係しているのかもしれない。シドニーの労働者階級の家に生まれ、日系アメリカ人だった母親の血を引き、周りに負けずに生き抜くには根性を示さなければならなかった。ただ年を取るにつれ、心を穏やかに保つ術も学んだ。以前なら、自分自身やチームに軽蔑的な言葉を吐かれると激怒していた。今では、たいていのことは受け流せる。

2021年のシックスネイションズはイングランド代表にとって厳しい大会だった。大会終了後、ある人から「こんなに辛い思いをするのなら、もうコーチを続けたくない、と思うことはないのか?」と尋ねられた。私ははっきりと「ノー」と答えた。これがコーチの仕事だ。私は試練を受けたいし、挑戦したい。困難をものともせず、もがきながら前に進むことを楽しみたいのだ。

先日、ある本を読んでいたら、大いに共感する一節に出会った。プレッシャー下でパフォーマンスを発揮することがテーマの書籍で、「COTE」を高めることの必要性が書かれていた。これは「C（コンフィデンス＝自信）」「O（オプティミズム＝楽観性）」「T（テナシティ＝粘り強さ）」「E（エンスージアズム＝情熱）」の略語だ〔訳註：出典『How to Perform Under Pressure』（Hendrie Weisinger, J. P. Pawliw-Fry著）〕。強いプレッシャーのある状況にどう対処すべきかを、端的に表している。大きな試合の前、コーチは必ずしも自信を持てるわけではない。チームがどんなパフォーマンスをするかはわからない。それでも、自信があるようにふるまうべきだ。そして、楽観的でいなければならない。コーチが悲観的な顔をしていたら、チームは勇気を持てない。また、粘り強くなければならない。人生は楽なことばかりではない。特に、エリートスポーツの世界ではそうだ。そして、情熱的であらねばならない。リーダーにはエネルギーと強い信念が必要であり、それは部下に伝わる。情熱が情熱を生むのだ。

リーダーがCOTEを実践すれば、事態を好転させるチャンスを手に入れられる。フランスに快勝した後も、1週間後にアイルランドとの激闘を落とした後も、私はCOTEの感覚が同じように高まるのを感じた。このシックスネイションズでは様々な問題が噴出したが、逆境に立たされることで初めて得られた教訓も多かった。2020年に2つ目のトロフィーを手にした昨秋の大会より、私はむしろチームに対して楽観的になっていると感じた。

リーダーシップ・サイクルは回り続ける。チームは次のステージに進んでいき、私のリーダーシップもそれに適応していく。目標は、パフォーマンスをさらに3％高めることだ。一番重要なメッセージを忘れずに、新たな方法を探っていく。

この章のまとめ

周りが言うほど良くも悪くもない

・変革の成果を、価値観に照らし合わせて評価する
・変化を起こし、それを血肉化する
・「素晴らしいチーム」と「ダメなチーム」の差は3%しかないことを忘れない
・「逆境のなかで、どれだけ良い状態でいられるか?」と自問する
・逆境に対処する際、メンバーが次の3つのグループのうちどれに当てはまるかを考える
　1. 冷静にすべきことに集中している
　2. プレッシャーに負けて、何をすべきかわからなくなっている
　3. 他人に責任を押し付ける
・「ティーバッグテスト」のことを考える。選手やスタッフの本質は、熱いお湯に浸すまでわからない
・COTE(自信、楽観性、粘り強さ、情熱)を高める

第11章 人の意見を聞く

——他人の意見に耳を傾け、柔軟に学ぶ

尊敬する人を参考にする

リーダーは孤独な仕事だ。重要な場面で、ひとり前に出て、成否を左右する決断を下さなければならない。誰かを選んでも、その人がミスをしたらリーダーの責任だ。それまでの熱気は、寒々とした冷気に変わる。選ばれなかった者たちはすでに深く心を傷つけていて、リーダーに好意を持っていない。外から状況を見ている専門家や評論家からも敬遠されがちだ。彼らはリーダーを批判するのが仕事だからだ。リーダーは注目を浴び、あれこれ詮索されて、ますます孤立感を深める。

大観衆のただなかにいても、リーダーは孤独だ。イングランド代表の試合は、テレビやネットなどを通じて数百万もの人々が観戦する。試合が終わると、リーダーはインタビューに応じ、メディアの厳しい質問に答えねばならない。また、控え室で高揚したり落胆したりしているチームの前に立ち、適切な言葉をかけて、冷静に物事を考えてもらわなければならない。ときには心を解き放ち、勝利の喜びを味

わうのもいいだろう。だがリーダーは基本的にチームを離れた場所から見ているので、客観的な視点を持てる。それを効果的にするためには、チームと距離を置いておくことが必要だ。

喧騒やどよめきが消え、ようやく宿泊先のホテルの部屋に入ると、孤独が忍び寄ってくる。選手たちは、頭のなかでゲームを振り返り、後悔や満足を感じながら夜を過ごすが、その主な内容は自分自身のプレーについてだ。だがコーチは、各選手についてだけでなく、チーム全体の状況も考えなければならない。改善策を実行する責任も背負っている。この義務と期待の重圧が、孤独感をさらに強める。

しかし、私の場合は少し違う。私はこの仕事の孤独を楽しんでいる。大きな重圧を感じるのも嫌いではない。ひとり離れた立場にあるのもありがたい。ひとりぼっちでいる気分になるときもあるが、それを苦だとは思わない。特に寂しいとも感じない。自分の意思で、この仕事を選んだからだ。付随する一切を自覚したうえで、コーチの仕事に取り組んでいる。むしろ、私は義務や責任の重圧を求めている。リーダーの道を選ぶ者は、孤独や重圧はこの仕事につきものだということを覚悟すべきだ。

若いコーチたちと話すときには、大きく大変な仕事に打ち込む前に、まず自分の家族を大切にしておくようアドバイスしている。コーチとして仕事に本腰を入れるためには、愛する家族と良好な関係を築いておくことが必要だ。コーチの仕事に没頭するあまり、家族に迷惑をかけたり、心配させたりしてはいけない。そうならないように、しっかり準備をし、計画を立てておくべきだ。コーチの仕事が家族にどんな影響を及ぼすかを、丁寧に説明して、時間をかけて理解してもらうことが大切だ。

スポーツチームのコーチをしたり、大きな組織を率いたりするのは、心身ともに消耗の激しい仕事だ。たいていの人は生活と仕事のバランスをとることを望むが、ハイパフォーマンスな組織を率いる場合はそうもいかない。仕事が人生の大部分を占めてしまうからだ。それが嫌なら、辞めればいい。世の中には、もっと気楽に働ける良い職業がごまんとある。そうすれば、仕事に追い回されずに済む。プロスポーツのコーチや、大企業のトップとしてあくせく働くより、よっぽど幸せになれるだろう。

　これまで家族より仕事を優先させることが多かった私は、ワークライフバランスを語るのに相応しい人間ではない。とはいえ最近では、家族と一緒にいるときはできる限り気を配ろうとしているし、自分の仕事を理解してもらうようにも努めている。リーダーとして成功すれば、家族に良い思いをさせられるだろう。だがその前に結婚生活が破綻したり、家族がばらばらになったりしたら意味がない。

　幸い、妻のヒロコと娘のチェルシーは私の仕事を理解し、いろいろなことを我慢してくれた。チェルシーはすでに成人し、オーストラリアで幸せに暮らしている。ヒロコとは最近、日本での休暇や、現在暮らしているイングランドで一緒に行動することも多い。何十年も一緒にいて、私のことを知り尽くしているヒロコとは、何事も阿吽（あうん）の呼吸で進められる。若いコーチたちには、仕事に本格的に取り組みたいなら、特別なパートナーをぜひ持つべきだと伝えたい。

　また私は、コーチとしての孤独に対処できるしぶとさや能力を、両親からも授かっている。人は、良くも悪くも親の影響を受けている。父は物静かな人で、肝心なときにしか口を開かなかったが、言葉は的確で、いつも冷静だった。典型的なオーストラリア人（オージー）だったが、実直な労働者階級の出身で、第二次世界大戦でも辛い経験をしたためか、気難しい雰囲気を漂わせていることも多かった。

　母のネルは、両親を日本人に持ち、アメリカで育った。真珠湾攻撃以後、日系アメリカ人は敵として扱われ、母も家族も苦しみに耐えた。母と祖母は、カリフォルニアの収容所に勾留された。そのうえ、祖父は祖母や母と引き離され、アーカンソーの過酷な収容所に放り込まれた。家族がようやく再会できたのは、何年も後のことだった。祖父がその後、アメリカを離れて日本での生活を望んだのも無理からぬ話だ。母は、せっかちで気まぐれなところもあり、いつも思ったことを遠慮なく口に出す一方、つまらないことはくよくよ考えないという才能があり、それは90代になる今も変わらない。母は過去に激しい差別に耐えてきた。戦時中はアメリカで日本人に対する強い差別を受けた。家族と日本に帰国すると、今度は逆にアメリカ人と見なされて白い目を向けられた。戦後、進駐軍で日本に駐屯していた父と出会って恋に落ち、新天地を求めてオーストラリアに移住したが、そこでも差別を受けた。母は罵倒され、バカにされた。当時は、オーストラリアでも激しい反日感情が蔓延していた。

しかし、母は決して恨みや怒りを抱かなかった。それは現在でも同じだ。母はその日その日を必死で生き抜いてきた。おかげで、母は無事に私や姉たちを育てることができたし、私たちも傷ついたよそ者（アウトサイダー）ではなく、オーストラリア人だと感じることができた。母が自分の境遇に不満を抱いてもまったく無理はなかった。だが、そんな素振りを微塵も見せずに、自分のことは脇に置いて、子どもたちが余計な荷物を背負わずに成長することに力を尽くしてくれたのだ。

母の虫の居所が良くないときには、私はなるべく彼女の視界に入らないようにしている。とはいえ、母が示してくれた素晴らしい人生の指針には今でも毎日従っている。父のように善良な人間になろうとも努力し続けているが、いまだに追いつけていない。両親から、仕事に対する真面目な姿勢や、強い決意、ストイックさを受け継いでいるのは確かだ。彼らの息子に生まれついたことを、とても幸運だと思う。親は選べない。だから、結局は運命に大きく左右される部分もある。いずれにしても、リーダーシップへの挑戦に取り組むうえで、しっかりした家庭環境と良き親に恵まれたことは、私にとって大きな助けとなっている。

リーダーとしての仕事に着手するには、まず尊敬する人たちを参考にしよう。信頼できるメンターや憧れのリーダーが見つかれば、それをお手本にして、自分のリーダーシップのスタイルや哲学を確立していくのだ。

シドニー、ランドウィックの選手時代、ボブ・ドワイヤーとジェフ・セイルというふたりのコーチが、将来のリーダーへと私を方向づけてくれた。ボブはタフで分析力もあり、意欲に満ちた野心家だった。ジェフはボブとは正反対で、人生やチームを愛し、若い選手たちの面倒を見るのが好きだった。どんな苦労もいとわず、選手たちが人生とラグビーを思う存分楽しめるよう取りはからってくれた。私はいつも、このふたりから学んだ教訓をコーチングに活かしている。

ボブから失望のどん底に落とされたこともある。当時、オーストラリア代表チームのヘッドコーチだったボブは、ワラビーズに私を選ばなかった。代わりに選ばれたのは、まだ駆けだしのフィル・カーンズ。ランドウィックに所属する控えのフッカーにすぎなかった。私にとっては辛い出来事だったが、後から考えるとこれは正しい決断だった。フィルは後に、素晴らしい代表選手になった。

私は選手としては小柄だし、代表レベルで活躍できるほどの才能もなかった。この現実を受け入れるには時間がかかったが、これは最終的には私にとって、生き方や考え方に大きな影響を与える最良の経験となった。その後、２００５年にワラビーズのコーチの職をクビになったときも、大きな教訓を得た。このときも、自分はコーチとしてまだ能力が足りないという厳しい現実を受け止めなければならなかった。私には、絶えざる向上が必要だった。これらの辛い経験から得た教訓は、現在も私の仕事の糧になっている。また、日本でコーチをしたときも、よそ者として孤立しがちな立場だったが、私はこれを大きなチャンスと捉えた。白紙の状態から、実験的、革新的に、そして大胆に行動できる余地が多くあった。寂しさを感じたことはあったが、日本の真の実力を世界に示す良い機会が得られた。

他業種のリーダーと交流を持つ

コロナによるロックダウンで、誰もが寂しさを感じていた。そこで、私は様々な分野のリーダーたちと対話し、それを自らの学びや改善に役立てることを目指した。その相手は、前述した自転車コーチのデイブ・ブレイルズフォードや、サッカー指導者のガレス・サウスゲートやディヴィッド・モイーズ、バスケットの指導者のロン・アダムズ、そしてオーストラリアや日本のスポーツ界の人たちなどだ。彼らとのディスカッションは建設的で有益なものだった。

こうした交流には自由な雰囲気があるので、それだけ考えも深まりやすい。普段の仕事ではなかなかできないような率直な話もできる。もし私がRFUのCEOに弱みを見せれば、「彼にチームを任せて大丈夫か?」と思われるだろう。アシスタントコーチや選手にも簡単には弱みを見せられない。疑心暗鬼になったり、弱さをさらけ出したりしたら、リーダーシップを発揮しにくくなる。だが、他の分野のリーダーたちとのプライベートな会話では気兼ねなく本音を吐露できる。トップレベルのスポーツチームで指導者を務めている者同士だから、この職業につきものの孤独や責任の重さをわかち合える。

２０２１年のシックスネイションズが始まって間もないある月曜日の夜、私は前述したように、ＮＢ

Aのゴールデンステート・ウォリアーズのディフェンスコーチ、ロン・アダムズと2時間にわたって刺激に満ちたZoomでの会話をした。ロンの誠実さや洞察力は私の気分を一新させてくれた。ロンとの出会いは偶然の産物だった。ロンと同じフレズノ・パシフィック大学の出身だった私のアメリカ人のコーチ仲間が、ロンと私なら馬が合うはずだと、Zoomでの会話を設定してくれたのだ。

最初から話がはずんだ。ロンはカリフォルニア州サクラメント近郊の出身だが、そこは私の母が育った祖父のオレンジ果樹園と隣り合わせの地域だった。彼の実家も農業を営んでいた。ロンは、私の母の故郷である小さな町、ローダイも知っていた。私たちはすぐに打ち解けた。ロンは社会意識が高く、私の母や祖父母のように、アメリカ市民であるにもかかわらず日系人であるためにひどい差別を受けたことをよく知っていた。私たちはそれについて少し話した後、ブラック・ライブズ・マター運動や、NBAが人種差別撤廃運動に与えた影響について語り合った。ロンが所属するゴールデンステート・ウォリアーズのヘッドコーチ、スティーブ・カーは、NBA界きっての博識で、政治的な意見を率直に語ることでも知られている。私たちはカーについて話した後、現代では若い選手を指導するためには細やかな配慮が必要なことについて意見を交換し、同じ認識を持っていることを確認した。

52年間もコーチをしてきたロンは、実に経験が豊富だ。彼の体験談は、私自身の経験とも通じるものが多くあった。以前は選手にすべてを指示するような権威主義的なコーチだったが、そうした態度は改めたのだという。当時の環境下では、それがコーチとしての主流のアプローチだった。けれども現在では、選手も社会も大きく様変わりした。ロンと私は、どのようにして指導者としての幅を広げ、選手との関係を深めてきたかについて話し合った。現代のコーチングでは、適切なタイミングで指示を出しつつ、選手が主体的に考え、行動できるように仕向けることが重要だ。また、コーチの仕事にはたしかに責任やコミットメントは必要だが、現代ではもっと選手たちを楽しませる方法も考えるべきだ。今どきの若い選手は、練習に変化や刺激を求める。昔と同じように単調なルーティンを繰り返すだけでは満足しない。ロンと話しながら、私はＮＢＡとラグビーのコーチングの手法がこれほど似通っていることに驚いた。

ロンは、コーチの仕事や方法論を愛する聡明なコーチだ。コーチの仕事に情熱を注いでいる人は、それを単に仕事としてしか捉えていない人に比べて、惜しみなく秘訣を教えてくれるものだ。競技は違うが、私はロンがどのようにして環境をマネジメントし、選手たちとつき合っているかについて関心があった。私たちが選手たちに伝えようとしているメッセージは、本質的に同じだった。

ロンは、カリフォルニア州立大学フレズノ校でヘッドコーチをした経験があるという。ヘッドコーチとしては成功も失敗も経験した。ロンは基本的にディフェンスを専門とする職人タイプのコーチだ。また、選手たちと絆を築くのもうまい。アシスタントコーチとして、ヘッドコーチをサポートして成功に導くことを好んでいる。彼はスティーブ・カーとマイケル・ジョーダンが、フィル・ジャクソンがヘッドコーチを務めていたシカゴ・ブルズでプレーしていた頃に、あるアシスタントコーチが果たした大きな役割についての逸話も聞かせてくれた。ジャクソンは経験豊富な戦略家として知られる名アシスタントコーチ、テックス・ウィンターを信頼していた。テックスは１９８５年、ジャクソンがアシスタントコーチとしてブルズに来る数年前にこのチームに加わったが、そのときすでに60歳を超えていた。１９８９年、ヘッドコーチに就任したジャクソンはテックスに戦略面を任せ、その結果としてジョーダンが最高の力を発揮できる攻撃システムが生み出された。テックスは、ブルズがＮＢＡファイナルで6度の優勝を成し遂げた黄金時代のキーパーソンだった。その後、テックスは１９９９年にジャクソンとともにロサンゼルス・レイカーズに移籍してアシスタントコーチを務め、２００４年に82歳でリタイアした。

カーは、この年配のアシスタントコーチがチームにどれほど大きな貢献をしてきたかを目の当たりにしていた。２０１４年、カーは48歳のときに、ゴールデンステート・ウォリアーズのヘッドコーチに就任した。選手としての実績は豊富だったが、コーチの経験は皆無で、孤独と不安感で押しつぶされそうだった。だから、この重責を担うとすぐに、ＮＢＡ屈指の経験を誇るアシスタントコーチで、当時、ボストン・セルティックスで仕事をしていたロン・アダムズに連絡した。

カーはロンをカリフォルニアの洒落たレストランに招いた。特上のピノ・ノワールをボトルで注文すると、テイスティングをロンに頼んだ。ロンはウエイターが注いだ少量のワインに口をつけると、すぐに首を振って言った。「ダメだね。コルクのにおいがする。下げてくれ」。カーはそのとき、ロンこそ探し求めていたアシスタントコーチだと直感した。どんなときでも本当のことを告げてくれる人こそが必要だと思っていたからだ。まさに、ロンは常に真実を語る人間だった。ロンとカーのコンビは、２０１５年から２０１８年にかけて、ゴールデンステート・ウォリアーズをＮＢＡチャンピオンに3度導いた。

ロンとマネージング・アップ〔訳註：上司への積極的な働きかけ〕について話せたのも収穫だった。私は今でも、自分を雇っている組織のトップの人間とうまく連携することほどコーチの仕事として難しいものはないと考えている。だが、次第にコツをつかめるようになってはきている。ＲＦＵのＣＥＯであるビル・スウィーニーに私がチームの戦略やオペレーション、マネジメントについて定期的に報告すれば、各方面が様々なメリットを得られるということも理解できるようになった。ビルも全体的な状況が把握できる。私はようやくこのことを理解できてよかったと思っている。

若い頃は、コーチとしての私の仕事ぶりを組織の幹部に監視されるのが気に食わなかった。「自由にやらせてくれ。コーチは私だ」と思っていた。だが今では、組織にチーム状況を報告することの意味を理解するようになった。だから今後もビルにはできるだけ多くの情報を与え、何かが起きたときに「知らなかった」と驚かれないようにしたい。ビルには私を信頼してもらう必要がある。エリートスポーツ界でのコーチ経験のない人間が、ヘッドコーチのやり方に細かく口出しするのはおかしいことだし、傲慢なことだからだ。病院で診断結果を知らされた患者が、「先生、間違っていますよ。大学で6年間医学を学び、毎日診察をしているかもしれませんが、自分の体のことは私のほうがよくわかっています」と医師に言うようなものだ。

もちろん、医師であろうとコーチであろうと、誰でも間違いは犯す。だが間違いを指摘するには、その分野で経験を積んだ人間でなければならない。組織の幹部にはコーチ経験がない。だから、彼らに細かな指図をされると厄介なことになる。

その結果、ひどく的外れな意見を言われて屈辱に耐えねばならない状況に陥ることもある。返す刀で、コーチの口からもきつい言葉が吐かれることもある。以前の私の態度もまさにそうだった。当時は、視野が狭かった。幸い今ではバランスのとれた考えを持てるようになった。

サラセンズのコーチをしていた2007年から2009年当時は、毎週、オーナーのナイジャル・レイとミーティングをして、チーム状況を報告していた。現在は、イングランド代表を管轄するRFUが企業的な組織なので、役員会議を通じてコミュニケーションすることが多い。それでも、私はチームが目指していることを理解してもらうため、チームミーティングのメモをすべてビルに渡している。

私はマネージング・アップがあまり得意ではない。コーチの仕事に莫大な労力を費やしているなかで、「なぜ、いちいち幹部に報告しなければならないんだ？」と思ってしまうこともある。だが、ＣＥＯや役員会に定期的に近況を報告することの価値はわかっている。オープンに話し合えることがもたらすメリットは大きい。

私はＲＦＵからの扱いに特に不満はないので、マネージング・アップをうまく進める方法をロンと話していたときも、愚痴は口にしなかった。聞きたかったのは、ロンとスティーブ・カーがどのようにしてゴールデンステート・ウォリアーズのオーナーと役員会に対処してきたかだった。ここでもまた、ロンの話に引き込まれた。ＮＢＡでは今、マネージング・アップが難しくなってきているという。30年近く前の１９９２年、ロンがコーチの仕事を始めたとき、チームのオーナーには百万長者（ミリオネア）が多かったが、今では億万長者（ビリオネア）が多い。

現代のプロスポーツ界ではデータ分析が活用されていて、億万長者もそのことをよく知っている。彼らも百万長者から億万長者になるうえでデータ分析をうまく用いたのだろう。オーナーや役員会のメンバーは数字を見て、勝つための方法を知っている気になっている。たしかにコーチにとって、データ分析は試合に勝つために何が必要かを探るうえで便利なツールだ。だが、このツールのおかげでオーナーや役員会に対処するのが難しくなっている。データはコーチの手腕と組み合わせて初めてチームを勝利に導くのに役立つものになることを、時間をかけて説明しなければならない。

ロン・アダムズのような優れたコーチでさえ、効果的なマネージング・アップをするために悪戦苦闘している。そのことを知れたのは有意義だった。ロンは、私がRFUとうまく話し合えるようにするための魔法のような方法を教えてくれたわけではない。だが共感や理解を示してくれたおかげで、シックスネイションズが終了し、世間の批判がヒートアップしているなかでも、私は孤独を感じることはなかった。大会終了後の数週間は様々な臆測が飛び交っていたが、落ち着き、リラックスして過ごせた。この大会の結果について、何も不安に思うことはないと思っていた。

私はビル・スウィーニーとマンツーマンでシックスネイションズの結果をレビューした。準備前の期間も、大会開催中も、チームの最新情報を報告してきたこともあって、ビルは現状をよく理解していた。私は、チームの課題や失敗（そのほとんどは私に責任がある）、そして今大会は残念な結果に終わったが、これからチームが強くなると確信している理由を伝えた。

ビルは私を肯定的に評価し、ヘッドコーチに留任させるという決断を下すと、公にこう発言した――

「イングランド代表がシックスネイションズリーグで5位に終わったのは実に残念だった。エディーのもとでのこれまでのチームの優れた実績から、RFUも、選手も、ファンも、大きな期待をしていたからだ。だが、スポーツは僅差で大きな違いが生じる世界だ。だからこそ、学び、改善するためには、大会結果を細かく振り返ることが重要になる。エディーは自分の仕事を客観的に捉え、謙虚な態度でレビューに取り組んでくれた。そのおかげで、RFUはこの大会のイングランド代表のパフォーマンスを様々な側面から分析し、改善すべき点を明らかにすることができた」

また、ビルはチームの成績が振るわなかったいくつかの原因も指摘した。主力選手が大会前に試合に出場する機会が少なく試合勘が失われていたことや、コロナに感染してチームに参加できなかったコーチやスタッフがいたこと、タックル後の密集地でのボールの奪い合いでチームとして統率の取れた動きができなかったこと、コロナの影響でチームが隔離された状態に保たれなければならず、新しい選手をチームに入れる余地がなかったこと……。

ビルとのレビューが行われることが発表された後、メディアから、「今後はＲＦＵが任命した数人の専門家にコーチとしての仕事ぶりを監視されることになるが、気にならないか？」と尋ねられた。私はこう答えた。「ヘッドコーチは私だ。チームが勝っても負けても、責任はすべて私にある。私はコーチとしてベストの仕事をするために、ラグビー界の内外の専門家の助けを借りている。アドバイスも知恵も大歓迎だ。私はレビューに参加し、それはとても意味のあるものだった。私に言えるのはそれだけだ。報告書を書いたのは私ではなく、ＲＦＵだ。私はヘッドコーチであり、決断を下すのもヘッドコーチだ」

私がサントリーで臨時コーチをしていることも批判された。デイリー・メイル紙の辛口の記者クライブ・ウッドワード卿からも、イングランドは２０２３年のワールドカップ・フランス大会で日本と同グループに入っているのに、私がサントリーでコーチをすれば「イングランドのラグビーが滑稽に見える」と指摘された。私は、ロン・アダムズはＮＢＡの億万長者のオーナーからもっと手厳しいことを言われていることを頭に思い浮かべながら、冷静に反論した。「私は絶えず様々なクラブを回り、いろんな人たちから知恵を貸してもらっている。あなたが彼らと情報を共有しているのも知っている。私はコーチだ。コーチがコーチの仕事をするのは当然だ。ゴルファーがゴルフをするのと同じように、私はコーチングをする。私は1年のうちでイングランド代表のコーチの仕事をするのは12週間しかない。だから、それ以外の時間に他の場所でコーチングを実践して、コーチとしての腕を磨こうとしているんだ」

批判されても、疎外感を覚えることはなかった。私には、自分たちの仕事について話し合えるコーチ仲間がいるからだ。数年前に、コーチたちでつくるグループへの参加を呼びかけられた。彼らと過ごす時間は、かけがえのないものになった。このグループは定期的に静かな場所に集まって、お互いの考えや経験をわかち合っている。2021年はコロナ禍のためにやむなくZoomで開催されたが、それでも素晴らしい成果があった。ガレス・サウスゲート、デイブ・ブレイルズフォード、ディヴィッド・モイーズら、一流のリーダーたちと過ごした2時間は、多くの学びを与えてくれた。サウスゲートは知的で思慮深く、ブレイルズフォードは実に頭が切れる。モイーズも実に優秀だ。ユーモアにあふれ、腰はいたって低い。モイーズは、監督としての仕事のやり方をどんなふうに変えてきたかを語ってくれた。ウエストハム・ユナイテッドFCで監督として素晴らしい仕事をしている彼から、シーズン途中にこうした率直な話を聞けるのは刺激的だった。

一定の期間であれば人間は変えられる

こうした議論からは、コーチとして環境をどうマネジメントすべきかについての新鮮なアイデアが生まれてくる。すでに実行していることの有効性を再確認することもある。また、重圧や外部の雑音が多いときにも役立つ。私は、あらゆるリーダーに、他分野の同じような立場の人と話をすることをお勧めしたい。有益な知見が得られるだけでなく、リーダーにつきものの孤独感も和らぐ。

他の分野の人たちとの対話は、リーダーシップ・サイクルの「実験」ステージにおける「オペレーション」フェーズでも効果的だ。おかげで、私は以下の必要なことに集中できた。

・レビューを実施し、改善する
・再計画、再実行、一貫性のある行動

アーセン・ベンゲルもこのグループに属しているが、このときは不参加だった。彼は素晴らしい人物で、私は昔からのファンだ。初めて会ったのはロンドン・コルニーにあるアーセナルの練習場。私は貴重な機会に恵まれ、感激していた。アーセンの指揮のもとでチームが練習する様子を見学した後、話を聞くことができたが、その頃の彼は20年間このチームを指揮してきたことの重圧と孤独を抱えていた。

アーセンは、デイビッド・デインの退任をどれほど寂しく感じているかを正直に話してくれた。デインは同クラブの当時の副会長で、１９９６年9月にアーセンをアーセナルＦＣの監督に就任させた人物だ。アーセンにとってデインは親友であり、クラブ一の支援者でもあった。デインは役員会での決定事項における重責も担っていた。２００7年4月にデインが同クラブと決裂して袂をわかったとき、アーセナルもアーセンもとても残念な気分を味わった。アーセンは私との会話中も、デインのことを4、5回は口にした。デインがいないと、アーセンが背負わなければならないものは増えるし、権限も大きくなり過ぎる。トップチームだけでなく、クラブの様々な面のマネジメントも担わなければならない。

数年後、私は再びアーセンに会った。彼はすっかり活力を取り戻し、有能で人を引き付けるリーダーになっていた。私は２０１８年、アーセンにイングランド代表のキャンプでスピーチをしてほしいと頼んだ。ワールドカップまであと1年の段階で、２０２１年前半の頃と同じく、チームの調子は良くなかった。私は、選手たちに異分野で活躍する人の話を聞かせたかった。

アーセンは、こざっぱりした紺のスーツに、サッカー地の白いシャツ、おしゃれな靴といった優雅な装いで現れると、壇上の肘掛け椅子（ラウンジチェア）に脚を組んで座った。私は、45人の選手たちが反応を示すだろうかと考えた。皆、昼間に厳しいトレーニングをしていたし、おまけにそれは8月の暑い夜だった。アーセンが静かな口調で話し始めた。私は選手たちがきちんと話を聞いてくれるか少し不安になった。

素晴らしいスピーチだった。45分間、その明晰で知的な思考は、その場にいた全員を魅了した。その温かい心、人を引き付ける魅力に、選手たちは夢中になっていた（翌年、ワールドカップの前にサー・アレックス・ファーガソンがスピーチしてくれたときも、選手たちは同じように感銘を受けていた）。その後もアーセンとは何度も会っているが、自分よりもはるかに聡明な彼と同じテーブルについてもいいのだろうかと、いつも恐縮してしまう。だが会えば、楽しい時間があっという間に過ぎ、別れるときにはすっかり元気になり、新しいアイデアが湧き出ている。

アヤックスやFCバルセロナ、マンチェスター・ユナイテッド、オランダ代表などの監督を歴任したルイ・ファン・ハールとの対話からも、得るものが大きい。彼は一緒にいると楽しい人物であり、チームを率いる戦略的側面や選手を指導する際にコーチが心得ておくべき心理的側面などについても優れた見識を持っている。私が欧州サッカーの名監督に惹かれるのは、競争の厳しい世界で、極めて高いレベルの仕事をしているからだ。オランダやドイツ、スペイン、イタリア、ポルトガルに優れた監督がどれほどいるか考えてみてほしい。そのなかでトップに君臨できるのは、一握りの本当に優秀な者だけだ。

そんなコーチたちに出会うと、そうした厳しい環境に身を置くことが「最高のコーチになりたい」「常に向上したい」という気持ちを生み出しているのだと気づかされる。

他の競技のコーチから学びたい、関わりたいという私の望みは昔から強かった。1998年、ブランビーズでコーチの仕事を始めたときにも、すぐにウェイン・ベネットに会いに行った。ベネットは、ラグビーリーグの名門クラブ、ブリスベン・ブロンコズでコーチを30年務めたことで知られている。当時は就任10年目だったが、オーストラリアではすでに教祖的存在のコーチだった。年は私より10歳上で、経験や実績には雲泥の差があった。ブロンコズのジムで落ち合うと、ウェインは言った。「今日はいくつかのことを教えよう。この先もそれを忘れないようにするといい」

ウェインがウエイト・トレーニングを始めたので、私も一緒にトレーニングをしながら話をした。彼は背が高く痩せているが、力は強く激しくトレーニングをした。ウェインは重いウエイトでベンチプレスをしながらこう言った。「親が変えられなかったことは、コーチにも変えられないぞ」。選手の性格を変えるのは至難の業だという意味だ。たしかに、そのとおりだった。だがそれから長い月日が流れ、多くの経験を積んだ今、私は一定の期間なら選手の行動は変えられると考えるようになっている。扱いが難しい選手たちともうまくやってきたし、ある期間だけなら彼らの行動パターンも変えてきた。永遠にというわけではないが、悪い習慣は変えられる。重要なのは、選手がどんな環境に身を置いているかだ。

前述のドキュメンタリー番組『ラストダンス』では、典型的な問題児、デニス・ロッドマンがシカゴ・ブルズでいかに実力を発揮したかが描かれている。ヘッドコーチのフィル・ジャクソンは、ロッドマンの振る舞い――たとえば、ポストシーズンの極めて重要な時期にラスベガスへ姿をくらましたことなど――を大目に見たが、ここぞというときには、ロッドマンの能力を最大限に引き出す術を知っていた。とはいえ、すべてを左右するのは環境だ。もしマイケル・ジョーダンとスコッティ・ピッペンがいなかったら、あのシーズン、ロッドマンは、果たして自分に規律を課して、チームの救世主となれていただろうか?

私はあの日、ウェイン・ベネットに尋ねられた質問をよく覚えている。「君は、選手の決断力を高められるか?」。コーチの経験が浅かった私は、「はい、できます」と即答した。ウェインが訝しげに私を見てこう言った。「ほう、そうか。私はコーチをして22年になるが、まだその方法がわからない。君がなぜそれをできるようになったのか、見当もつかないよ」

ある意味で、これもウェインの言うとおりだった。だが私はここでも、経験を積んだことで、コーチが選手の決断力にプラスの影響を与える方法があることも学んだ。最近、ニール・クレイグと一緒に、オーストラリアのコーチ仲間たちとZｏｏｍで話をした。クレイグは私と同様、選手とのマンツーマン・コミュニケーションを重視している。すると、オーストラリアのコーチのひとりがこう言った。「私は違う。選手たちは、私が彼らのことを気にかけているのはよく知っている。マンツーマンでのコミュニケーションは、他のスタッフに任せている。私自身はやらない」

つまり、物事の進め方に正解も不正解もないということだ。だが、リーダーが選手を大切にしなければならないのは確かだ。選手を向上させたければ、こちらが気にかけていることを示す必要がある。重要なのは、心から、本心から選手のことを気遣おうとすること。安っぽい言葉に聞こえるかもしれないが、選手との関係ではまさにそうした態度が求められる。心を伴わない表面的な言葉や態度はすぐに見抜かれる。彼らは若いが、コーチの言葉が嘘か本当かは簡単に嗅ぎ分けられる。誠心誠意、相手のことを考えていると伝えなければならない。もちろん、相手への理解も必要になる。そんなふうに接することで、選手が分別のある判断ができるようになるのをサポートしていけるのだ。

私にとって、そんな選手との関わり合いの好例が、オーストラリア先住民のラグビー選手、アンドリュー・ウォーカーだ。私が31歳でランドウィックでの最後のプレーを終えたとき、アンドリューは17歳だった。当時、私は二軍のキャプテンで、アンドリューを車で迎えに行き、恋人と赤ん坊も一緒に練習場に連れて行ったものだ。彼は16歳で父親になっていた。極めて能力の高い選手で、私の旧友、マークとグレンのエラ兄弟を彷彿とさせたが、彼らより足も速く、力が強いほどだった。だが致命的な欠陥があった。しょっちゅうトラブルを起こすし、毎日のように遅刻するのだ。結局、18歳でラグビーユニオンを去り、13人制のラグビーリーグに転向した。当時、このような行為は裏切り者のすることだと見なされていた。だがリーグでも輝かしいプレーをし、数年後の1996年には実力が認められ、カンガルーズ（ラグビーリーグ・オーストラリア代表）のメンバーに選ばれた。

だが、メンバー発表の直後、問題が起こった。アンドリューはシーズン最後の試合でプレーした後、姿をくらましていた。想像できるだろうか？　代表選手に選ばれたのに、所在がわからないのだ。当時の所属クラブ、サウスシドニー・ルースターズのコーチだったフィル・グールド（現在は有名な解説者だ）がシドニーじゅうを探しまわったが見つからない。最後にサウスコーストまで足を延ばしてみると、小さな町の中心にある大きな公園にアンドリューがいた。仲間とビールを飲んでいた。「なあ、フィル」酔っ払い連中のひとりが声をかけてきた。「アンドリューを連れ戻したいのか?」「もちろんさ」フィルがビッグニュースを伝えようとしたそのとき、別の男が割り込んできた。「ダメだ。今は俺たちが相手をしてる。アンドリューを連れ戻したいなら、一緒に酒を飲んでからだ」

フィルはやむなく酒盛りに加わった。結局、3時間も飲んだ後、ようやく解放された。フィルはアンドリューをシドニーに連れて帰り、週末にカンガルーズでプレーさせた。フィルは強引なやり方ではなく、まずはアンドリューに寄り添うべきだとわかっていたのだ。

その後間もなく、私はアンドリューをルースターズからブランビーズに引き抜いた。行動には問題があったが、その才能は際立っていたからだ。フィルの件を聞いても、私は動じなかった。とはいえ入団後は、スタッフが彼に1日に何度も電話をして、居場所や練習の開始時間を確認しなければならなかった。アンドリューはキャンベラ郊外の農場に住んでいて、相変わらず周囲を困らせた。一族が農場へ引っ越してきて練習道具をどこかに持っていったと言って、練習に手ぶらで現れたりもした。年長の親戚が来ると、歓待しなければならないという理由で、よく姿を消した。

それでもアンドリューは2年間、ブランビーズで素晴らしい活躍を見せてくれた。オーストラリア代表としても7試合に出場した。我々は愛情をふんだんに注いで、彼の行動をいくらか変えることに成功した。また、アンドリューの世話役として、同じオーストラリア先住民のグレン・エラを雇った。エラはアンドリューをしっかりと支えてくれた。こうした様々な人たちの支えもあり、アンドリューは素晴らしいプレーをするようになった。彼は仲間の選手たちを愛し、仲間からも愛された。それは充実した時間だった。問題のある若者も、一定期間なら正しい道に導けるのだ。

私は、アンドリューの問題行動でハラハラしたときも、そのプレーで魅了されたときも、ウェイン・ベネットとフィル・グールドのことをよく思い出した。ウェインの言うとおり、選手の人間性を根本から変えるのは至難の業だ。だが、フィルが与えてくれたヒントのおかげで、私は選手に「コーチは自分のことを気遣ってくれている」と感じさせることの大切さを理解できた。私はウェインという偉大なコーチだけでなく、フィルという思いやりに満ちたコーチからも多くを学んだ。ふたりのスタイルや知見を合わせれば、アンドリュー・ウォーカーのような問題ある天才児にもうまく対処できるのだ。

この章のまとめ

他人の意見に耳を傾け、柔軟に学ぶ

- レビューし、改善する
- 再計画し、再実行する
- 得たアドバイスを、状況に合わせて応用する
- 一貫したペースで前進する
- 「リーダーとは孤独で、要求の多い仕事である」と肝に銘じる

第12章
徹底的なレビュー
——個人、プロセス、組織の分析が強いチームをつくる

ひとりのリーダーよりリーダーグループを信頼する

リーダーシップ・サイクルに終わりはない。困難な時期を体験すると、問題の原因を闇雲に探そうとしてしまうものだが、レビューはムラなく、同じレベルで行っていくことが大切だ。サイクル全体を通して、一貫した計画的な方法で実施しなければならない。選手、コーチ、戦略、プロセスなど、組織を構成するあらゆるパーツをチェックして、どこを改善・修正すべきかを明らかにしていく。プロとしての能力を高めるための活動に適切な時間を割り当て、しっかりとした計画を立てて前進していく。

組織が停滞しているとき、リーダーは自然と「もっと頑張ろう」と考える。困難な時期の苦しみから逃れ、前向きになるためには、自分の裁量でできる小さな努力を増やすといい。私の場合、それは5時15分ではなく5時に起きることだ。この15分の早起きの積み重ねが、新しいステージへと向かう原動力になる。

リーダーシップ・サイクルの「実験」におけるマネジメントレビューの出発点は、自己点検だ。「選手たちに間違った指示を与えなかったか?」「時代遅れの見本を示していないか?」「仕事の進め方や意思決定の技量は、求められるレベルに達しているか?」。私は常に信頼できる人物からのフィードバックを求めるようにしているが、冷静に自己分析し、観察することも欠かせない。リーダーは、部下を評価する前に、まずは自分を評価しなければならないのだ。

チーム全体のリーダーシップ・スキルをレビューし、反省するのは極めて重要だ。ラグビーの国際試合では、キャプテンは大きな注目が集まる。だが大事なのは、キャプテンだけではなく、それを補佐するリーダーグループ全体で課題に取り組むことだ。以前、私は自分のチームのキャプテンを選ぶときに、マイク・ブレアリーのケースをお手本にしたことがある。

ブレアリーは1977年に、クリケットのイングランド代表チームのキャプテンに初めて任命された。その後、短期間だけイアン・ボサムにキャプテンの座を譲ったが、1981年のテスト・オブ・ジ・アッシズ〔訳註:クリケット・イングランド代表とオーストラリア代表で行われるテストマッチシリーズ〕の第2戦を終えた後にキャプテンの座に返り咲くと、リーダーとしての伝説的地位を強固なものにした。ブレアリーはイングランド代表を変えた。自信を喪失していたボサムはヘディングリーの試合でスーパーマンのような活躍をして復活を果たし、チームは残り3試合に勝利した。ブレアリーは、自らが完璧なリーダーであることを改めて証明した。

ブレアリーはテストマッチ39試合に出場し、そのうち31回キャプテンを務め、4試合しか負けず、17試合に勝利した。ただし、打率は22と高くはない。ケンブリッジ大学で古典の優等学位を取得し、大学院で道徳哲学の学位を取得するほど聡明だったが、何よりも他者を理解し、共感する人物だった。オーストラリアのボウラー、ロドニー・ホッグの言葉を借りれば、ブレアリーは〝人間学〟の博士だ。また軽妙な人柄であり、キャプテンとしての決断を批判されても、笑いながらこう言った。「別の選択をしていたら、もっと悪い結果になっていたかもしれないじゃないか。それは誰にもわからないよ」

ブレット・ロビンソンは、私にとってのブレアリーだった。ブレットは2000年のスーパー12が終わるまで、ブランビーズのキャプテンを務めていた。ブレットは傑出したリーダーだった。聡明で、人当たりがよく、何事も全力で取り組む一流の選手だった。だが同じバックローのポジションには若きジョージ・スミスが彗星のように現れ、頭角を現していた。ブレットは怪我のためスーパー12の準決勝を欠場した。代わりにピッチに立ったジョージが大活躍し、キャッツを28対5で破った立役者になった。決勝の相手はクルセイダーズ。レギュラーシーズンでは6ポイント差をつけ、リーグ最終戦はクライストチャーチで17対12のスコアで破っている相手だ。とはいえ、名将ロビー・ディーンズとスティーブ・ハンセンが率いるチームであり、経験豊富なトッド・ブラックアダーがキャプテンを務め、アンドリュー・マーティンズ、ルーベン・ソーン、グレッグ・サマービルなどのオールブラックスのメンバーもいる。私は難しい決断を迫られた。ブレットは怪我から回復していた。選手としての能力はジョージほどではないが、私はブレットをキャプテンに戻した。彼がいないとチームが不安定になると思ったからだ。

私はブレアリーの例にならった。ブレットはプレーの質はジョージに劣るかもしれないが、それを補って余りあるキャプテンとしての技量があると判断したのだ。選手としてのブレットを評価していないわけではないが、ジョージ・スミスと比較すると落ちると言わざるを得ない。ジョージは19歳にしてすでにトップクラスの選手であり、その力は38歳になっても衰えていなかった。まさにラグビー史に名を残す超一流の選手だ。だが、スーパー12の決勝戦という当時のコーチ人生にとって最大の舞台を前にして、私はジョージをベンチにおいた。10代の天才よりも、キャプテンの重要性を選んだのだ。私なりにリーダーとして合理的な判断をしたつもりではあったが、今にして思うと間違った選択だったかもしれない。私はキャプテンの役割を重要視しすぎたのだ。決勝戦は苦しい状況の中、19対20で敗れた。途中から投入したジョージが、チームで唯一のトライを決めた。最初から起用しておくべきだったのだろう。

キャプテンのブレットひとりではなく、ブランビーズのリーダー格の選手全員を信頼すべきだった。チームにはリーダーの資質がある選手が何人もいて、幅広い教育や生い立ちを持っていた。ジョージ・グレーガンは大学で経営学を学び、カフェを経営し成功している。スティーブン・ラーカムはＩＱ１５0と頭脳明晰で、コンピューター科学の学位を持っている。ジョー・ロフは資源管理を学んだ。ロッド・ケーファーは私が指導した中でもとりわけ知的な選手で、新しい攻撃システムの構築も手伝ってくれた。このように、チームは様々なスキルがある選手たちを抱えていた。

彼らは学業とラグビーを両立させるため、時間の使い方を学びながら育ってきた。こうした生活力や経験は、リーダーとしての能力の幅を広げる。1年後、ブレットは引退した。その年のスーパー12で、ジョージ・スミスはバックローで躍動し、決勝で素晴らしいプレーをして優勝に貢献した。決勝のシャークス戦の前、キャプテンのグレーガンは選手たちの心をつかむスピーチをした。だが36対6の大勝の裏には、キャプテンだけではなく、リーダー格の選手全員の力があった。問題児のアンドリュー・ウォーカーも、こうしたリーダーグループにうまくお膳立てしてもらうことで力を発揮し、21得点を挙げる大車輪の活躍を見せた。

だが現在では、チームにこうした幅広いバックグラウンドを持つリーダーグループをつくるのは難しくなっている。なぜなら、今の若い選手は人生経験が少ないからだ。15歳や16歳の頃から大人に毎日のスケジュールを決められ、それに従うような生活をしている。コーチやスタッフは選手たちを退屈させないように練習メニューを組んでいるが、それに従っているだけでは、リーダーに必要な優先順位付けの能力を高めにくい。

これは国際的なスポーツにおける主要チームにとっての共通の課題だ。コーチがリーダーシップ能力を高めようとする選手たちは、ほとんどが幼い頃から現実社会から切り離されたようなアカデミー・システムの中で競技生活を送っている。我々コーチは選手たちのリーダーシップ能力が短期間で伸びることを期待するが、これは本来、長い過程を経て発達するものだ。十分な思考や配慮が必要であり、容易ではない。前進するときもあれば後退するときもある。

責任の重さはキャプテンだけが背負うべきではない。だが、キャプテンの役割に魅力があるのは確かだ。オーウェン・ファレルはリーダーとして順調に成長しつつある。2018年の夏にディラン・ハートリーからキャプテンを引き継ぐと、スムーズに仕事をこなし、キャプテンとして最初の大きな試練となる、2021年のシックスネイションズを迎えた。彼はかなりアグレッシブなリーダーだ。このタイプは、キャプテンとしての役割に求められる細やかさを表現するのが苦手だ。そのため、チームメイトに共感し、団結させ、審判ともうまくつき合うといった、「ソフトスキル」を高めなければならない。

ソフトスキルとは言うが、これは実際にはとてつもなく難しい（ハードな）スキルだ。明晰な思考やコミュニケーション力、冷静さ、交渉力、共感力、感受性、他者への理解が求められる。どれも捉えどころがなく、身につけるのは簡単ではない。世界トップのＣＥＯですら、この点が弱く、コンサルタントに大金を払ってこうしたスキルを身につけようとしている。私はニール・クレイグとも、ソフトスキルについてよく話をする。彼は65歳で、私は61歳。お互い何十年もトップスポーツ界で仕事をしてきたが、ソフトスキルはニールのほうがはるかに優れている。それでもニールは、もっと多くを学べるといつも言っている。年を取って経験を積んだ我々ですらまだ学ぶべきことが多いのだから、若いリーダーたちに対してはもっと寛大になるべきなのだろう。キャプテンに、チームメイトとシビアな問題について話し合うよう指示するのは簡単だ。だがコーチは、キャプテンの役割の複雑さを理解しなければならない。

また代表チームでは選手を預かる期間も限られているため、一貫性を保つのが難しい。とはいえ、優れたキャプテンに求められるソフトスキルを身につけられないわけではない。我々はオーウェンに適切な助言を与えるようにしている。ウィル・カーリングとスティーブ・ボースウィックは、イングランド代表の元キャプテンなので、この役割のプレッシャーを誰よりも理解している。このふたりは生きた手本であり、オーウェンはウィルを良き相談相手にしている。我々はオーウェンを、オーストラリア・ラグビーリーグの選手で偉大なキャプテンであるキャメロン・スミスとも引き合わせた。彼はメルボルン・ストームを15年間率い、２０１２年から２０２０年の間に、ナショナル・ラグビーリーグ（ＮＲＬ）のプレミアシップで３回優勝した。またＮＲＬでオーストラリア記録となる通算４３０試合に出場した。テストマッチにも56試合に出場し、2018年に代表チームを引退するまでキャプテンを務めた。ラグビーリーグの出身であるオーウェンには、キャメロンがリーダーとして果たしてきたことの偉大さがよくわかっただけに、有益な会話ができた。

ニールと私もオーウェンをすぐそばでサポートしている。オーウェンはイングランド代表以外の分野の信頼できる人々とも話をしている。だが、ニールはこうしたサポート体制の問題点も指摘をしている。あまりたくさんの人から様々なアドバイスをもらうと、消化不良を起こしてしまう。たしかに、ニールの言うとおりだ。

オーウェンはニールに2021年のシックスネイションズの期間中にZoomで相談したいと尋ねた。いつもならコーヒーを飲みながら話をするが、ニールはコロナの関係でオーストラリアから出国できなかった。オーウェンは大会の状況や、自らのキャプテンシー、試合勘を取り戻せていない自分のプレーについて話した。キャプテンとして高いレベルのプレーが求められていることや、大会で苦戦しているチームが、自らのリーダーシップを求めていることを理解していた。ニールは適切なアドバイスをした。まず、チームを導く前に自分を導くこと。今は、最も腑に落ちるアドバイスだけに集中すること。イングランドをこんなふうに率いたいという思いに忠実であればいい。そしてキャプテンの一番の仕事は、自分自身が最高のプレーをすることだ。

ニールはオーウェンに、本当に信頼できる1人、2人にだけ相談すべきだとアドバイスした。もしそれ以外の誰かがキャプテンシーについて講釈をたれようとしてきたら、丁重に断ればいい。今は良いリーダーになるための訓練を重ね、原則に忠実になることを重視すべきだ。

これはオーウェンにとって貴重なアドバイスになった。周りの人間は、選手のためにという思いから、過度な責任や課題を押し付けてしまうものだからだ。

我々はオーウェンをサポートするために、サブリーダーを育てたり、練習中にキャプテンとしてのプレッシャーがかかるような状況を意図的につくり出したりしている。練習でなんの波風も立たず、試練も混乱もなければ、オーウェンはチームメイトの感情の高ぶりや、審判の不可解な判定への対応といった、試合中に直面するはずの問題に対処する術を学ぶ機会を逃すことになるからだ。

オーウェンが率いるチームの選手を少なくして紅白戦を行うこともある。チームには強いプレッシャーがかかる。あえてオーウェンに不利な判定を下すこともある。彼は、キャプテンとして窮地を切り抜ける方法を考えなければならなくなる。もちろんそのプレッシャーは、8万人の観衆と、数百万人のテレビ観戦者の前でプレーするのと同じではない。だが、我々はオーウェンが逆境下でどう行動したかを観察し、その後でシンプルにこう尋ねることができる。「状況にうまく対処できたと思うか？」「どんな備えをしていたか？」「うまくできた点、できなかった点は何か？」

キャプテンとリーダーグループの役割は、常に見直しが必要なプロセスだ。

そのためには慎重な検討と内部での十分な議論、明確な判断が必要だ。このレビュー・プロセスは、チームの全ポジションとコーチングスタッフに対しても行わなければならない。一番簡単なのは、何もせず現状を維持することだ。オーウェンが成長し続けている今なら、それは最善策かもしれない。私はオーウェンに絶大なる信頼をよせている。だが彼をサポートするためにも、これからの2年間で、リーダーグループを強化する必要はある。

オーウェンがキャプテンに就任してから、誰が補佐的な役割を担ってきた選手かははっきりしている。フォワードで問題が起これぱマコ・ヴニポラやジェイミー・ジョージが選手たちと話をする。バックスの戦術的なプレーをまとめるときは、ジョージ・フォードが指揮を執る。ブレイクダウンに関する問題はトム・カリーが解決し、チームに覇気がなくなったときはマロ・イトジェが士気を高める。全員がそれぞれの責任を負っている。だが彼らにはまだチームのためにできることはあるし、役割の見直しの対象になる者もいるだろう。

リーダーグループには、チームワークの強化に貢献できる人材が求められている。2019年以来、我々はチーム内の団結を深めることに時間を費やしてきた。協力し絆を深め、仲間意識を高める。イングランド代表のために犠牲を払い、献身的に行動できる選手。リーダーグループには、ハードとソフト、両方のスキルが要求されるのだ。

落選した選手の配慮には最善を尽くす

選手はチームに長くいればいるほど、「自分はここにいる権利がある。誰からも特別な存在だと思われている」という危険な考えを抱きやすくなる。言葉に出さなくても、そう考えていることは傍目からわかる。

エリート組織の一員になったからといって、そこが最終地点と考えるべきではない。あくまでもスタート地点と捉えるべきだ。企業やチームのなかで成功するには、高い基準を自らに課し、努力していかなければならない。大手企業には、幹部に登用されるには20回近い面接や心理テストを受けなければならないケースもあるという。こうした厳しい選考過程がある組織では、「自分はここにいて当然」という意識は生まれにくい。

同じ原理が軍隊でも導入されている。特殊空挺部隊（SAS）に入隊するには、鬼のように厳しい訓練に耐えねばならない。この試練を乗り越えた者だけが生き残り、脱落した者はそこでアウトになる。国際ラグビーの世界も違いはない。そこには厳しさと激しさがある。

良い例を紹介しよう。リッチー・マコウが毎日、日記にどんな言葉を書いているか知っているだろうか？「もう一度最初から（Start again）」だ。そして彼は、その言葉に下線を引く。

コーチは、選手たちがこうした態度を育んでいくようにサポートしていかなければならない。優秀な若い選手もいれば、素晴らしい年長の選手もいる。チームが絶えずメンバーの見直しを検討し、改善に取り組んでいることを、全員に理解してもらわなければならない。

マロ・イトジェは才能豊かな選手だ。真摯に競技に取り組み、常にベストを尽くすことをモットーとしている。しかし、リーダーとしての役割を担ううえでは課題もある。2021年、ブリティッシュ・アンド・アイリッシュ・ライオンズの南アフリカ遠征では、マロをキャプテンにすべきだという声が多く上がった。だが最終的にキャプテンに任命されたのはアラン・ウィン・ジョーンズだった。私は、これは妥当な人選だったと思っている。この考えは間違っているかもしれないが、私はマロが将来イングランドのキャプテンにはならないかもしれないと思っている。偉大な選手にはなるだろう。だが、マロは内向きのタイプの人間だ。他人よりも自分のモチベーションを駆り立てることに関心を持っている。普段、フィールドの外で、他人に影響を与えることもない。マロは今後、こうしたソフトスキルを磨き、もっと効果的に人と関われるようになるかもしれない。だが、そのためには努力が必要だ。知的な人間だから、うまくいく可能性はある。つまり、ドアが閉ざされているわけではない。だが、彼の前で自動的に開くドアがないのも事実だ。我々は彼がチーム内でどのような役割を担い、チームにどんな貢献をするのが適切なのかを今後もレビューしていくつもりだ。

我々はマロに演技指導のクラスを受講させたのだが、これは良い効果を生んでいる。そのおかげで以前より堂々と話すようになったし、コミュニケーションとリーダーシップのスキル向上が期待できる。演技を学んだマロは、自分の殻を破ったように見える。そのせいで内に秘めた彼の力が消えてほしくはないが、この力が他の選手にも良い影響を与えるようになれば、チーム全体としては大きなプラスになるだろう。この演技指導のクラスは、マロや他の選手が、それぞれを特別な存在にしている内なる炎や魔法を仲間たちと共有するための実践的なステップになった。我々はいつも、各選手のこうした特性を伸ばし、リーダーをうまく組み合わせることに注意を向けている。

選手やコーチ、サイクルにおけるこの段階での人間関係を見直していくことは、継続的なレビュー・プロセスの一環だ。この「実験」段階が終わりに近づくにつれ、コーチには常に困難な選択が必要であることを思い知らされる。毎回、イングランド代表のメンバーには、これが最後の招集になるかもしれない者がいる。確かなことは何もない。我々は前進していて、誰もがそれに足並みをそろえられるわけではないということだ。ベテランも若手も、能力が十分でなければチームを去ることになる。ハングリー精神を取り戻すために、いったんチームから離れる必要がある選手もいる。

私は失敗を重ねることで、こうした厳しい判断を下す方法を学んできた。２００５年、オーストラリアのヘッドコーチを務めた最後の年には、ベテラン選手数人に義理立てし過ぎるという過ちを犯してしまった。私は、2003年のワールドカップの決勝に進出したときの立役者である彼らを、チームから外せなかった。ベテランたちが以前の切れを取り戻すことを期待して、プレーを続けさせた。だが、実際には何人かを代表から引退させるべきだった。引退を宣告しなくても、一度チームから外してリフレッシュさせるだけでよかった選手も何人かいたと思う。いったんチームから離れた選手が復帰して、良い結果をもたらすこともある。だが当時の私は、この点でメンバー選考に失敗した。結果としてチームの成績も振るわず、私は職を失うことになった。

私はこの辛い経験から大きな教訓を学んだ。そして2012年に日本代表のヘッドコーチに就任すると、まずはベテランの選手を外すことからチーム改革に着手した。ベテランが代表に復帰するには、それに相応しい実力を示さなければならないという状況をつくった。結果としてチームは苦戦を強いられ、私の就任直後から5連敗を喫した。だが日本代表では、長期的な視点に立ってチームづくりをすることが許される環境にあった。もっとシビアな環境なら、最初の5試合に負けた時点で、私はヘッドコーチを解任されていただろう。私は単に長く代表に選ばれ続けているという理由ではなく、その時点で優れたパフォーマンスをしている選手を選んだ。その判断は間違っていなかった。

イングランド代表でも同じことを2度経験した。2017年、チームは基本的に6年間、ほぼ同じメンバーで戦っていた。2015年のワールドカップまで4年間、そして次の2年では私の指揮の下、ワラビーズに3連勝し、シックスネイションズも制覇して、グランドスラムも達成した。しかしその後、チームの歯車は狂い始めた。長くチームに留まらせすぎた選手たちがいたのかもしれない。2021年にも同じことが起こった。私は何人かの選手たちを信頼し過ぎたのだろうか？　それはこれから判断することになるだろう。

成長のためにメンバーを入れ替えながら、チームの団結力を保っていくには、絶妙なバランスが求められる。スポーツ科学だけではなく、コーチの優れた知見や判断力がなければ強いチームはつくれないと私が言うのはそのためだ。スポーツ科学はアスリートの生理的データを分析し、成果や失敗の理由を明らかにしようとする。だが我々が相手にしているのは人間だ。スポーツ科学は、勝利を約束するシンプルな公式を提供するわけではない。選手に対して押すべきときと引くべきとき、メンバーや戦術的アプローチを変える時期をピンポイントで示すことはできない。個人や組織に対処するための適切なバランスを見つけるには、もっと繊細なコーチングとマネージングの技術が必要になる。最終的には、コーチの判断力なのだ。

今年の初め、車を運転していたら、あるラジオ番組でサッカー・イングランド代表のガレス・サウスゲート監督の選手選考が辛辣に批判されていた。評論家やリスナーは誰を選ぶべきかについての持論を熱く語り、サウスゲートは何もわかっていないと酷評していた――選考基準が保守的過ぎ、イングランドの攻撃的な才能が最大限に活かせていない、というのだ。ガレスとは直接話をしたことがあるが、いつもその聡明さに感銘を受ける。私は彼のメンバー選考に注文をつけたりはしない。彼のほうが私なんかよりずっとわかっているからだ。ガレスには豊富なノウハウがあるし、確固としたデータを見ている。そして選手との個別の面談や、トレーニング中に自分の目で観察した内容をもとに、最終的な決定を下している。私や評論家たちより、はるかに多くを知っている。5カ月後、ガレスはチームをＥｕｒ o2020の決勝に導いた。彼を批判した評論家は、自分たちの過ちをどう振り返ったのだろう？

チームの人間しか立ち入れない領域では、部外者には思いもよらないことが常に起きているものだ。リーダーが選手やスタッフを選考するとき、そこには葛藤や失望が生まれる。国内リーグであれ地域リーグであれ、試合前には自分を先発に選んでくれたコーチを好ましく思っている15人の選手がいる。8人の控え選手は複雑な思いを抱えている。ベンチ入りも果たせなかった他の大勢の選手たちは、コーチの目は節穴だと思っている。コーチは試合の準備を進めながら、先発以外の選手に対して、自分がどれだけ彼らのことを大切に思っているかを言葉や態度で示していかなければならない。選ばれなかった選手は、リーダーにないがしろにされたと感じているものだ。

代表チームでも同じだ。30人の選手を招集していると、そのうちの7人からは試合前に憎まれることになる。試合当日のベンチ入りメンバーから外すことになるからだ。では、どうやって彼らと良い関係性を保てばいいのか？　2019年ワールドカップの例を紹介しよう。チームには31人の選手がいた。15人のスタメンに選ばれた選手たちは満足していた。8人はベンチスタートで、スタメンほど満足はしていない。そこで、我々コーチ陣はこの控え選手一人ひとりと、彼らの役割について丁寧に話し合った。ベンチにも入れず、試合で果たす役割がないために強い疎外感を覚えている8人に対しては、特別なトレーニング・セッションを行い、私もそのうちのひとつで直接指導した。どれほど彼らのことを気にかけているかを示したかったからだ。また、彼らと1対1で話をし、試合当日には特別なランチをともにして、コーチ陣がチームにとってどれほど必要な選手であると思っているかを示した。また、これまでの貢献を称えて、ベンチ入りした選手と同じジャージを全員にプレゼントした。

ガレスも、メンバー落ちした選手に同様のことをしているはずだ。Euroの準々決勝でイングランドがウクライナを4対0で打ち負かした直後のことだ。試合後のインタビューで彼が最初に口にしたのは、26人のメンバーのうち、トーナメントの5試合でピッチに立てなかった4人の選手の名前だった。ガレスは彼らにチームの一員であることを実感させようとしたのだ。とはいえ、この4人や、私のチームでワールドカップのベンチ入りができなかった8人とプライベートで話をしたら、彼らは落胆していると打ち明けるはずだ。これは自然なことだ。だからこそ、落選した選手への配慮は、コーチが常に最善を尽くして取り組まなければならない問題なのだ。

過去のメンバー選考で、とても印象的な出来事があった。ピーター・ライアンという、ブリスベン・ブロンコズで活躍していたラグビーリーグの選手がいた。彼は私が率いていたブランビーズと契約し、それなりの力を発揮していた。数日後に試合を控えたある日、私は彼に言った。「悪いが、君はメンバー外だ」

ライアンは長い間私を見つめてから言った。「あんたは本当にバカだな」。その語気は荒く、殴られるかと思った。ライアンは「あんたがバカだってことを証明してやる」と言い、足早にその場を立ち去った。数時間後に、軽めの練習を行った。だがライアンは他の選手に激しくタックルして、どれだけ試合に出たいか、その強い気持ちを私に見せつけた。私はその態度を気に入った。ライアンはメンバー落ちした怒りをあらわにすることで、チームにいい刺激を与えてくれた。軽めのメニューのはずなのにライアンに激しくぶつかられた他の選手たちには迷惑だったかもしれないが、ライアンはチームをタフで強固なものにしてくれた。

こんなふうに闘争心と感情をむき出しにする選手は、コーチとしては扱いやすいものだ。何事も包み隠さずさらけ出すので、それを前向きな方向へ持っていける。指導が難しいのは、すぐに不機嫌になったり、裏でこっそりコーチへの文句を口にしたりする選手だ。私はライアンからバカ呼ばわりされたことを、むしろ好ましく感じた。面と向かって不満を口にし、私の間違いを証明することに全力を注いだからだ。

日本代表に欠かせなかった女性心理療法士の存在

ヘッドコーチは、コーチ陣にも注意を向けておかなければならない。個々のコーチのパフォーマンスと、コーチ陣の人間関係が良好に保たれているかを定期的に見直すのだ。イングランド代表のコーチ陣にも紆余曲折があった。2016年から2019年にかけては、コーチ陣は受け身の意識が強く、私の権限が強かった。私は、これは良くないことだと考えていた。自分の良くない点を指摘してほしかったからだ。コーチたちが切磋琢磨するには、健全な対立や議論が必要だ。2019年には、お互いに敬意を持ちつつ、本音で意見を交わせるようになった。各コーチが意思決定プロセスに関わっている。とはいえ、この体制をつくるのに4年もかかった。

だがワールドカップの後、コーチ陣の入れ替えを余儀なくされた。スティーブ・ボースウィックはレスター、ニール・ハトリーはバースのヘッドコーチになり、スコット・ワイズマンテルは家族のいるオーストラリアに帰った。職業人としても、ひとりの人間としても当然の選択だ。私は彼らがイングランド代表で成し遂げてくれた特別な仕事に感謝している。現在、選手と同様、コーチ陣においても新しいリーダーグループを構築している最中だ。時間はかかるだろうが、次のワールドカップまでには、2019年のような素晴らしいリーダーグループができると確信している。

私は常にスタッフの構成を変えることを考えている。現在は以前よりも女性スタッフの比率が増え、望ましい環境が整ってきた。25人のスタッフのうち女性は4人いて、物流管理マネージャー、スポーツ精神科医、マッサージ・セラピスト、報道担当として重要な役割を担っている。優れた組織では多様性が重視される。女性スタッフがいるとチームの視点が広がり、繊細な感性がもたらされる。20年前には、女性がチームにいると雰囲気が柔らかくなり過ぎるという考えがあった。だが、現在のイングランド代表の場合はまったく違う。女性はチームに深みと広い視野を与えてくれる。それは成功に不可欠なものだ。選手は心を開き、自分と向き合う必要がある。そのとき女性スタッフの存在が大きな助けになる。

女性スタッフを雇うメリットを学んだのは、日本にいるときだ。そう聞くと、不思議に感じるかもしれない。日本は長く男尊女卑社会と見なされてきたからだ。この国では伝統的に、女性は男性に従属すべき存在であると考えられてきた。妻は夫のためにお茶を出したり、スリッパをそろえたりしなければならなかった。だが幸い、世の中は変わってきている。私は若い日本人女性をチームの心理療法士として招き入れることができた。彼女は男性に従属的な存在ではなかった。一部の選手たちの態度について話し合ったときは、「まずあなたがコーチとして自分と向き合う必要があります」ときっぱりと指摘された。キャンプでの私は不機嫌そうに見え、近寄りがたい存在なのだという。たしかにそのとおりだった。私は選手たちと話すときには柔らかい雰囲気を出すようにした。

その後、彼女は出産したため、ワールドカップのチームには帯同しないことになっていた。けれど、計画を変えることになった。選手たちから直訴され、私は彼女を大会スタッフに加えることにした。選手たちは悩みや心配事を相談するうちに、彼女を深く信頼するようになっていた。彼女は選手たちにとてつもなく良い影響を与えていた。我々は、3週間のワールドカップ開催期間中、彼女のためにベビーシッターを手配した。大会に向けた精神面の準備において、彼女はチームに計り知れない効果をもたらしてくれた。

もちろん、優れた心理療法士を雇える組織やチームは限られている。部下や選手のストレスや悩み、不安の問題に対処するとき、リーダーはまず、自分の問題から解決していくべきだ。人間は、誰でもネガティブな感情に襲われることがある。だが、対処策はある。まずは、その感情を認識し、それが自分にどんな影響を与えているかを理解しようとすることだ。次に、自分が置かれている状況や周りの環境を良い方向に変えていく。

私は、ごく単純な形でこれを実践している。それは、「ルーティンをつくり、それを続けること」だ。それを、自分を不安やストレスから守る方法にしている。先日アメリカン・フットボールリーグのコーチと話をしたとき、オーストラリア人俳優のヒュー・ジャックマンのポッドキャスト番組を勧められた。ジャックマンは役を演じている期間は、毎日のルーティンを徹底的に守る。酒は飲まず、仕事の後に外出もしない。食事のチェックや健康管理も怠らない。毎朝、妻と30分読書をして、その後で30分瞑想をして、それから運動をする。同じ行動を繰り返すことが、ストレスとの闘いに役立っているのだという。どんな職業であれ、ストレスとはうまくつき合っていかなければならない。人間は、ストレスにさらされているときにミスを犯しやすくなる。ミスを減らすには、心を落ち着けて、明晰な思考を保たなければばならない。そうできるよう、私たちは自分なりの方法を見つけるべきだ。健康やパフォーマンスを上げるうえで、ストレスレベルのコントロールは欠かせない。

失敗への恐れが意欲につながる者もいれば、楽観的になることで意欲が高まる者もいる。選手によって、成功と失敗のどちらに目を向けるかでモチベーションが上がるかは異なる。そのため我々はレビュー・プロセスでは、選手の性格を試して、その特性を把握するようにしている。これはどちらかが正しく、どちらかが間違っているという問題ではない。大切なのは、選手の特性と現在の状況を見極めて、それに合わせて適切なサポートをすることだ。選手との関係性を深め、相手に必要なものを提示しなければならない。少し背中を押すだけでいいのか、多くのサポートや励ましを求めているのか。

悩みや不安は誰にでもある。仕事を失うのも、周りから能力がないと評価されるのも怖い。自分が正しいことをしているか、適切な判断を下したか、疑心暗鬼になる。それが人間だ。だが、こうした感情をうまくコントロールし、前向きな力に変えていかなければならない。

リーダーとして成功を収めたときは、さらに危険だ。コーチ陣のなかで、自分の地位を失うことを恐れるようになるからだ。そんなときは、自分についての記事を読みたいという衝動にかられるが、その道は行き止まりだ。私がデイリー・メイル紙の辛口記者、クライブ・ウッドワード卿の記事を読み、それに従って次に何をするかを判断しようとしているのを想像してみてほしい。そんなことをすれば、ろくな結果が得られないのは目に見えている。大声で吠える犬に耳を傾ける人もいる。だが、コーチがそれをすれば道を踏み外すだけだ。

メディアはコーチと選手のことをあれこれと臆測で書き立てる。だが、それは外野の当て推量にすぎない。自分が進むべき道を決めるとき、周りの声を気にし過ぎてはいけない。はっきりとした考えを持ち、自分の方法ですべきことをするだけなのだ。

この章のまとめ

・個人、プロセス、組織の分析が強いチームをつくる

・レビューは困難な時期だけではなく、サイクル全体を通して一貫した方法で継続的に実施する

ステージ4

勝利（失敗を乗り越える）

第13章　学習の科学

［戦略］

頭のいい人からアイデアを拝借する

第14章　レッドチーム演習を使って変革する

［人］

勇気があれば再び変われる

第15章　全勝

［オペレーション］

準備万端ならリーダーはチームを納得させられる

第16章　相乗効果と多様性

［マネジメント］

新鮮な視点を取り入れ、新たな相乗効果を生み出す

第13章

学習の科学

――頭のいい人からアイデアを拝借する

教育界から教え方を学ぶ

2021年の夏、私は2日間、ダグ・レモフの講義を受け、その場に釘付けになった。彼は私とよく似た経歴の持ち主で、かつて教師をし、校長も経験している。現在は、教育学者であり、『コーチのための指導入門書（未訳／The Coach's Guide to Teaching）』や100万部を超えるベストセラー『チャンピオンのように教える（未訳／Teach Like a Champion）』等の著者でもある。

リーダーシップ・サイクルの「勝利」のステージに移るとき、戦略的思考を一新する必要がある。ダグに学べば、指導、コーチング、リーダーシップの役割を新しい見方で考えるヒントになり、それがかなうと信じた私の勘は正しかった。コーチ陣総勢11名――ラグビーコーチ、ストレングス&コンディショニングコーチからアナリストまで――が、ダグからZoomで講義を受ける。その2日間の学びに全員が圧倒された。

ダグはまず、教師を始めた頃の話をした。先輩教師のひとりに「なぜ、このような教え方をするのですか？」と尋ねたところ、「昔からそうだから」と言われたそうだ。

その答えに納得がいかず、持ち前の好奇心を発揮して、脳が知識を吸収するしくみを勉強することにした。ほどなく、教えることをもっと科学的に捉える方法を考案する。

私は30年以上コーチをしているが、脳の働きについてはあまり考えたことがない。エリートスポーツの世界でも人生でも脳が何より重要だと理解していながら、考えたことがなかった。鍛え抜いた肉体も、結局脳にはかなわない。それなのに、脳内の働きを何十年も無視してきたのだ。

ダグの説明によれば、簡単に言うと記憶には2種類ある。作業記憶と長期記憶だ。過酷な練習をするのは、練習したことを長期記憶に定着させ、重圧のもとでもパフォーマンスができるようにするためだ。作業記憶は物事を明らかにし、整理する。現在進行していることを吸収し、理解できるのは作業記憶の働きによる。人間が思考するには０・６秒かかるとダグは指摘する。だが、野球のボールを打つまでに要する時間は、たった０・３秒。ということは、ボールを打つ能力は理論的な考えを超越している。どうして自分がスポーツでうまくプレーできるのか、説明できる人があまりいない理由の説明もつく。要は、練習、長期記憶への定着、咄嗟の判断力、この３つの相乗効果の賜物（たまもの）ということだ。

私が脳機能の働きをはっきり理解したのは、そのときが初めてだった。なんとも恥ずかしい話だ。ダグはこうした単純な事実を取り上げ、教えることの原則に当てはめていく。少なくとも私にとってコーチングは、教えることの延長線上にあり、ダグの話は興味深かった。彼と過ごした２日間、私は熱心な生徒のような気持ちで聞き入った。Ｚｏｏｍ上での２時間のプレゼンをこれほど正確で関心を引くものにできる人物をほかに知らない。彼は全員が集中力を切らさず会話についていけるように配慮していた。まずいくつかアイデアを紹介し、それからふたりずつ組になり一気に議論する。30秒経過すると、彼は「さあ、何がわかったか教えてください」と言う。次に、「では、今度は30秒自分ひとりでやってみましょう。何か考えてみてください」と言うのだ。その後、3人1組になる。ダグはどんどんやり方を変え、常に一定のテンポを保ちながら、全員の集中力が切れないようにしていた。教え方も見事だ。

ニューヨークの数学教師、デナリウス・フレイザーの授業風景を録画したビデオも見せてくれた。フレイザーは長身痩躯（そうく）のオタクっぽいアフリカ系アメリカ人で、長髪をドレッドヘアにしている。その教師が教室を歩き回り、生徒一人ひとりと関係を深めながら、全員の進捗状況を把握していく様子は、大いに参考になった。数学の教え方も素晴らしい。そのエネルギーと生徒たちとの関わり方には息を呑んだ。失敗しても大丈夫という雰囲気もつくっていた。生徒が間違っても不満そうな顔はしない。その代わり、とても温かみのある話し方でクラス全員に尋ねる。「賛成の人は？　反対の人は？　補足できる人は？」。授業に没入できる学習環境だ。さらに、賛成なら指をパチッと鳴らすよう促す。クラスじゅうが集中しつつも活気にあふれている。

最高の職場環境では必ずこうしたことが実践されている。授業ほど明示的には行われないかもしれないが、全員の集中力を維持するのは良い企業風土を醸成する重要な要素である。あなたが戦略的な見直しの会議に出席しているとしよう。退屈で無意味な会議になる可能性もある。うまく発言できれば、全員から注目され、場は活気づく。だが失敗すれば、下を向き、まともに聞かずに、落書きをする者も出てくるだろう。その違いはわずかなものだ。良いチームと悪いチームの違いと同様、3％程度しかない。

だからリーダーが新しい指導技術を学べば、きっと役に立つ。大きな違いを生み出せるはずだ。

ダグとの2回目のZoomセッションのあと、我々は外出し、U20チームの指導をした。私はコーチ陣に、新しいコーチングのアイデアを実践し、学んだばかりのことをすべて長期記憶に貯め始めるいい機会だからと、試すよう勧めた。実践したコーチたちは皆非常に感激し、4人などはそのすぐ翌日、ダグにメールを送った。思いやりにあふれ、懐の深いダグは、教えることをテーマにした次回の著書から出版前のある章を送ってくれた。我々は、知識を共有する彼の精神のおかげで、仕事が格段にやりやすくなり、以前より面白いと思えるようになった。

ワールドカップ・キャンペーンのスタート時かその前にダグを招待し、1週間、我々とともに過ごし、運営方法を改善してもらうという案が持ち上がっている。世界の一流企業が昔から〝たゆまぬ進歩〟を強調しているのを見習ったのだ。一例を紹介しよう。トヨタがなぜ自動織機の製造から始めて世界最大の自動車メーカーになったのか？　トヨタをそこまで突き動かしたのは、より良くあろうとする飽くなき欲求にほかならない。

「改善」という日本語は、「たゆまぬ進歩」とか「良い方向への変化」を意味し、日本の経営者が従業員と共有する企業理念になっている。改善は日産自動車の永続的なテーマでもある。同様にユニクロも改善を追求する職場で、代表である柳井正のもとで働くなら、懸命に働かなければならないだろう。私の旧友、正はより良くなることを目指して常に従業員を鼓舞するからだ。

改善はリーダーにとって何より中心に置きたいテーマである。だから、より良くなろうと励み、自分よりはるかに知識がある人物を普段から探し続けるには、ある程度の謙虚さが必要だ。そうした謙虚な姿勢があれば、部下も興味を抱く可能性は大いにある。

ダグ・レモフは、ツイッターのプロフィールで、賢明にも〝ほとんどの意見はもっと頭のいい人から拝借した〟と認めている。これは、〝アイデア泥棒〟になるべきだという考えに賛同する、サッカー監督のペップ・グアルディオラにも通じる。思想家や革新者から得た知識、洞察、教訓を咀嚼（そしゃく）し、自分のものにしていくことが重要である。

現在のコーチのほうが昔のコーチよりはるかに知識がある理由もそこにある。教える技術、コーチング、リーダーシップを向上させるのに役立つ情報が以前より潤沢にあるため、学ぶための素晴らしい機会に恵まれているからだ。

ダグとの交流が成立したきっかけを思い起こすと、ネットワークづくりの重要性に改めて気づかされる。日本でサントリーサンゴリアスを手伝っていたとき、別なクラブのニュージーランドのコーチが相談に訪れ、チームから解雇されそうだと言った。人柄もよく、優秀なコーチだったので、私は彼を助けようと尽力し、ダグの著書『コーチのための指導入門書』を紹介した。すると、彼は「ダグ・レモフなら知っている。ダグと連絡が取れるようにするよ」と言ったのだ。それから2週間も経たないうちに英国に戻った私は、ダグと最初のZoomミーティングを行い、彼から講義を受けることを計画した。この出来事により、好奇心から豊かな学びの機会につながることを再認識した。

1週間後、我々はヴィンセント・ウォルシュとセッションを行った。彼はユニヴァーシティ・カレッジ・ロンドン（UCL）の脳科学の教授で応用認知神経科学研究グループのリーダーだ。専門家としての関心領域は、脳刺激、成人学習、スポーツとパフォーマンス、数の認識、睡眠である。見るからにとても賢そうで革新的な人物だ。UCLのウェブサイトに次のようなメッセージを載せている。「21世紀、人類は従来の専門分野の境界線を超えて考えることが求められている。数ある学問分野を統合する能力こそが、単に知能が高い者と高い知性を持つ者を分ける。学問分野の境界線を健全に無視する教育を始める必要がある」

ヴィンセントは我々のキャンプに参加し、学習の科学の話をしてくれた。15分ごとのプレゼンに分け、毎回3つのポイントを解説する。優れた原理を使って、プレゼンに本当の意味を持たせる。我々は4人1組になって議論を深めた。彼からの学びは、指導する立場にある我々にとって、「勝利」のステージでの戦略的なアプローチを見直すうえで、非常に貴重なものとなった。

ヘッドコーチという自身の役割を果たすにあたり、私は法科学者とも1対1で対話を続けている。彼は私の直感を改めてはっきりと褒めてくれた。「私の仕事もあなたの仕事も、ある特殊な状況で遭遇するあらゆることをもとに行動方針を決めなければなりません。直感は私たちの仕事にとって財産なのです」。さらに指摘する。「長年にわたりあなたが培ってきた経験すべてが直感のもとになっています。あなたは確実な情報と直感の最良の組み合わせを常に追求しているのです」。私たちは半年間、こうした内容をカジュアルに話してきた。私は自分の知識の箱に新たな道具をいつも追加しようとしているが、試合に勝って初めてそれがぴったりの道具だったと言えるのだろう。

過去に成功した新しいやり方を見つける

リーダーシップとは、何か新しいものを見つけることではない。過去に成功した仕事について新しいやり方を見つけることだ。核となる原則は決して変わらない。

必要なのは、優秀な人材とハードワークだ。また、良い環境を整え、いつも新鮮で魅力的なものにしておくことも大事だ。素晴らしいリーダーなら必ずそうする。

さらに、教養があり、聡明で、先入観にとらわれない人物をチームに参加させれば、得るところは非常に大きい。内部の人間はそのチームの一員として物を見るから、どんな組織にもある程度の先入観が生まれるものだ。外部の人間ならそうした先入観はない。いずれにせよ、自分より賢く優秀な人材を呼んで環境にプラスの変化を加えて損をすることはない。

私はかねてからコーチングと指導のより良い方法を模索している。成功した思想家の意見に耳を傾けるのは、誰もが求めている〝たゆまぬ進歩〟の手がかりになる。コーチングをしていて出くわす不測の事態に、最高レベルで対処するにはそうした手助けが必要だ。コーチングは非常に複雑で骨の折れる仕事だ。今、身のまわりで起きていることの本質を直視するのと同時に、ビジョンに掲げた目標を見据えることが求められる。優秀なコーチは先を読み、水面下の問題を特定する。予測できない紆余曲折、未知数なことや捉えどころのないことが数知れず待ち受けているからだ。漠然とした不安を抱え、あら探しをしながら生きていかなければならない。

周りのサポート体制や、バランスをとるのに真実を語ってくれる相手は救いになる。勝敗に我を忘れないことも、戦略と実践のあいだの明確な線を維持するのに重要である。そうした必要なバランス感覚がなければ、成功を過大評価するか、ささいな問題を大惨事のように扱うのが落ちだろう。

スポーツの世界でよく言うように、人生にも当てはまるが、敗北や失敗の後にこそ価値ある学びを得やすい。けれど、大切なのは、勝っても負けてもそのたびにあとでじっくりと考えることだ。行動するときにはいつでもその同じ真実がついてまわる。間違いは起きる。少なくとも、どの段階でも誤った方向に進む可能性はある。リーダーは、問題が起きる前に察知する必要がある。勝利のあとこそ、より真剣により深く将来の諍（いさか）いの芽を探すべきだ。

負けたときには、問題がより明確になるだろう。必要なのは、勝った後に改善点をもっと徹底的に探すことである。一方で、勝利のときでも自分のパフォーマンスが完璧になることはありえないと肝に銘じるべきだ。スコアボードに頼らず科学者のように、自分の仕事を客観的に見つめる能力を身につけるのは、スポーツにおいて最難関の努力目標と言ってもいい。ハイパフォーマンスを出すリーダーシップにおける学習の科学の一環である。

もちろん、勝利の直後は、その瞬間を楽しむべきだ。私がロッド・マックイーンからオーストラリアのヘッドコーチを引き継いだとき、この仕事は孤独だよと私に言った。そして、その孤独を楽しむといいとアドバイスしてくれた。仕事を楽しみ、試合に勝ったら素直にそれを喜べばいい。だが、24時間を超えてはダメだ。せいぜい1日だけ自分に許し、勝利の喜びを味わい尽くすのだ。しかし、その後は大事な仕事に戻って懸命に検討し、最大の改善ができる箇所を突きとめ、最悪の問題を徹底的に取り除く。問題はもうそこにある。嘘ではない。ピカピカの新しい勝利のすぐ水面下に潜んでいる。すべてのスポーツやあらゆる業態のビジネスでも同じことが言える。

トップの座につき、ビジネスが急成長しているときには、プレーヤーやスタッフをいっそう用心深く観察する必要がある。すべてが順調に見えるときにこそ改善点を探さなければ、すぐにも後れを取るということをメンバーに理解させなければならない。競争相手はこちらに追いつこうと必死になっているからだ。一方、リーダーは、周りの皆を鼓舞し、もっと良くなれると信じこませなければならない。組織のなかに落ち着き安穏としている人がいるなら、さらに上を目指すよう仕向ける方法を見つけなければならない。そうしないと、彼らのためにならない。隠れた問題は大きくなるだけだからだ。もっと頑張れば、君たちは本当に優秀な人材になれると言い聞かせ、前進し続ける機会をつくるべきだ。方向性を具体的なイメージで示すことも大切である。不可能を可能だと思わせるのだ。

失望を経験してこそ一流のチームになれる。この段階を避ける特別な方法を私は知らない。それに、ひとたびこの段階を切り抜けたら、成功のサイクルの長さは変わる。北半球のスポーツは南半球のスポーツよりサイクルが短いような気がする。たとえば、ラグビーとクリケット。メディアの注目度が要因かもしれないが、北半球では実際のシーズンはもっと長い。選手たちは疲れている。プレシーズンがなく、次から次へとシーズンを経験する選手たちを目の当たりにしたばかりだ。コロナ禍でこうした状況に陥り、北半球では、体力と活力を回復する時間が常に不足している。

コロナが猛威をふるう2021年には前述のようなことを考慮しなければならなかった。だが、イングランドにはもっと根深い問題があった。サラセンズの主力選手がまったく使えなくなったことがある。サラセンズの勢力が瓦解したため、我々は適任者を見つけて穴を埋めようとしていた。サラセンズ不在が主な原因となり、我々は苦しい時期を経験した。私は経済地理学を教えていたことがあり、我々は政治や社会状況を左右する〝支配階級〟の勉強をした。エリートスポーツにも応用できるからだ。それに選手たちのなかで誰がリーダーシップを取るのかを見るのはいつだってワクワクする。サラセンズはイギリスラグビー界で支配的な地位を占めてきた。すべてにおいて主導権を握ってきたが、サラセンズが降格すると、新たな権力基盤のためのスペースができた。新しい権力基盤が完全にできあがるのを今も待っている。

２０１９年のワールドカップの後、ちょっとした改造を行った結果、サラセンズの主力選手のなかには離れる者もあった。たとえば、ジョージ・クルーズは日本に行った。イングランドを代表するのにもっと相応しいリーダーは何人もいた。しかし、イングランドはその後、ほかのクラブのベテラン選手が使えなくなる。有名なのは、コートニー・ローズ（ノーサンプトン・セインツ）、ジャック・ノーウェル（エクセター）、ジョー・ローンチブリー（ワスプス）。彼らは皆負傷し、バランスが変わった。サラセンズが再び主導権を握る。サラセンズのオーウェン・ファレル、ジェイミー・ジョージ、エリオット・デイリー、マコとビリーのヴニポラ兄弟のおかげで２０２０年のシーズンを持ちこたえることができた。しかし、２０２１年のシックスネイションズで明らかになったのは、前進するためには新たなバランスが必要だということだ。

それは不安定だが心躍る時間でもある。コーチとして現在および将来の環境やチームを取り巻く雰囲気を精査するのは、とりわけ刺激的な時期だからだ。まるで様々な成分を流し込み、ちょうどいい配合を確かめる化学者のようだ。テストマッチで勝利を収めるチームのほとんどは、たいてい決まったひとつかふたつのクラブをベースに構成されている。２００３年、イングランドはレスターとワスプスが主に牽引していた。４年後、イングランドに代わりワールドチャンピオンの座についた南アフリカの中心は、ブルズとシャークスの選手たちだ。彼らが中核となり、ジョン・スミット（シャークス）がキャプテンとして真剣にチームをまとめる。2019年にはシヤ・コリシが同じ働きをした。その年、彼はスプリングボクスのキャンプで様々な派閥を一致団結させていた。ふたりともチームが機能するように強力な基盤をつくった。どのチームもこんな具合だ。チームが結束力を高めていく過程はワクワクする。

前述したように、セール・シャークスのトム・カリーは新しいリーダーのひとりとして活躍するだろう。まだ若く、プレーヤーとしても人間としても絶えず進化し、面白い時期にさしかかっている。マロ・イトジェもさらに伸びるだろう。オーウェン・ファレルもリーダーでいるだろう。チームを率いるのは彼らだが、その周りに2、3人サポートする人間が必要だ。それが誰になるかはまだ決まっていないが、2023年にはすべてが決まるだろう。

それまでのあいだ、変化していくさまを理解する必要がある。成功するたびに、迫りくる問題に気を配らなければならない。トラブルから素早く逃れる力量を組織のなかに培う必要がある。集団で難局に対処できるようにチームの能力を育てればいい。要するに、リーダーシップ・サイクルの「勝利」のステージにおける論点は、チームは変化のプロセスを経験するということだ。問題は、イングランドのコーチには再建のための猶予は一刻もないということだ。悠長なことは世間が認めないからだ。

重圧も世間の監視も厳しい。だからこそ、リーダーシップ・サイクルの新しいステージに入った当初はいつも戦略をしっかりと立てることが重要なのである。

ゴールドマン・サックスの持田昌典から学んだこと

私が日本のヘッドコーチを引き受けたとき、新しい権力基盤をつくるのはなかなか難しかった。日本代表の仕事に就いたのは、サントリーサンゴリアスのコーチを3年間務めた後だった。当時、日本のクラブの2強は、サントリーサンゴリアスと東芝ブレイブルーパスだった。私の就任後、最初のキャプテンふたりはどちらも東芝の選手で、そのおかげでバランスがとれた。つまり、サントリーが代表チームで幅を利かすのではないかという選手たちの懸念が払拭されたからだ。

私の戦略は、現状を否定する覚悟を持つことであり、一番やり合ったのはチームのベテラン選手たちだった。上下関係の伝統のある日本ではたいてい、リーダーは弱い立場の選手に対して強い力を持っている。そのため、チーム内の序列は変わりにくい。しかし、私はそれを破った。日本のことはよく知っていたし、その当時でさえ慎重さが必要なことも理解していた。ベテラン選手たちとは1対1で話し合った。そうすることで彼らの面目を保ちながらも態度を変えさせ、結果を得ることができた。

1996年、私が初めて日本のコーチに就任したとき、日本は外国人選手を入れずに、アジアラグビーチャンピオンシップで優勝した。私は選手たちに素早く流れるような攻撃的なラグビーをさせた。それはオーストラリア最強のクラブチームだった頃のランドウィックのスタイルの再現だった。前々から日本は攻撃的なラグビーで、インターナショナルレベルの試合で勝てると思っていたが、トップクラスの試合となると、ハードルがぐっと高くなる。相手のディフェンスが圧倒的に固いからだ。ワラビーズとディフェンス重視の練習試合をしたが、思うようにはいかなかった。といっても、日本人選手は小柄だから、それもうなずける。

私が2度目に日本のヘッドコーチを務めた2012年から2015年は、人材面でのバランスが良くなり、我々はハードなトレーニング法から生み出した日本独自のプレースタイルをつくった。リーダーは常に、最終目標を頭に描きながら方向性を示さなければならないが、サイクルの全ステージを通してフォロワーとの関係を築いていく。そのためには交流し、コミュニケーションを欠かさず、互いに影響し合う必要がある。

私は、ゴールドマン・サックス日本法人代表取締役社長、持田昌典(まさのり)氏から多くを学んだ。彼はチームワークの重要性とそれをいかに強化していくかについて話してくれた。並外れた経験に裏打ちされた彼の言葉には重みがある。1985年にゴールドマン・サックスに入社し、16年働いた後、2001年に日本法人代表の打診を受けた。はじめは抵抗した。日本で一番と言っていいくらいの優秀なインベストメント・バンカーで、ディールを獲得することに夢中だったからだ。昌典には最高のディールを見つける勘とそれをまとめる冷静さがあった。ディールの王者として知られ、それが大きな喜びでもあった。サッカーで言えば最も多くゴールを決めるストライカー、ラグビーで言えばバックスのなかでも勝利を決定づけるトライを決める選手に似ている。ディール中毒同然の昌典は、ゴールドマン・サックスの当時のCEO、ハンク・ポールソンからのオファーにまったく気が進まないという反応を示した。

ポールソンはその後、米国の財務長官に上りつめた人物であり、実力者でもあった。彼は昌典の回答にひどく失望したと言った。後年、昌典は次のように回想している。「ハンクは私に、自分のことだけ考えるのはやめて、会社のために何ができるか考える時期だと言いました。私は恥ずかしかった。そして、よく考えた末、ハンクの言うとおり、重責を受けないのは自己中心的だと思ったのです。最終的にオファーを承諾しました。正直に言うと、あのときほど人生が変わったことはありませんでした。変わり、成長して自分の可能性を最大限に引き出すには、いつでも何かを手放さなければなりません。それを学んだのは、この経験からでした」

昌典は会社の利益のために個人の栄光を諦めた。傍から見れば、ゴールドマン・サックスの日本法人代表になるのは、晴れがましい瞬間のように思える。だが、実際には、自身より会社の利益を重んじなければならないと昌典が認識した瞬間だった。彼は会社のあらゆる面を発展させ、強化するのにすべてを注いだ。戦略は明快である。最近のインタビューのなかで、リーダーシップに対する自身の哲学を次のように説明している。

「準備しすぎるということはありません」と、昌典は強調する。「経験上、成功に必要なのは自信がすべてです。自信は周到な準備から生まれます。近道も優先レーンもありません。飽きるまで練習してください。それからさらにもっと準備してください。そのもうひと頑張りが、競争相手を引き離すのです。成功するのに並外れた知能指数は要りません。必要なのはやり遂げる持久力です。私の経験からすると、非常に成功している人たちは皆、目標を設定し、やり抜いています。もちろん、新しいことにチャレンジするなというわけではありません。相手の意見を聞くことも大事です。人事考課でネガティブな評価をされたら、同僚と共有してアドバイスをもらうといいと、私はよく従業員に勧めています。それが成長への最も確実な方法だからです」

昌典はゴールドマン・サックスのフロアを毎日歩き回る。本当に重要なのは、すべてを観察し、常に問題に目を光らせながら、コミュニケーションを密にし、つながりを強めるよう気を配ることだからだ。

私たちは何度かそのことを議論してきたし、リーダーは皆と交流すべきだというのが共通の信念である。いつも1日のはじまりは笑いをとってリラックスさせる。深刻ではなく楽しい雰囲気をつくったうえで仕事に取りかかれるようにするためである。従業員たちが情報交換し、互いに交流し合うよう配慮する。昌典がゴールドマン・サックスでやっているように、私も重役用のテーブル——私の場合はコーチ用テーブル——を使わない。コーチたちが選手とともに座って食事をするほうが好きだ。クリス・ロブショーは、「こんな経験は初めてだ。気に入ったよ」と私に言った。私にはそのほうがずっと自然だ。

フース・ヒディンクがチェルシーで短期間だが監督を務めていたときに、昼食をともにしたのを覚えている。彼もまた私と同じようにふるまっていた。非常に魅力的な人柄で、私たちが食事をしているとチェルシーの選手たちが皆挨拶をしにやって来たものだ。フロアもしょっちゅう歩き回り、部屋じゅうに彼が発散するエネルギーがあふれていた。代表チームの監督としての業績は素晴らしく、韓国、オーストラリア、ロシアで見事な働きをした。チェルシーが、混乱した状態に陥り新しい監督が決まるまで、いつも彼に頼る理由がよくわかる。フースはチームをまとめることができるからだ。また、チームの能力を把握したうえで、勝たせるための戦術を明快にすることにも非常に長けていた。そうした単純明快さは彼の素晴らしい能力のひとつであり、チームをより有効に機能させ、結束力を高めるのである。

本章の精神に照らし、サッカー指導者アーセン・ベンゲルの言葉を拝借することにする。彼とは何回か2時間に及ぶミーティングをし、そのなかの1回は今も、これまでで最高の職業上の経験だと言える。というのも彼は素敵な哲学者だからだ。賢明で、頭のいい話し上手な彼は、まだほかにも示唆に富む発言をした。

「チームのスタイルはコーチの考え方と選手の潜在能力の歩み寄りだ」

その言葉は端的に真実を言い当てている。これで私がいつも心がけている〝頭のいい人からアイデアを拝借する――アイデア泥棒になれ〟のいい見本がまたひとつできた。

この章のまとめ

頭のいい人からアイデアを拝借する

- 現状、未来の状況、雰囲気を精査する
- 戦略と実践のあいだの明確な線を維持する
- 成功した過去の仕事について新しい方法を見つける。リーダーシップの核となる原則は決して変わらない
- 常にコーチングと指導のより良い方法を模索する――成功した思想家の意見に耳を傾ける
- 成功に必要なのは自信。自信は周到な準備から生まれる

第14章 レッドチーム演習を使って変革する
——勇気があれば再び変われる

いつでも危機に対応できる準備をする

米国同時多発テロ事件を受けて、〝レッドチーム演習〟が軍の備えとして米軍では当たり前になった。2001年9月11日、旅客機がニューヨークのワールドトレードセンターとヴァージニア州アーリントンのペンタゴン（米国国防省本庁舎）に突入し、建物は崩れ、衝撃が走った。軍当局は二度と不意を突かれまいと決め、最悪の事態に備えるため専門の〝レッドチーム〟戦略担当者を置いた。彼らは米国の防衛作戦の最も弱い部分を暴くために不倶戴天の敵を演じる。こうした模擬の演習は将来の急襲に対して軍備を固めるのに役立つ。

レッドチーム演習は新しい戦略ではない。1960年代初頭の東西冷戦中に、米軍は、模擬軍事紛争のいち形態として、戦略家で構成されるチームを別なチームと戦わせる演習に重きを置いた。レッドチームがソ連の脅威を再現する一方で、米軍を演じるブルーチームがシステムを守ろうとする。両チームの戦略的な戦いは最悪の状況を想定して行われるため、レッドチームを極端なくらい優位にし、追加の情報も与え、ブルーチームが困難な状態に陥るよう仕組む。ブルーチームは、レッドチームに壊滅される前に穴を埋め、問題を修正する方法を見つけなければならない。こうした訓練はその後、諜報機関やセキュリティにも応用されるようになった。

ソ連が崩壊したことにより機密情報収集の力学が変わり、9・11事件が起きる前は厳しさが緩んでいた。多くの警告が見逃されたり、無視されたりしていたが、国際テロ組織アルカイダの出現で米国軍は揺り動かされた。レッドチーム演習のスペシャリスト養成コースを開発し、選抜グループに敵の襲撃をシミュレートする技術の訓練を始めた。レッドチームのオペレーションには決まったパターンがある。レッドチーム専用部隊が見えない〝対抗勢力〟となり、ほぼ必ずブルーチームを負かす。その後、訓練されたレッドチームのスペシャリストは、ブルーチームと全過程をともに体験し、彼らがどこでミスを犯したのかを指摘し、実際の戦闘で繰り返さないようにする。アルカイダの指導者オサマ・ビンラディンを探し出し殺害するまで、CIAは、鍛え抜かれたレッドチームを使い、ビンラディンを捕らえ処刑するのに提案された戦略はもとより入手した機密情報も精査していた。同様に連邦航空局も主要空港へのテロリスト攻撃をシミュレーションするのにレッドチーム演習を利用している。政府、アップルやマイクロソフトなどの巨大IT企業は、サイバー戦争やシステムへの油断ならないハッキングに対する備えを強化するためにレッドチームを使ったチェックを絶えず行っている。

我々はレッドチーム演習の戦略をイングランドのラグビーチームに取り入れてきた。勝たなければならない難しい試合の準備に使うことが多い。相手が普段よりずっと高い水準でプレーしていると想像しながら、自分たちが能力を発揮できなければ、その試合がチームにどのように映り感じるかを予想する。また、こちらはメンバーがひとり欠けている、審判団が我々に良くない印象を抱いている、あるいはそのほかの点でこちらが過酷な状況に直面しているなど、レッドチームが有利になる状況も検討する。我々は選手の頭のなかに具体的なイメージを思い描かせようとしている。イメージは、計画がつまずき、突然大きな重圧に襲われたとき、どんな準備をすればいいのかを考え出すのに役立つ。これは実に有益な方法論で、私はコーチングスタッフにも取り入れている。たとえば、スコットランドと対戦していて、ブレイクダウンで負かされそうになっているときに、良くないコーチ陣とはどのようなものか予想してみる。そのうえでそうならないためにどう取り組むべきかを決めるのだ。

いくつかの試合がきっかけとなり、我々はレッドチーム演習を始めることにした。2018年の夏、我々は南アフリカ遠征に赴き、圧倒的にリードしていたにもかかわらず、最初のテストマッチ2試合を落とした。試合は、ヨハネスブルグのスプリングボクスの聖地エリスパークで行われた。試合開始後18分、24対3で大きくリードしていたものの、前半終了までに27対29と逆転され、テストマッチ初戦は39対42で落とした。大きなリードを逆転されたのは痛かった。1週間後のブルームフォンテーンで行われた試合では、トライを2本決め、開始後13分、12対0とリード。だが、ヨハネスブルグのテストマッチの二の舞となり、前半終了までに12対13と逆転され、12対23で負けを喫した。リーダーシップと冷静さがチームに欠けていたのだ。

9カ月後、トゥイッケナムで行われたシックスネイションズのスコットランド戦はさらにひどい追いつかれ方をして、引き分けに終わった。開始後30分、31対0と我々が大きくリード。スコットランドを圧倒していたが、前半終了間際にトライを1本決められた。休憩時間に私が気持ちを引き締めるように言うと、むっとする選手もいた。私が弱気になっている証拠だと捉えたのだ。私が得点差ほど楽観視できないと指摘してからは、安心していた選手のなかにはうろたえる者も出てきた。ベテラン選手たちは彼らを励まさず、チーム内の亀裂があらわになった。ゲームは目まぐるしく展開し、何人かの選手は動揺しすぎてうまくプレーできない。試合終了まで残り1分、我々は31対38で負けていた。その後、ジョージ・フォードが自らのトライでコンバージョンを成功させ引き分けに持ち込んだ。

こうした結果が後押しとなり、我々はレッドチームを使うことを決めた。２０１８年以前は、あまりレッドチームを積極的に取り入れていなかったが、２０１９年以降それが変わった。レッドチーム演習がすべてを解決してくれるわけではないが、試合がうまく運ばないときに、迅速に対応できる思考回路を身につけるのに役立つ。あまりに順調だと思うときには、故意に問題や揉めごとをつくることはたしかにある。こうした不安に対する意識は組織に必要だ。組織を潰すほどのものではないから、何とか対処はできる。こうした不安要素があると、チームから油断を取り除きやすくなる。一方で、油断と慢心は常に身近に潜んでいると覚悟しておいたほうがいい。

ここでレッドチーム演習が役立つ。我々は言う。「そうだな、この試合で本調子が出せないと、どうなるだろう？　新聞の見出しには何と書かれるかな。そういう状況を回避するには試合中、どう問題を乗り越える？」。スコットランドと引き分けた試合からは結果的に大事なことを学んだ。試合がひどい状況に陥ったのは非常に不満だったが、そこから学んだ教訓とその後のレッドチーム演習が功を奏し、２０１９年11月、イングランドはワールドカップの決勝戦に進出した。一方で、様々な問題が埋もれていたため、深く掘り下げる必要があった。

レッドチーム演習には変革する力がある。予め問題をあぶり出す効果があるから、事が起きても不安定にならずに済む。あらゆる可能性を探り、それに備えればいい。

レッドチームをラグビーに取り入れるのは、大して目新しいことではない。ランドウィックのアマチュア時代にレッドチーム演習のようなものをしていた。当時はネットフリックスもアマゾンプライムもSNSもなく、生活はいたってシンプルだった。仕事と家族、スポーツとチームメイト、ただそれだけだ。あの頃は、和気あいあいとした雰囲気のなかで試合のことを、今の選手たちよりずっと多く語り合った。最近はほかにいろいろ娯楽があり、選手たちもラグビーを仕事だと思っているふしがある。練習やミーティングが終わるとすぐに、現代の生活の別な面に頭を切り替える。1980年代や1990年代の我々ほど、近頃の選手は飲みに行かない。ラグビーのことはいったん忘れ、個々の生活のなかに姿を消す。我々は違った。トレーニングの後、何杯もビールを飲みながら、発言力の強い何人かが口火を切って次の試合について話し、ありとあらゆる試合展開を想定してどう戦うか議論を始める。今、思い返すに、我々が現在やっているレッドチーム演習に似ている。我々にとってのレッドチーム演習とは、試合について話し合う別の機会にすぎないからだ。

選手が自分たちでゲームのことを深く語らないのなら、コーチ陣がプレーヤーにレッドチーム的な状況をつくる必要がある。何も選手を批判するつもりはない。それが今の生活スタイルだからだ。昨今、子どもを公園に連れてくる親が最初にやることと言えば、携帯電話を取り出してメールやSNSをチェックすることだ。30年前なら、公園に着くなり、子どもと一緒になって遊んだだろう。今とは生活スタイルが違うだけのことだ。

英国空軍や陸軍の特殊部隊とともに演習させる、もっと専門的なタイプのレッドチーム演習もある。フランク・ディックは英国陸上競技連盟の有名なコーチで、1980年代、十種競技でオリンピックや世界選手権を席巻したときのデイリー・トンプソンを指導した。そのフランクが週に1度、イングランドのキャンプに来て、状況を観察する。長い年月を経てもなお見事な仕事をし、コーチとして様々な経歴がある。テニスのボリス・ベッカーやフィギュアスケートのカタリナ・ヴィットの指導もした。ヴィットは1980年代のオリンピック2大会連続金メダリストである。フランクは英国空軍と定期的に仕事をしているので、幅広い人脈があり、救急業務に携わる人やBP社の石油掘削施設で働く人と話す機会もつくってくれた。

BP社との交流により、不慮の危機に備えるには通常の仕事を非常に正確に行うことの大切さが理解できた。救急業務からは多くを学んだが、注目に値するのは、初対面のチームと一緒に仕事をする場面が多いということだろう。迅速に解決策を考え出し、相手が消防隊であろうと、警察であろうと、医療従事者であろうと、初対面の人間にそれを納得させる必要がある。素早く自分と同じ理解に立たせ、その後、関係者全員の報告を聞く。事前のブリーフィング、危機管理、事後報告、教訓という一連の流れは、自分たちがレッドチーム演習をするうえで参考になった。

軍事活動が極めて正確なのは言うまでもない。指示は簡潔でプロセスを理解しやすい。しかし、エリートスポーツでの状況はもっと流動的で複雑だから、即座に考え行動するという観点からすると、救急業務からのほうが得るものが多かった。

厳密に言えば、救急業務はレッドチーム演習とは言えない。難しい局面に対処できるように選手の経験の幅を広げるものだ。少なくとも私が思うに、レッドチーム演習はとりわけ、不利に運びそうな試合の局面に意識を集中させて解決策を考え出す訓練である。

我々は原則として週のはじめにレッドチーム演習を行う。我々のチームには、どうふるまいたいかを示す、〝基調を定める〟と呼ぶコンセプトがある。それによりその週の心構えが決まる。たとえば、週末、アイルランドとの試合が控えているとする。相手が空中戦を思いのままにしているならどうなるかを考えるところから始める。4人1組になって話し合う。なぜそうなるのか？　どう映るか？　ほかのグループも解決策を考える。そうして次々と仮想の問題を考え、現実的な解決策を見出していく。これは、困難な状況が実際にフィールドで起きた場合に選手が効果的な答えを思いつけるようにするイメージトレーニングなのだ。

危機は必ず訪れるという心構えが必要である。危機を想像すれば、前もって考え備えることができる。さらに、備えができれば、危機から素早く逃れる可能性が高くなる。ビジネスでもスポーツでもハイパフォーマンスを出す集団にはおしなべて浮き沈みがあるものだ。誰しも頂点に立つ喜びを味わうが、どん底からすぐさま抜け出せる力のほうがはるかに大事である。絶頂期にあるときでさえ、急降下する可能性は常に迫っている。的を射た英語の言い回しがあるので紹介しよう。

「屋根の修理は必ず日の照っているうちにせよ」〔訳註：ジョン・F・ケネディ元米国大統領の言葉〕。だから我々はレッドチーム演習を採用している。ことあるごとに「次の危機はいつ訪れるのか？　それはどんなふうに？　備えは十分か？」と自問する。身近に迫る逆境に対処できる精神力が必要なのだ。

常に平静さを保ち、オープンな姿勢でいる

「勝利」のステージの「人」フェーズでは次の3つの基本原則に従うことが重要である。

1. 常に平静を保つ
2. 強さを保つ
3. 常にオープンな姿勢でいる

刷新か再構築かいずれが必要なのかを見極めるには、考えをはっきりさせておくことが肝心である。平静さがなければできない。短期的な成果にとらわれないようスコアボードや貸借対照表とは距離を置いたほうがいい。スコアや収益欄は、組織の現在の位置づけをひと目で把握できるものだが、一部分を表しているにすぎない。数字のうえですべてが順調なら、そのときこそ、こうした状況がどれだけ長く続くのかを突きとめるため問題を深く探るべきだ。悪戦苦闘しているなら、勇気を持ってチームやビジネスの弱点を変えるベストな方法を考え出せばいい。

サイクルのはじめに設定したビジョンに忠実であり続けるためには、強さも必要だ。イングランド代表のビジョンはいつも変わらない。世界一のラグビーチームになるよう努力することだ。それは数年先のことになるが、フランスで2023年秋に開催されるワールドカップでの実現を目標としている。我々は順調に進んでいるが、それでもはじめからやり直す。ビジョンに変更はないが、サイクルが回り続けるかぎり変革による再出発を模索する。決して立ち止まらない。ステージからステージへと移動し

続ける。それは進化のサイクルに似ている。勝って適応する。負けて適応する。一方で、いつでも前進する勢いを確実にサイクルに持たせる必要がある。常に進化のサイクルを変容させ、かつての自分より強くなるように適応させるのだ。人類の発展を想像し、誘導する賢い人間が相当数いたおかげで、人類は、争いと混乱のただなかで、何とかそれをやり抜いてきた。ただし、その礎になったのは常に先人が築いた成果や知識だった。

だから、外部の意見を無視してはいけない。適正な情報を見分け、力になってくれる人かどうかを見極めたうえで相応しい人物を選ぼう。彼らの経験に耳を傾け、彼らの考えを読む。彼らと話し、質問をする。情報を集めたうえで自分の考えを再考しよう。刷新し、練り直し、再構築する。メディアは何もかも直線的に伝えたがるので人間を相手にしているなら、必ず良いときと悪いときがある。すべてはサイクルになっている。成功の後には失敗があり、失敗の後には成功がある。サイクルのなかを進み続け、進むたびに少しだけ前より成長することを目指すのだ。

長期的なダメージを与えずに、チームを前向きに変える絶妙なバランスがある。ちょうどいいバランスは、進化と呼べるだろう。人類は絶えず進化している。過去25年にわたりテクノロジーがどれだけ進化したかを思い起こしてみよう。チームも進化する。ほぼ最適な状態になるまで進化し変容する。それから、自然の成り行きで、変化し下り坂になり、新たな形の変革が必要になる。私は、イングランドの２０２１年の不振は、２０１８年に経験したのと同じく、困難を切り抜けはるかに強くなる一過程だと考えている。

イングランドは２０１６年から２０１７年にかけて大躍進したと誰もが認める。私がヘッドコーチに就任してから16カ月、我々は世界記録タイのテストマッチ18連勝を挙げた。その一方で私は、2018年が厳しい年になると予測していた。事実、我々はテストマッチを5連続で落とすことになる。ニュージーランドが打ち立てたテストマッチ18連勝に並んだとき、イングランドはそれほどいい状態ではなかった。チーム内に入った亀裂が2018年にあらわになったのだ。だが同時に、外野がにわかに指摘するほど悪いとも思っていなかった。このちょっとしたスランプを利用して数ある問題を解決すればいいのだから。

我々は2021年に再び同じ状況を経験しようとしているが、チームの変革にまったく同じ方法は使えない。プロセスに変更がなくとも、選手が違えば状況は変わるからだ。2018年当時は、ディラン・ハートリー、クリス・ロブショー、ダニー・ケア、マイク・ブラウン、ジェームズ・ハスケルなど30歳を超えるベテラン選手が大勢いた。従って、そのときはチームの高齢化の解消に向けた変革に取り組んでいた。今抱えている最大の問題はハングリー精神の欠如だ。イングランド代表やクラブチームで成功を収めた後、以前ほどハングリーになれない選手もいる。問題の中味は違うが、解決に向けて適用する変革の原則は同じだ。ただし、代表から外す選手とこれからチームに入れる新しいグループとのあいだには常にギャップがある。たまに運がよければ選手の入れ替えがすぐ機能する場合もある。だが、ハングリー精神に欠ける選手やベテラン選手とその後任選手とのあいだのギャップはかなり大きい。新しい選手がギャップを埋めるには時間がかかるので、そのあいだ、成績は低迷するだろう。

ハングリー精神を失くした選手のなかから、状態が好転し、新シーズンに息を吹き返す者が出てくるかをこの段階で知るのはなかなか難しい。再び貪欲になりもう一度チャンスを与えるよう私を説得するかもしれないが、シックスネイションズの終わりに、私は5人の選手についてテストマッチでまたプレーする可能性は低いと思った。しかし、誰にもわからない。人は変わる。状況も変わる。私は常にオープンな姿勢でいるつもりだが、2021年の秋のシリーズに向けて、我々は起死回生を図らなければならない。準備期間は1週間。そうなるとおおかた、キャンプに入ったときの選手の状態次第ということになる。チームの約4割の選手が、新型コロナウイルスで疲弊した、ブリティッシュ・アンド・アイリッシュ・ライオンズの南アフリカ遠征からまだ完全に回復していない。この試練に彼らがどう立ち向かうのか予想するのは容易ではない。北半球のここ英国では、次から次へと続く試合のせいで疲労との戦いは常態化している。前にも言ったように、北半球で勝ち続けるのは本当に厳しい。ひとつの代表チームが勝ち続けるのを2年以上見たことがない。

ニュージーランド代表チーム、オールブラックスでは話が違ってくる。彼らはニュージーランドで行われる国際リーグ、スーパーラグビーだけで生計を立てているわけではないからだ。選手たちはオールブラックスと契約をしていて、それが大きな収入源となっている。スーパーラグビーで結果が出せなければ、休めるのだ。それに引き換え、我々の選手は毎週、クラブチームのために試合をする。クラブは選手たちからすべてを搾り取ろうとする。クラブが選手たちの給料を払うのに莫大な金を投資しているのは理解している。だが、負荷がかかりすぎて選手たちは疲弊し、それがもとで彼らのハングリー精神は鈍くなる。これではクラブチームや代表チームというベルトコンベアーの上を流れるゴルフバッグのようになってしまうだろう。

たとえば、イングランドのクリケットチームは、協会との契約が創設されるまで、中くらいのスピードでボールを投げる、慎重で安定した投手を数えきれないほど輩出したものの、真の速球派の投手の育成にはあまり目覚ましいものがなかった。ウィケットと呼ばれる3本の棒の特徴に大きな原因はあったが、州対抗クリケット試合で何度もプレーし日常的に疲労していたことのほうがもっと大きな要因だった。そうした過酷なシーズンを戦い抜くために、投手たちはスピードと出力を抑える必要があった。うまく計算しエネルギーを節約してボールを投げた。一方で、体力を温存する状態に慣れ過ぎてしまっていた。そのせいで危険なほど高く弾むボールを投げる速球派の投手がいなくなった。

ラグビーのテストマッチが我々の選手に与える影響も、絶え間ない速球がクリケット選手に及ぼす影響に似ている。グラウンドに入り、激しく速く走り、スクラムに突進する。四六時中それを繰り返さなければならない。だからラグビーから離れて少し休息を取るべきなのに、そうできない状況にある。ニュージーランドでは選手の扱いが違う。リッチー・マコウやダン・カーターといった大選手は、ここイングランドでのように、グラウンドでただ酷使されたりはしない。ときには半年の長期休暇が許され、気晴らしに出かけたり、旅行したり、体をゆっくり休めたりして充電し、次のワールドカップに向けて生気を回復する。イングランドの選手たちには無理な話だ。そんなことをしたら給料がもらえないからだ。ニュージーランドでは今もベストプレーヤーには充電期間中も給料を支払う。例を挙げるなら、ボーデン・バレットは半年の休暇を取り、日本でプレーする。リフレッシュした後、サントリーサンゴリアスでプレーし、日本の企業から報酬をもらいながらも、ニュージーランドとの契約はそのままだ。ニュージーランドに戻れば、オールブラックスでプレーする。こうした変化と経験を通じて彼は自分が変わるのを感じ、さらに良いプレーヤーになるに違いない。

イングランドの選手は誰であれそんなことはできない。アンソニー・ワトソンが、ブリティッシュ・アンド・アイリッシュ・ライオンズのプレーで締めくくった長いシーズンの後で、ラグビーの本拠地から半年離れたいと申し出たら、「バース・ラグビー」クラブのオーナー、ブルース・クレイグは彼に報酬を払い続けるだろうか？　もちろん、払わない。これがニュージーランドとイングランドとの大きな違いである。ラグビーはますます激しさを増すスポーツになっているから悩ましい問題だ。100パーセントの状態でなければ、第一線で活躍し続けるのは困難だ。

リーダーシップが組織の特徴を決める

チームや企業が発展するとき、険悪な雰囲気や軋轢が生じることがある。リーダーは勇気を出して対立を収めなければならない。個人的な敵対心は脇へ置き、対立を迅速に特定して収めにかかる。教室でも更衣室でも役員会議室でも、あたりを見回し、力になってくれそうなのは誰か、邪魔をしそうなのは誰かを見極める必要がある。影響力のある発言をしそうなのは誰だろう。問題を起こしそうな人は誰で、問題を解決するのは誰だろう、という具合に。

チームメイト同士や従業員同士が衝突する場合もある。当人たちを一緒に呼んで解決する必要があるかもしれないし、別々に呼んでそれぞれに、チームや組織に対する個人の責任について話をしたほうがいいかもしれない。私が2006年にサラセンズのディレクター・オブ・ラグビーに期間限定で就任したとき、サラセンズは過去16戦で4勝しかしていなかった。私は、イングランド代表のキーラン・ブラッケンを9番のスクラムハーフに、10番のスタンドオフにニュージーランド代表のグレン・ジャクソンを起用した。ジャクソンは私の親友で、おおかたのニュージーランドのバックス同様、どこからでも走りたがり、片やブラッケンは厳格なイングランドスタイルのラグビーをしたがる。ふたりがうまくいくはずはなく、気まずい雰囲気が流れた。

私はひとりずつ個別に声をかけ、具体的な役割と責任を決め、さらに、チームが勝ち残るためにはただ一丸となることが必要だと伝えた。私は言った。「互いを好きになる必要はない。だが、自分の担当するプレーに集中してくれれば、チームはずっと良くなり、クラブは満足だ」。それから皆で飲みに行き、ふたりの距離はいくらか縮まった。互いに自分の抱える問題を話すようにもなり、次の6試合で4勝を挙げることができたのである。

企業でも同じことが言える。従業員同士のあいだに問題があるなら、すぐに解決しなければならない。くすぶったままにしておけば、それだけ雰囲気を蝕むことになり、描いたビジョンに暗影を投じるからだ。最近の労働心理学では自分の問題は自身で解決し、他人が介入すべきではないと勧めることが多いけれど、必ずしも自分の力だけで解決策を見つけられるわけではない。だから、リーダーが介入し、解決策を見つけたほうがいい。最初の提案がうまくいかなくても、改めて別の提案をする覚悟が必要だ。たいてい何らかの答えが見つかる。

勝利したアルゼンチン遠征から間もない2017年8月、イングランドはプレシーズンのキャンプを行った。シリーズを引き分けで終え、ライオンズの選手たちも戻ってきたが、私にはチームが不安定な時期に入ったのがわかった。十字靭帯の損傷で長期離脱していたマヌ・ツイランギが、復帰している。しかし、彼にはまだ人として成長すべきところがあった。週末の軽い練習を終え、3日間のキャンプもあと残り1日となった。選手たちは月曜日が大事な日であることは心得ていた。コンタクト・トレーニングのハードなセッションが唯一行われるからだ。

私はチーム全員を連れてテディントンに食事に出かけ、くつろいだ夜を過ごした。選手たちを大人として扱い、夕食の後であえて門限を設けなかった。てっきり皆ホテルに戻って早めに休むものと思っていたからだ。ところが、ツイランギと将来有望なウィンガー、デニー・ソロモナはお開きになると出かけ、深夜になってからキャンプに戻ってきた。酒のうえでの醜態がすぐに私の耳にも入った。

私が引き継いでから、チームの規律が破られたのはこれが初めてだったが、容認するわけにはいかない。すぐさまふたりをメンバーから外した。彼らはきまり悪そうな表情を浮かべ、二日酔いでズキズキする頭で帰国の途についた。ツイランギは重要な選手で、ソロモナは国際舞台でのキャリアをまだスタートさせたばかりだった。それでも私はふたりをまったく同等に扱った。さらに私は、自身の問題を解決するのは完全にそれぞれの肩にかかっているとはっきり伝えた。復帰するに値すると私に証明しなくてはならないのだ。ツイランギは態度を改めることができ、成長してチームに戻ってきた。ソロモナは残念ながら、最高レベルのラグビーからはドロップアウトしてしまったようだ。彼は、個人的な悩みや精神衛生上の問題を抱えていた。結局、飲み過ぎて誤った選択をすることになった。ニュージーランドのオークランドにサモア人として生まれ、極めて厳しい家庭環境のなかで幼少期を過ごし、決して楽ではない人生を歩んできた。我々はそうした選手にいつも手を差し伸べようとしているが、問題が大きすぎてどうにもできない場合もあり、結果的に本当に才能のある選手を失うはめになる。だが、ツイランギは違った。結婚し父親になったことで落ち着き、それ以降、実に穏やかな雰囲気を漂わせている。

ほかにも様々な問題が起きた。２０１９年ワールドカップの最終メンバー発表を目前にして、マイク・ブラウンとベン・テオが衝突した。ふたりともイングランドに貢献してきたし、ブラウンは私が思うに２０１６年のベストプレーヤーと言ってもいいくらいだったが、彼らは最終メンバーに選ばれるかどうかの瀬戸際にいた。いずれにせよ、私はふたりを選ばなかったかもしれないが、今回の対立で私の気持ちは固まった。選ばないと決めると、ふたりをチームから外す手続きを事務的に進めた。明快さとチームスピリットを守るためなら私は容赦なくふるまうことができる。

リーダーシップが常に組織の特徴を決める。我々は絶えず同じ自問を繰り返す。「どうしたら強力なリーダーシップを発揮できるのか？」。しかし、現在のリーダーシップの手本は30年前の手本とは違う。その頃のリーダーシップと言えば、トップダウンしかなかった。今のリーダーシップはトップダウンとボトムアップの両輪で動いている。日本にいた頃、柳井正がユニクロのスタッフを前に話すのを聞きに行ったことがある。正は、その場にいる80名の店舗オーナーたちに勇気を出すように頼んでいた。それぞれの店舗のためにぜひともアイデアを出してほしいと強調した。本社から流れてくるアイデアを待つだけでは足りない。正は彼らに勇気を持って革新を生み出すよう求め、彼自身も新しい野心と計画を途中で投入するからと言った。これはビジネスのありようが変わったのを示す一例だ。ワンマン経営者がビジネスを動かすのではなく、創造的で堅牢なピラミッドの土台こそが組織には必要なのである。

正は勇気を見せて基調を定め、組織全体の利益のために喜んで個々の店舗オーナーに主導権を持たせると言った。勇気がなければ変革はできない。私がイングランドのヘッドコーチを引き受け、チームの変革に取りかかったとき、ディラン・ハートリーを新しいキャプテンに指名するのは、度胸と勇気が要った。彼は素行が悪くたびたび批判を受け、悪い手本と見なされていたからだ。今の彼を見てほしい。引退時には、英国ラグビー界の優れた指導者と誰もが認めるまでになった。イングランドのキャプテンとして素晴らしい成績を収め、メディア対応も見事なものだ。難しいテーマについても進んで包み隠さず話す。たとえば、ラグビーの危険性を議論しつつも試合への深い愛と敬意は失わない。ハートリーの発言は今や尊敬と注目の的である。しかし、私がキャプテンに起用したとき、彼はまだ世間から手に負えない乱暴者と思われていた。頭のいい彼はこうした認識を変え、その責任感のおかげで成長した。彼を選んだ私の勇気は報われたのだ。

ブランビーズのヘッドコーチとして2年目のシーズンを迎えた1999年にも、変革の局面で私は勇気を示した。プロのコーチとして最初の大きな仕事だ。ロッド・マックイーンから引き継いだ後、1年目のシーズンは大した変更を加えなかった。前年の1997年、ロッドのもとブランビーズは2位でシーズンを終えていたのに、1998年の成績は10位に終わった。ニュージーランドのチームいずれにも徹底的に打ちのめされ、南アフリカ遠征でも好転しなかった。1998年4月、ケープタウンでのストーマーズ戦は3対34で完敗。これほど無様な負け方をし、深夜、私はホテルの一室でベッドに座り、泣いた。やるせなく途方に暮れていた。無理やりホテルから出て、キャンプスベイのビーチまで散歩に出かけて初めて、もとの自分を取り戻せた。

私は思った。「何とかしなければ。この状況から抜け出るための方法を探すしかない」

私は落ち着いていたが、何より時間が必要だった。組織をつくるときには、そのスタイルと個性を見極めなければならない。自分の信念に自信を持ち、普段からしているように外野の声は無視することだ。

あの頃はたくさんの野次が飛んだ。ブルーススタジアムでは、コーチは特別観覧席のボックスシートから指示を出すので、ハーフタイムに選手のいるドレッシングルームへ向かうには観客席のあいだを通らなければならない。そのとき、ファンから野次を浴びせられる。「ランドウィックに帰れ、ジョーンズ。おまえじゃお先真っ暗だ」とか「もうちょっとまともな手はないのか」とかは、覚えているかぎりまだましなほうだった。

しかし、チームを変革できると私は確信していた。アイデアが頭のなかで具体化し出していた。次に取りかかるのは、一緒にそれを動かしてくれる適任者を見つけることだ。さらに私の手足となる人材も見つけなければならない。プレッシャーがどんどん重くのしかかってきたが、そんなとき率直なアドバイスをしてくれる人がいた。

スティーブ・ナンスは、ロッド・マックイーンのもと、ワラビーズに加わっていた。厳格なストレングス&コンディショニングコーチである。ラグビーリーグのブリスベン・ブロンコズでプレーし、プレミアシップを3度制覇した経歴を持つ彼は、ウェイン・ベネットをはじめとする様々な名コーチからも尊敬されていた。1998年、ナンスは私を脇に呼ぶと言った。「もし来年うまくいかなかったら、十中八九、君のコーチとしてのキャリアはそこで終わる」

そのとおりだと思ったので、私は彼の次の言葉を信じた。ナンスは私に、自分の直感を信じて本気でブランビーズをコントロールしろと強く勧めた。私がヘッドコーチに就任する前からチームは成功を収めていたので、昨シーズンはチームを完全に掌握できずにいた。だが、実際にはチームの高齢化が進み、一部の選手には権利意識が忍び寄っている。私は頑張ってそれを根絶することから始め、大鉈（おおなた）を振るった。勇気を奮い起こして変革を成し遂げるなら何か特別なことをする好機に恵まれるとナンスなら言ってくれるだろう。変化はいつも不安定なものだ。ひるんでいたら、私が頭に思い描いたラグビーをブランビーズにさせることができないまま時間も取るべき道もなくなったかもしれない。しかし、ナンスが言うように、負けている今こそ、自分の望む方法で指導しチームを引っ張りながら変革を行うベストなタイミングなのだ。

その後すぐに、ロッド・ケーファー、スティーブン・ラーカム、ジョージ・グレーガンとキャンベラのキングストンにあるカフェに座っていたのを覚えている。私は言った。「よし、どうやって相手を打ちのめす？　フィジカルでは向こうのほうが有利だ。新たな戦法を考えよう」。こんな感じで話し合いが始まった。我々は、ニュージーランドや南アフリカの裏をかく戦法を思いついた。第3フェーズに最高のアタッカーを最も弱いディフェンダーに当てるというプランだ。一見シンプルな戦法だが、うまく機能させるには高度に組織化しなければならない。とてつもない勇気とハードワークが必要だった。

ラーカムとグレーガンはオーストラリア代表に選ばれ、ワラビーズでプレーするためにカフェを出た。そこで、私はまだ代表に選出されていなかったケーファーと例の戦法の青写真をつくり始めた。最終的にこの戦法でラグビー界にしばらく革新を起こすことになった。我々がつくり出したのは、誰も見たことがない新しいスタイルで、その結果、あちこちのチームが模倣したがったからだ。我々は策略で勝った。キックを極力使わず、すべてを変えた。それが奏功して2年連続スーパー12の決勝に進み、2年目にはとうとう優勝を果たした。

私は変化をけしかけ、変革のビジョンを提示したが、進化の中心的な役割は選手が果たした。戦略を動かすのは選手だ。コーチは選手が自身の戦略として動かせるようにしなければならない。我々は同じことをイングランドでしようとしている。そうすれば、選手たちは我々のプレースタイルや問題を自分のものとして扱うようになる。彼らに必要なのは、単なるフォロワーで終わるのはなく、問題を解決するリーダーになる勇気を持つことだ。ここで、変化を起こす前に、章のまとめに掲げることを思い出すと役立つだろう。

この章のまとめ

勇気があれば再び変われる

- 次の段階の変革を計画する——刷新または再構築
- 不安をつくって油断を排する
- 〝レッドチーム〟戦略を使って不慮の危機に対するプラン、組織、対応を吟味する
- 常に平静を保つ
- 常に強くなる
- 常にオープンな姿勢でいる

第15章

全勝

——準備万端ならリーダーはチームを納得させられる

影響力のあるリーダーの見つけ方

リーダーを育成することは、どんな組織にとっても重要である。どうしたらもっと影響力のあるリーダーを見つけられるのか？　雰囲気をつくる、チームを牽引するロールモデルとなる、自分にも相手にも疑問を投げかける、学びと向上のサイクルに夢中である、勝ちたいと願いながらフィールド内外で向上を続ける、といったリーダーだ。

このようなリーダーがイングランドにいないことが2021年に露呈した。ニール・クレイグ、ウィル・カーリング、ジョン・ミッチェルと私は、チームのあらゆる亀裂や欠陥を吟味しながら、リーダーシップの欠如について絶えず話し合い、秋には実際に発表するつもりでチームを一新する準備を進めた。リーダーたちのメンターの役割を果たすカーリングも私と同じく、オーウェン・ファレルをはじめマコ・ヴニポラ、マロ・イトジェ、ジェイミー・ジョージ、トム・カリー、ジョージ・フォード、エリオット・デイリーらが率いるチームの推進力や成長の物足りなさに懸念を抱いている。ふたりとも、ベストプレーヤーのほとんどがリーダーの役割を担う現状の選考方法からの転換と変化が必要だと感じていたのだ。

こんな具合にうまくいかないこともある。時として、ベストプレーヤーがベストリーダーとは限らないことが、リーダーシップ・サイクルの「勝利」のステージでより明白になることもよくある。直近のシックスネイションズで見せた我々のパフォーマンスの「オペレーション」の局面と、5年前、2016年シリーズの際に、オーストラリアで行われたワラビーズ戦のときの我々の奮闘を比べると、明らかに違いがある。2021年は主力メンバーがいなくなった。リーダーシップの空白はハングリー精神と意欲の減退となって表れ、目的意識はひび割れ、チームワークが失われた。

2016年はまさにその逆だった。相応しいキャプテンがいた。ベテラングループのリーダーたちの影響力と健全さを兼ね備えた人物で、ベストプレーヤーが必ずしもチームを牽引する最適任者ではないことを証明する顕著な例だ。ディラン・ハートリーは抜きん出たプレーヤーではない。だが、素晴らしいキャプテンで、その年の遠征での働きは見事だった。まだキャプテンに就任したばかりでエネルギーと目的意識にあふれていた。さらに印象的だったのは、この上なく自身を律して激しい気性を抑え、人をまとめ、結びつけるという難しいスキルに極めて長けていたことである。人をまとめる能力を過小評価してはいけない。この能力こそがリーダーシップの礎となるからだ。

選手たちはハートリーが大好きだった。ひとつには少し不良っぽいところがあるからだが、彼がすべてをチームのために捧げていることをよくわかっていたからだ。私とハートリーとのやりとりはスムーズだった。1対1で改まって話をする必要はなかった。ハートリーはもともと改まった感じの人間ではない。だから、私たちはたいてい3、4分で終わるような短い雑談をしていればよく、朝食前に落ち合ったり、食事をともにしたりしながら、その日にやらなければならないことを手短に話すのが習慣となった。「誰にリードさせる？　我々の最大の目標は？　少し甘やかしたほうがいい選手は？　少し追い込んだほうがいい選手は？」といった具合に、内容は簡潔明瞭で要領を得ていた。こんなふうに毎日何度もミーティングをした。

そこにはもうひとつ意味がある。全体を統括するリーダーは、相手に一番合ったミーティングのやり方を見極めなければならない。走り回っているところを捕まえたほうがいい者もいれば、腰を落ち着け、議題を示し、ゆっくり時間をかけて考えや提案を検討するほうがいい者もいる。オーウェン・ファレルは、ハートリーよりはるかにじっくりと考えたいタイプだ。

ハートリーなら、「ああ、やりますよ」「こういう感じでやってみたらどうでしょう」「ええ、わかりました。やりましょう」と言うだろうが、ファレルには、事前に考えてもらいたい内容を伝え、答える時間を与える。

各人に最も合った情報の受け取り方や回答の戻し方を理解し尊重するのは、コミュニケーションの肝と言ってもいい。

2016年のイングランドには幸運にも何人かの補佐役がいて、ハートリーは大いに助かった。クリス・ロブショー、ジェームズ・ハスケル、マイク・ブラウンは皆、性格は違うが、それぞれのやり方でリーダーシップを発揮した。イングランドのキャプテンを4年間務めたことのあるロブショーは、プロ意識の強い勤勉で模範的な人物だ。ハスケルはよくしゃべる、うるさいタイプで冗談を言って皆を笑わせたいと思う一方、成功したいという強い欲求も持ち合わせていた。ブラウンは物静かなほうだが、必死になってチームの集中力のレベルを上げた。ファレルとマコ・ヴニポラもずいぶん貢献した。こうしてハートリーの下には少なくとも5人のリーダーがいて重責をわかち合うことができたのである。

オーストラリアは、世界ランキングで上にはニュージーランドしかいない、間違いなく世界ナンバー2のチームだった。2015年ワールドカップで決勝に進んだオーストラリアは、ランドウィック時代の私のチームメイト、マイケル・チェイカがヘッドコーチを務めるなか、イングランドをグループステージから敗退させるのに一役買い、勢いに乗っていた。ベストプレーヤーのほとんどが選手としてちょうどよい年齢で、スピーディーで流れるようなラグビーをする。自信を持って勝ち進んでいた。イングランドは彼ら相手に死に物狂いで戦わなければならない。最終的に我々は、おそらく私がコーチをしたことのあるどのチームより激しく戦うはめになったが、運に恵まれ、それをうまく活かせた。

フィールドでのプレーについて言えば、イングランドはなおも本領を発揮していた。ハイブリッド・スタイルのラグビーでグランドスラムを達成した。オーストラリア戦では当然、抜かりのないディフェンスで臨み、巧みにカウンターアタックを仕掛けなければならない。2016年当時は自分たちのスタイルを意識的に変える努力はしていなかったのに対し、2021年の今は違うタイプのラグビーをつくろうとしている。

2016年の遠征中に我々が挑戦することは山のようにあった。イングランドはオーストラリアでのシリーズで優勝したことがなかったので、我々は勇気を奮い起こす必要があった。最初から万事うまくやった。

我々はブライトンのこぢんまりした昔風のアールデコ調のホテルで落ち合った。そこはビーチに近く、選手たちは大いに喜んだ。この遠征の基調を定めるために、私は「ボディーライン」の概念を紹介した。オーストラリアでは今でも誰もがこの言葉を耳にしているのを知っていたからだ。1932-33年のクリケットのテストマッチシリーズ「ジ・アッシズ」のとき、イングランド代表の主将、ダグラス・ジャーディンはオーストラリア到着前からボディーラインの構想を思い描いていた。それは容赦のない、だが、単純明快な戦術で、ハロルド・ラーウッド率いるイングランドの高速ボウラーたちが、名選手ダン・ブラッドマンをはじめとするオーストラリアのバッツマンたちの身体を狙い、その手前でボールを弾ませようというものだ。それはアグレッシブで妥協がない。ワラビーズと戦うにはこの2つの特性を使う必要がある。フィジカルで圧倒するボディーラインは手本としてまさにうってつけだった。

選手たちのほとんどがボディーラインを知らなかった。そこで私は映像を見せ、ジャーディンの経歴に触れ、イングランドがジ・アッシズを4対1で制すのに一役買ったこの戦略について説明した。その後、我々は何度もミーティングをしたが、今度は我々がオーストラリアを倒すにはどういう戦略を取るかに焦点が移った。それは選手たちの胸にずしりとこたえ、あとでジョー・マーラーが私のところに来て言った。「申し訳ないですが、今の自分にはできません。そんな状態ではないのです」

マーラーは実に正直だった。自身の心の健康について打ち明け、家族と離れるのは本当に辛いと言った。私はその勇気に心を打たれ、彼の率直さを大事にしたいと思った。自分と家族を優先したいという彼の考えに同意した。そのふたつはラグビーの遠征より大事だ。同時に、こうも考えた。「我々は良いチームになった。これほど正直に打ち明けてくれる選手がいるなら、我々のやっていることはきっと正しい」。我々は順調に進んでいると感じた。相手にははっきりとわかるように伝えられるほど、もっともな反応が返ってくるようになるからだ。もっともな反応とは、仕事に専念するか、自分は向いていないと言うかのいずれかである。どんなハイパフォーマンスな行動にも必要なことだ。今のポジションに１００パーセント、コミットできないのなら、そこにいないほうがいい。ベテラン選手のひとりが、「中途半端にコミットするより辞めたほうがいいと思う」と、率直に言ったのは良い兆候である。

イングランドはこれまでオーストラリア国内で行われたワラビーズとのテストマッチシリーズに勝ち越したことがない。その理由は、中途半端なコミットメントにある。私がワラビーズのヘッドコーチをしていた２００４年のテストマッチにイングランドは世界チャンピオンとして参加した。だが、着目すべきなのは、彼らが休日気分だったことだ。唯一のテストマッチ前の木曜の夜、飲みに出かけていた。ひょっとしたらこうした雰囲気は昔から英国のチームにあったのかもしれない。長いシーズンの終わりに、暖かく天気のいいオーストラリアに行けば、気分も和やかになる。オーストラリアやニュージーランドに遠征中の英国チームの態度はこうだ。「試合は全力で頑張る。だが、残りの時間は楽しもう」

我々はそうならないと確信していたが、どんなときも油断は禁物だ。我々はシックスネイションズで５連勝していたから、例のごとく、油断が忍び寄ってきている。チームとしての油断も個人としての油断も阻止しなければならない。ことあるごとにその両方と闘う必要がある。

我々はボディーラインの構想を使ってビジョンをきちんと理解し、適切なプランも立てたから、最初のテストマッチに向けて、回復、休息、ハードトレーニングを適正なバランスで行うことができた。夏の時期のイングランド代表はいつも微妙なバランスに陥る。プレミアシップの決勝戦があり、遠征前に10日確保できる選手もいれば、5日しかない選手もいるからだ。消耗するクラブチームのシーズンの後、まちまちの状態にある選手たちの調子を合わせるのは容易ではない。しかし、我々はうまくやった。ゴールドコーストで数日間の休暇を取った後、実に素晴らしいトレーニングセンターに行き、トレーニングをした。私も以前使ったことのある完璧な施設だ。トレーニング中、夕暮れどきにカンガルーの群れが走ってフィールドを横切る姿は絵のように美しかった。

ふたりの新人プレーヤー、カイル・シンクラーとエリス・ゲンジは暴走電車のようだった。プレミアシップでの試合数はそれぞれ10試合にも届かない。私がふたりを代表に選んだ理由のひとつは、跳ねまわるカンガルーのような野性児だったからだ。シンクラーもゲンジも相手を激しく攻撃してボールを剥ぎ取るのが好きだった。ふたりはトレーニングに勢いを加えた。

我々の準備はすっかり整い、グラウンドを離れた後のコミュニケーションも良好だった。ワラビーズのヘッドコーチ、マイケル・チェイカが2015年の年間最優秀コーチに選ばれたので、我々はそれを祝って歌い踊った。私は「最優秀コーチ」と叫び続け、それが彼の癇に障った。ちょっとふざけただけだったのだが、気分を害したようだ。オーストラリア人である私が母国に帰ってきたということでちょっとした騒ぎにもなり、実際、地元メディアではそのことが大きく取り扱われた。私は世界中あちこちで暮らし、居場所を定めず転々としたこともままある。どこでもよそ者だった。定住したことのない国に戻ろうとしているのだから、特別な感慨はなかった。

2016年6月上旬、ブリスベンに到着すると、私は空港で荷物検査の対象に選ばれた。愉快だった。

トライを決め、逆転した。さらにペナルティ・ゴールが1本ずつ決まり、前半終了時には19対13でリード。プランと準備に、無情なプレーヤー交代が相まって、悲惨な状況をすっかり変えたのだ。テストマッチ初戦の前半戦は、勝ち目のない、手強い相手を前に「勝利」のステージでどう指揮を執るかのいい見本である。

また、リーダーは間違っていたときはすぐに認め、適切な変更を加えたほうがいいという証明でもある。チームや組織が必要とするなら、議論を呼ぶ難しい判断をする覚悟をしなければならない。慣習や伝統は脇へ置き、澄んだ目で状況を評価したうえで立てた方針に従うべきである。

ハーフタイムの後、決意と意欲、責任感がチーム全体に広がり、全員がスキルを駆使しイングランドは39対28で印象的な勝利を収めた。私がヘッドコーチに就任して以来、最高のイングランド代表だった。だが、これは始まりにすぎない。残り2試合に勝利するには相当頑張る必要があると改めて強調した。チームが見せた精神力の強さに今も満足している。8カ月前、自国開催のワールドカップで予選プール敗退を喫し、イングランドは大打撃を受けた。敗れたウェールズ戦にもオーストラリア戦にも勝てたはずだったが、一番肝心なときにフィールドでのリーダーシップが欠けていた。トゥイッケナムでウェールズに敗れ、1週間後、ワラビーズに33対13で逃げきられたとき、イングランドは単純に内部崩壊したのだ。

2016年の今、ブリスベンにいる多くのイングランド選手があのワールドカップを経験している。けれど、今回はチームを鼓舞するハートリーという新しいキャプテンがいるし、チームには新しいビジョンと戦略がある。何より今は、精神面、肉体面、戦術面すべてにおいてオーストラリアの猛攻をかわせるだけのものが備わっている。指導する立場のコーチ陣は選手たちに厳しいトレーニングを課す一方で、キャンプの雰囲気が明るくなるよう配慮した。その2つを維持するのはなかなか容易ではないが、我々はそれをやってのけた。

我々にはテストマッチ3戦全勝という野心があった。リーダーはそれを口にする勇気が必要だ。その点においては絶対に正直でなければならない。野心は、はっきりと表明すべきだ。それは英国らしいやり方ではない。歯に衣着せぬ物言いは英国のメディアとは相性が良くないからだ。テストマッチで全勝したいと公言するのは私には至極当然のことである。

とはいえ、全勝はたやすいことではない。メルボルンで行われた第2戦、BBCは我々を〝テストマッチ史上最高レベルのディフェンス〟と評した。私はもっと慎重だった。我々のボール支配率は29%、地域支配率は26%しかなく、試合の後で言った。「我々は守り、得点につながる数少ないチャンスを活かしてプレーしなければならなかった。この試合はそうやって戦った」

我々はプレッシャーをはねのけ、3人のトップリーダー、ハートリー、ロブショー、ハスケルがチームを先導した。イングランドは、オーストラリアの約4倍の、200を超えるタックルを決め、激しいディフェンスで臨み、ハートリーとファレルがそれぞれ1トライずつ挙げて23対7で勝利を飾ることができた。

あの気迫を再現することはできないが、オーストラリアのあらゆる攻撃に対抗できるプレーヤーの集団だと我々は信じていた。2勝した後、私はこの瞬間を皆で祝いたい気分だったが、同時に、「3戦全勝するまで満足するつもりはない」と念を押した。

アタックには大幅な改善の余地があり、こうした改善に選手たちは意欲を燃やした。敗者として見限られていた彼らが、今や歴史をつくるチャンスに恵まれたのだ。メディアの評価もまったく変わった。チームはこの遠征で素晴らしい時間を過ごした。3週目、再び試合が始まる前に選手たちを海辺でリラックスさせようと思い、シドニーの懐かしいお気に入りの場所、クージービーチに連れて行った。ランドウィック時代の私のコーチ、ジェフ・セイルがホテルに立ち寄ってくれて少しばかりビールを飲んだり、引退したラグビーリーグの名選手、アンドリュー・ジョーンズが練習に合流したりした。

ビーチでうちの選手を見かけたフォックスの記者が、びっくりしたという口調で私に訊いた。「選手がアイスクリームを食べていいんでしょうかね?」。なんとも滑稽な話だ。

遠征の最終週は大変だが面白い。常にパフォーマンス・トライアングルのバランスをとるのを忘れてはいけない。三角形の頂点に来るのはパフォーマンスで、両角には、ハードワークからの学びとリラックスから得る楽しみが来る。いつも正三角形になるように気をつける。いずれかの角に偏りすぎると、調子が狂い、パフォーマンスに影響が出るからだ。

ハードワークの苦しさとリラックスの解放感との適正なバランスを見つけることが、リーダーの特に重要な役割である。このバランスが崩れると、均衡を取り戻すのは非常に難しい。だが、三角形の両角のバランスを的確に保てば、パフォーマンスは上がり、チームの一員であることにこの上もない喜びを感じるだろう。

今回の遠征で最高のパフォーマンスが出せたのは第3戦でかもしれない。我々は思うように足が動かなかった。疲れていたのだ。しかし、イングランドは戦い抜き、オーストラリアより長く踏ん張り、44対40で勝利した。4トライを挙げ、チームがこれほど短時間で変われることをまたしても証明した。ワールドカップ決勝戦でニュージーランドと戦ってから8カ月、オーストラリアはいささか戦意を喪失していた。自国開催のテストマッチシリーズで3戦全敗した打撃から立ち直るには途方もなく長い時間がかかるだろう。

グランドスラムを達成し、オーストラリアとニュージーランドに全勝した後、イングランドは変わったように見えた。いいチームとしての土台がしっかりできていたが、例のごとく成長し続けることが必要だった。テストマッチシリーズの一番辛いところは、選手たちのキャリアに影響を与える時間があまりないことだ。彼らと過ごす時間は1年で最大12週。その中途半端な時間で、我々は常に良い習慣を養い、リーダーシップを磨こうとしている。それが功を奏して、テストマッチほどきつくもなく刺激的でない環境のもとでも選手たちは成長を続けている。サイクルの次のステージに進む準備は整った。

それから5年後の今、我々は違う道を歩もうとしている。チームが再び前進するには、いったん解体しなければならないからだ。サイクルのもう少し後の段階でこうした解体が必要になる。だが、上の部分はばらばらになっても土台は前より強固になるだろう。基盤が整っていれば、変化が起きても崩れない。大きな制約となるのは、いつものように、時間である。新型コロナウイルスのせいで以前にも増してそう思う。どれだけ早くチームを前進させることができるか、パンデミックの猛威とのバランスを考えなければならないからだ。

2021年のシックスネイションズの後、私は英国ラグビーのいつもながらの制約にも縛られていた。皆、自分たちのクラブチームに戻っているので、中心メンバーにも誰ひとりとして会うことができなかった。短いメールを交換することはできたが、軽い挨拶程度のものに制限された。国際試合のあいだを除き、イングランドのコーチが選手に連絡してはいけないからだ。グラウンドを訪れるのさえ許可しないクラブもあるが、受け入れるしかない。

オーウェン・ファレルに会いたければ、ラグビーユニオン競技会〈プレミアシップラグビー〉から許可をもらう必要がある。1996年にユニオンがプロに転換して以来、そうやって試合を運営している。私が何年も前にワラビーズのヘッドコーチをしていたときは、事情が違った。あのときは、最初にキャプテンに指名したジョン・イールズと密に連絡を取ることができた。英国のラグビー運営のやり方に不平を言うつもりはない。仕事を引き受けた時点で、自分がどういうところに足を踏み入れようとしているかわかっていたから、まったく驚かなかった。制約のあるなかで仕事をする覚悟を決めることは必要だ。

2021年のシックスネイションズのとき、あまりに酷評され、心底腹を立ててもおかしくなかった。けれど、5位になれば、あのコーチなら当然だと言われてもかまわない。事実だからだ。一方で考慮すべき数々の要因や問題がある。だから、私はそこから学ぶべきいい機会だと思っている。

20年前の私なら、怒りのあまり冷静さを失っていただろう。世間をたびたび非難し、批判と激しく戦っていたかもしれない。だが、今は事もなげに素知らぬ顔でやり過ごせる。恨みを抱いたりしない。抑えることができるものは抑え、それ以外は無視することを学べばいい。ここでも、エリートスポーツ界で似たような状況にある人と話すことが役に立つ。

自分の感情をコントロールする方法

私は先日、あるバスケットボール・コーチと話をした。その人は68歳。中国で12年間コーチをしていた。中国のエリートスポーツ界でコーチをすることが知れる、面白い話をしてくれた。ある日、チームオーナーがそのコーチに200万ドルを渡し、米国に飛んで選手を獲得するように言った。コーチは米国に行き、オーディションを兼ねて何人かの選手を招いてトレーニング・セッションを行った。そのなかで突出していたのは、身長が2メートル5センチあまりもある選手だった。彼がベストだと思ったコーチは、彼のエージェントに話をする。「契約金50万ドルを提示しましょう」。選手とエージェントは喜んで契約書に署名し、誰もが満足していた。

コーチはオーナーのプライベートジェット機で中国に戻るとすぐに、オーナーに会ってその選手のことや契約の内容について報告した。するとオーナーは「米国に戻って200万ドルプレーヤーとして契約し直してもらいたい」と彼に言った。正気を失くしたのではないかと訝る目で彼はオーナーを見るが、オーナーの意思は固い。そこで例のプライベートジェットで再び米国に行き、選手とエージェントに電話をかける。ふたりは心配になったが会うことに同意する。契約金が200万ドルに上がると聞いたとき、心配は驚きの歓喜に変わった。コーチが中国に戻ると、オーナーは嬉々として言う。「素晴らしい！　これで発表できる。我々は200万ドルプレーヤーを獲得したのだ」

このコーチは今、メルボルンの新しいクラブで、新しいオーナーのもとで働いている。最近のバスケットボールチームのオーナーは誰しも、あらゆるデータ解析が手に入るから自分にはコーチの仕方がわかっていると考えている。オーストラリアのこのオーナーもＮＢＡのハイライトシーンを集めたビデオを見ていて、そこにはコートのどこからでもスリーポイントシュートを決めることができる絶頂期の名選手ばかりが映っている。そこで、彼は私の友人のコーチにスリーポイントシュートで主導する試合をしてもらいたいと言う。だが、オーストラリアのバスケットボールは、少なくともＮＢＡと比べたら、泥レスリングのようなものだ。チームにいるのは、Ｔシャツを着てプレーしている、今まで仲間うちでしか試合したことのない若者たちだ。体格のいい、バスケット向きの若者たちだが、なにしろうまくない。オーストラリアのバスケットボールは肉体がぶつかり合う、不恰好な試合だ。コーチはオーナーに現実を見るように言う。「オーストラリアのリーグでＮＢＡのようには戦えません。選手のスキルに合った方法を見つける必要があります」。彼は今もオーナーの説得に四苦八苦している。

この逸話は近頃のスポーツ界では珍しい話とは言えない。我々は常にこうしたことと闘っている。たいていのスポーツアドミニストレーターは任務を果たすための特別な訓練を受けていない。私は自分をコーチのプロだと思っている。ここに至るまでに懸命に働き、数えきれないほどの経験を積んできた。けれど、チームオーナーやスポーツアドミニストレーターは仕事を始めて数週間でエキスパートになったように思うのかもしれない。きっとビジネスでも似たようなことが少なからず起きている。あなたの立てたチームのビジョンに同調しない上司や経営陣のもとで働いている人もいるだろう。プロらしく現実的にチームを運営しながら、上司や経営陣をうまく説得して何とか切り抜ける必要がある。

イングランド代表の私の状況は、言うまでもなく、バスケットボール・コーチの友人が経験しているようなこととは違うが、本当に意味のある戦いを選ぶことが重要だ。選ぶことの重要性は日本にいるときに知った。日本でコーチに就任したとき、私はまだ若く、肯定的な答えが得られなければ、その理由を知りたがっただろう。前述したように、日本人は必ずイエスと言うが、2度目のイエスの後、何も起きなければ、本当はノーということだ。アジアの社会には本音と建前を使いわけるコミュニケーションがよく見られるので、理解しておいたほうがいい。日本で身につけた教訓がイングランドで役に立った。英国人も言わんとすることをストレートに言わない傾向があるからだ。微妙な言い方をする。その微妙な言い回しの奥から、聞き手のほうで本当のメッセージを拾い上げてくれると思っているのだ。

とはいえ、ここでは反対に、試合当日の準備やドレッシングルームでのスピーチをはじめとする、リーダーの現実的な事柄を中心に取り上げようと思う。多くの人が抱く美化されたイメージより地味で実際的な事柄で、リーダーシップ・サイクルの「勝利」のステージの運用面にすぎない。

試合当日、私は5時半くらいに早起きし、時間をかけてトレーニングする。普段より少しハードにやる。それからたいてい長めにスチームバスに入り、基本的に9時ごろには脱力状態になる。そうなると緊張が入り込む余地はどこにもない。それからコーヒーを飲みに出かけるか、部屋に戻ってお茶を飲んでから、試合のメモをもう一度見直し、選手やコーチ陣一人ひとりについて自分の考えを整理する。チームで午前中にミーティングをし、私の基本方針を全員と共有する。正午ぐらいから部屋に戻り、静かな時間を過ごすのが常だ。何であれそのとき夢中になっている本を読み、その日の思考パターンに役立ちそうなインスピレーションが湧く箇所があればさっとメモを取る。再び皆で集まってスタジアムに向かう前に、もう一度スチームバスに入って心を落ち着ける。

念入りに準備を進めてきて、態勢は整ったという感触があるから、私は実にいい調子だ。自分の感情をコントロールし続ける方法も身につけている。

選手たちを前にして平常心でいることが何よりも大事だ。

多くのラグビーファンが、大きな試合を目前にした現代のドレッシングルームの様子に誤った印象を抱いているように思う。その原因は『ライオンズの素顔（仮題／Living with Lions）』と題するビデオによるところが大きい。1997年に行われたテストマッチシリーズ南アフリカ戦を控えたブリティッシュ・アンド・アイリッシュ・ライオンズのドレッシングルームにカメラが入った。見る分には面白いビデオだが、2020年代のイングランドのドレッシングルームの落ち着いた雰囲気にはほど遠く、1970年代、1980年代のアマチュアラグビー最盛期の様子にはるかに似ている。

ここで留意すべきなのは、1997年にライオンズが南アフリカを破ったとき、リーグはプロに転換してからまだ1年しか経っていないということだ。ジム・テルファーが行ったような感情に訴える熱のこもったスピーチが一般的だった。アマチュア時代にはコーチがプレーヤーと過ごす時間は今よりずっと短く、試合数も少なかったから、チームをたきつける必要があったのだ。

2007年のワールドカップで南アフリカが優勝したときアシスタントコーチだった私は、強烈な瞬間を経験したことを思い出す。前回大会の覇者であるイングランドとの開幕戦に向けてホテルを出発する前に、ヘッドコーチのジェイク・ホワイトがスピーチをした。なかなかいいスピーチだったが、私のやり方に似て過度に感情に訴えるようなものではなかった。私は思った。「なるほど、南アフリカもオーストラリアと同じなのか」。ところが、すぐにマネジメントチームのひとりが立ち上がり、南アフリカには新しいヒーローが必要だと鼓舞する口調で訴えた。その場にいたら、部屋じゅうにエネルギーがあふれるのを感じただろう。高揚させるスピーチに選手たちはすっかり心酔していた。

その後、バスでスタッド・ドゥ・フランスに向かった。パリの街を一行は黙々と進んでいたが、アリーナまで5分というところでアフリカーナーの歌がかかった。それはボーア戦争〔訳註：南アフリカの支配をめぐる英国とボーア人、別名アフリカーナーとの戦争〕の歌で、イギリス人がどれだけ多くのアフリカーナーを殺したかという歌詞だった。バスのなかの緊張が高まり、変化が起きたのがわかった。選手たちの、特にアフリカーナーの若者たちの表情に本気がみなぎった。そして、スタジアムに着くと、36対0でイングランドを打ちのめしたのだ。

選手たちの闘志をうまく高揚させれば、信じられないほどの効果を発揮することができる。だが、この方法を使うには、適切なとき、適切な瞬間を見極める必要がある。アフリカーナーの歌を仕組んだスポーツ心理学者は本当に利口で、ことあるごとに、選手を刺激して相応しいストーリーをつくる、ちょっとしたきっかけを目ざとく見つけた。

私はこの手法をイングランドにはなるべく使わないようにしていたが、2016年に行われたテストマッチシリーズ、オーストラリア戦3戦目のときのことは鮮明に覚えている。シドニーのドレッシングルームで水を満タンに入れた風船を手にしていた。キックオフまで約80分、選手たちは私の試合前のスピーチを聞く態勢になっていた。私は長い話を始める代わりに、水の入った風船を壁に投げつけた。バシャッと大きな音を立てて弾けると、水がどっと噴き出し、空（から）になった風船はゆっくりと床に落ちた。

「ほら、これがオーストラリアの闘志だ」と、私は言った。

ワラビーズは自国開催のシリーズを何としても0対3で終えるわけにはいかないはずだ。闘志をむき出しにして向かってくるだろう。我々はしばらくすさまじい猛攻撃に立ち向かわなければならないが、やがてその闘志は、壁の上で乾いていく水のように消えてなくなる。

選手が多少気抜けしているときなど、今もドレッシングルームで気迫のこもった激しいスピーチをしなければならない場合もあるが、90%は落ち着いたスピーチだ。試合までの時間は選手がめいめいのやり方で過ごすのに任せる。ヘッドフォンで音楽を聴くのを好む選手もいれば、もっと静かに自らの決まりに従って気持ちを整えたい選手もいる。

選手の身になって考えてみよう。彼らは年間約35回から40回の試合前スピーチを聞く。だから毎回、感情を刺激しようとしてもうまくいかない。別な方法を見つけて試合に向かう手助けをしたほうがいい。

試合前スピーチを行うタイミングは、実は終わったばかりの試合直後のほうがいいと内心思っている。選手にアイデアをあれこれ仕込み始めるタイミングだからだ。次の試合までの1週間絶え間なく言い続ければ、試合直前ではなく週の早い段階で感情が高まるかもしれない。

ランドウィック時代にコーチのジェフ・セイルがした文学的な試合前スピーチを思い出す。中心選手たちの多くがワラビーズに参加し抜けていたため、我々は厳しい時期を経験していた。リーグの首位、シドニーユニバーシティーFCがランドウィックを破るというのがおおかたの予想だ。ニック・ファー=ジョーンズ、ピーター・フィッツシモンズなどオーストラリアラグビーの特権階級に属する選手を擁していたからだ。片やランドウィックの労働者階級の出である我々は大きなプレッシャーを感じていた。

ところが、ある晴れた日にセイルが言った。「今日、太陽の日差しが君たちの背中に降り注いでいる」そこでいったん言葉を切り、ドレッシングルームにいる我々全員を見てから続ける。「私は情熱を持って本の1ページ目をあけた。2ページ目も情熱を持ってあけた。最後のページも情熱を持ってあけた」

　彼が言ったのはそれだけだったが、単純明快なメッセージは、背中に感じる日差しのように気分を上げ、どんなふうにプレーすればいいのかをしっかり伝えていた。グラウンドに出た我々は、シドニーユニを叩きのめした。ジェフのスピーチは見事に選手を奮い立たせたのだ。とは言うものの、覚えているのは勝ったときのことだけだ。

　私も2つのワールドカップ準決勝でメッセージを実にはっきりと伝えることができた。２００３年にオーストラリアと、２０１９年にイングランドと臨んだ試合でともにニュージーランドを破ったときだ。オールブラックスを倒すには何が必要か、選手たちが正確に理解できるようにした。ワラビーズには、とにかく相手の裏をかき、ボールを確保し続けて相手に渡さないようにと言い、２０１９年のイングランドには相手を攻め、試合をコントロールすることに集中しろと伝えた。

　２０１５年のワールドカップで、日本が南アフリカを破ったときの試合前スピーチもシンプルだった。小柄なチーム対大柄なチーム。注目されていないチーム対優勝経験チーム。それが選手たちの心に響き、彼らは決意を固めた。実力以上のプレーをさせることができれば、素晴らしいスピーチだと言える。２００３年のオーストラリア対ニュージーランド、２０１９年のイングランド対ニュージーランド、２０１５年の日本対南アフリカ、これら3試合はラグビー史上でも燦然（さんぜん）と輝いている。どの試合も勝てるとは誰も思わなかったからだ。我々は実力以上のプレーをしなければならなかったが、そのときこそ、本当にうまくコーチできたと実感できる。というのも勝利に導いたのは実際にはスピーチのおかげではなく準備が結果に表れたからである。

だから、試合の前にたいていい、私があまりとやかく言わないのは、もう準備は始まっているからだ。準備は万事整っている。試合前には念のため、重要なポイントをただ伝えればいい。

ハーフタイムでも同じだ。プレーヤーは尋常ではない重圧を感じ、肉体的にも疲れている。休憩時間にドレッシングルームに戻ってきたら、体力を回復し、気持ちを落ち着けさせてやればいい。コーチ陣は、ほかの選手が飲み物を飲み、腰を下ろして短い休息を取るあいだ、ベテラン選手と簡単に情報交換し、後半戦を戦い抜くための最上の戦略を一緒に考える。ここが昔と比べずいぶん変わったところだ。チームを怒鳴り散らす独裁的な古いタイプのコーチはもはや機能しない。コーチが望むのは、選手の重圧を軽くしながら集中力と意識を高めることだ。コーチがハーフタイムで試合の流れを変えるという考えはもはや時代遅れだ。コーチとプレーヤーとの協力体制こそがはるかに重要である。一緒に戦うべきなのだ。

2019年のワールドカップのとき、ニュージーランド戦を前にしたイングランドの選手たちに、私はただいつもやっていることをやり続けるようにと念押しした。飽きてはダメだ。リードしていると、かつてのハーフタイムでの我々のように、楽にプレーしたい誘惑にかられるかもしれない。だが、我々は厳しいプレーを続けると決めた。懸命にまっすぐ走り続け、激しく精力的に守り続けた。そのときのハーフタイムの話は鼓舞するようなものではなかった。言うまでもない。私は〝準備万端なら、リーダーはチームを納得させられる〟という真理の何たるかを改めて知った。

この章のまとめ

準備万端ならリーダーはチームを納得させられる

・パフォーマンスを見直し、傾向を明らかにする

・たゆまぬ進歩を目標にする

第16章

相乗効果と多様性

——新鮮な視点を取り入れ、新たな相乗効果を生み出す

若手には明確な道筋を示す

ウィル・カーリングとエリス・ゲンジは対照的な人物だ。ゲンジは粗削りな26歳のプロップで、ブリストルの貧困地区の公営団地で育った。一方、55歳のウィルはパブリックスクール出身の元陸軍士官で、現役時代はセンターを務め、22歳でイングランドの史上最年少キャプテンになった。ゲンジは21歳のとき、フィールド外でのたび重なる揉めごとや素行の悪さにうんざりしたブリストル・ベアーズからクビにされ、ラグビー人生の最初の数年を棒に振っている。カーリングは現役時代を通じてメディアの執拗な監視に耐え、1990年代にはロンドンでパパラッチにしつこく追い回されもした。ゲンジは、過去5年間にわたるレスター・タイガースの厳しい環境のなかで、とうとうマレットヘアも諦め、人間としても成長した。2021年のシックスネイションズの終わりにはイングランド代表キャップ数28までになった。カーリングは1988年から1997年の間に72キャップを獲得している。

２０２１年の夏、そのふたりが一緒に過ごした。彼らが会話する姿を見ると、２０１８年末にカーリングを説得してマネジメントチームに加えた理由を改めて思い出す。カーリングは、今ここにつながらなければ昔の話をしても、若い選手には意味がないと心得ていた。１９８０年代や１９９０年代のラグビーのプレーがどうだったかをただ話すだけだったら、今のチームの役に立たない。イングランド代表のプレーヤーとしてキャプテンとして必要なことを身をもって知っているので、選手たちからは信頼された。だが、彼が立派なのは、とりたてて訊かなければ、昔の話をしたがらず、むしろ今のチームについて議論したがるところだ。

夏のテストマッチシリーズ米国戦とカナダ戦への準備中、チームに対するカーリングの熱い思いを知り、ゲンジは驚いた。選手たちがプレーするのを見るたび胸が熱くなるとカーリングから聞くと、ゲンジは彼を見て、しまいには「冗談でしょ？」と返した。

カーリングは首を強く横に振って言った。「本気だよ。君たちが全力疾走しているとドキドキして、心臓が破裂しそうになる。ラグビーが大好きだった。ラグビーが好きでたまらないからね。子どもの頃はファンだった。選手になってからもラグビーが大好きだった。55歳の今もそれは変わらない。君が着ているラガーシャツを今でも着たいが、それは無理だ。だから、ゲンジ、今は君たちが私の代わりに本気でプレーしてくれている。君たちにはどうしても頑張ってほしいんだ」

ゲンジは彼をしばらく見つめていたが、やがてただ一言、「くそっ！」と言った。

それは、米国戦とカナダ戦に臨む非常に若いチームへのカーリングの思い入れに触れて驚き、感動して、思わず発した言葉だった。カーリングのちょっとした言葉に込められた正直な気持ちは人の心を打つ。選手たちのそばにいて、彼らがイングランドの選手としてプレーするのを見るのが本当に好きだからだ。勝てば、選手たちを誇りに思う。彼らを向上させ、もっと成功できるよう手助けしたいと心に決めている。プレーヤーとして才能にあふれ、2023年ワールドカップ優勝のチャンスを本気でつかめる気骨のある人材がそろっていると確信している。彼の信念がゲンジとのあいだに本物の信頼関係を築いたのだ。

カーリングはリーダー格の選手のメンターをした経験から、次の2年でチームには意義のある変革が必要だと考えている。我々に必要なのは、リーダーの新たな組み合わせをつくり、チームを別次元へと導くはるかに多様性に富んだ革新的なリーダーグループにすることだ。かつての名選手の何人かを呼んで今のチームと関わってもらい、土台を強化すべきだと彼が説く理由のひとつがそこにある。カーリングは、ジェイソン・ロビンソンやマーティン・ジョンソンを招いて選手たちに話をしてもらいたいと思っている。イングランドでプレーしたときの話をする、フィル・ヴィッカリーからほとばしる純粋な情熱に選手たちを触れさせたいと考えている。それはヴィッカリー自身にとっても意味がある。相応しい人物を呼べば、過去と現在のつながりが築け、現役選手を強くすることになるだろう。

2021年夏のチームメンバー選出を前に私は、大変な試練のはざまを心して過ごした。ライオンズの遠征と長引く新型コロナウイルスの猛威が相まって、生活は常に一筋縄ではいかない。6月末、プレミアシップ決勝戦でハーレクインズがエクセターを40対38で制した。展開の速い大量得点試合の末、世の中をあっと言わせ頂点に立ったのだ。そんな長いクラブシーズンが終わると、多くの代表選手がいなくなった。大部分がブリティッシュ・アンド・アイリッシュ・ライオンズの遠征に参加した。プレミアシップのプレーオフに加わった者も多かった。

新たな変革のときが訪れたのかもしれない。だが、ビジョンはまだ重要課題として私の頭の中にあった。我々は2023年に向けてなおもプランを立てながら、ワールドカップで活躍する可能性を秘めた新人を探し続けている。宝石を発見できれば、多くの代表選手が抜けた2017年アルゼンチン遠征で、サム・アンダーヒルやトム・カリーが活躍したように、2021年の夏も大きな成功を期待できるだろう。だが、あまりにも不確定要素が多すぎる。とりわけ、新型コロナウイルスのせいで実際、遠征を続けることができない。米国戦とカナダ戦は代わりにロンドンのトゥイッケナムで開催される予定だ。

絶え間ない変化と変革のただなかで、私は当初、ふたりだけベテラン選手を入れようと考えていた。2017年のアルゼンチン遠征のとき、ロブショー、ハートリー、フォード、ブラウン、ケアが若手プレーヤーを鼓舞し、成長を高めてチームのために献身的に尽くしてくれたように、コートニー・ローズとカイル・シンクラーにその役割を担ってもらいたかった。ところが、ローズもシンクラーも結局、ライオンズの遠征に参加することになった。

新人選手たち中心に考えるのはやぶさかではない。ほとんどがこれまでイングランド代表に名を連ねたことがない選手ばかりだ。ただし、いくつかの例外はある。シックスネイションズではブリストルのハリー・ランドールをスクラムハーフに起用するつもりでいた。彼のプレーが好きだったが、足首の負傷で2カ月間、離脱せざるを得ない。夏にどんなプレーをするのか楽しみで仕方ない。マーカス・スミス、マックス・マリンズ、チャーリー・ユールズ、アレックス・ミッチェルのようなクラブチームで実に懸命にプレーし、成長した選手にも興味があった。さらにフィールドの内外問わず物議を醸すような選手にも目を離さずにおこうと思う。変革につながる学びを経験することができるからだ。

夏の最終メンバーは、シックスネイションズを終えたメンバーとは違う顔ぶれになった。代表メンバー12人がブリティッシュ・アンド・アイリッシュ・ライオンズに合流したため、ジョージ・フォード、ベン・ヤングス、マヌ・ツイランギ、ジョニー・メイ、マーク・ウィルソン、ビリー・ヴニポラを休ませることにした。私が選出した37人のメンバーのうち代表キャップを持つプレーヤーはわずか13人である。ヘンリー・スレイド（38キャップ）、エリス・ゲンジ（28）、サム・アンダーヒル（22）、チャーリー・ユールズ（21）、ダン・ロブソン（12）、ジョー・コカナシガ（9）、ルイス・ラドラム（8）、オーリー・ローレンス（6）、ジョー・マーチャント（5）、ポール・ヒル（5）、ジョージ・ファーバンク（3）、ベノ・オバノ（1）、テッド・ヒル（1）。

うち24人はシニアレベルの国際大会を経験したことがない。そこにはジミー・ブラミア、カーティス・ランドン、ガブリエル・オグレのフッカー3人も入る。そこで、失敗しても冷静に対応できるよう彼らを鍛える必要があると思った。大部分の選手が20歳から23歳で、多くは代表レベルのトレーニングに初めて参加する。何もかもうまくできるクラブでの心地いいトレーニング・セッションと違い、我々のセッションでは3割から4割の確率で失敗に直面する。成功させるには多少ひるませることが大事だ。一方で、プロセスをしっかり教えることも重要である。

シックスネイションズの後、私はクラブチームの試合をたくさん見た。国じゅうを回り、ポテンシャルのある精鋭たちと会うためだ。若手選手と会うときは、彼らが初めての経験に硬くならないようリラックスし、打ち解けた雰囲気になるよう気を遣った。会うのはカフェが多かった。クラブの外で会いたかったし、あまりかしこまった場所ではないほうがいいと考えたからだ。

また、明確な道筋を示したほうがいいと思い、若手選手が代表キャンプに参加したいい例として、エリス・ゲンジとカイル・シンクラーを挙げた。ふたりとも2016年のオーストラリア遠征ではテストマッチでプレーしなかったものの、真剣にトレーニングし、激しくプレーしたことで、遠征の終わりには確実に力をつけた。いずれも素晴らしいキャリアを積んでいる。シンクラーはライオンズのメンバーになったことがあり、再び選抜されようとしている。ゲンジは今年の夏、イングランドのリーダーのひとりとして活躍するだろう。最近レスター・タイガースのキャプテンになったところだ。ふたりはこれ以上ない手本である。経験の浅い新入りだった5年前、今のふたりを誰が予測しただろう。

代表キャンプへの参加は次世代を担う人材にとってまたとないチャンスではあるが、2023年のワールドカップに本当に出たいと思っているのかを見極めるつもりだ。単に代表メンバーに入るのではなく、優勝しにフランスへ行くという意気込みのある選手が欲しいからだ。というわけで、今年の夏をともに過ごすことは、新人選手にとっても我々コーチ陣にとっても本当に重要な意味を持つ。これまでとは比べものにならない過酷な環境を耐え、テストマッチの重圧をはねのけることができる若手を見つけ、育てたい。彼らはチームに新たな要素を加えることができるだろうか？　代表経験の豊富な選手とフィールド内外でうまくやっていけるだろうか？

こうした特性はどれも極めて大事だ。サイクルのはじめに描いたビジョンに変更はないからだ。我々の目標は史上最高のチームをつくることだ。それは今も同じだ。優秀な若手選手の育成もその一環である。こうしたZ世代の選手の素晴らしいところは、総じて自然体でいられるということだ。当然、緊張はするだろうが、自信のある者はすぐにそれを表す傾向があり、あまり自信のない者は馴染もうとあれこれ考える。私の世代の選手よりずっと正直に自分の感情を伝えることができるのだ。

そして私には心躍る時間でもある。新人選手をコーチしているとき、彼らがどう花開くかわからないからだ。どこまで伸びるか突きとめるのは、やりがいのある仕事だ。どれだけ成長させることができるか？　新人選手は一人ひとり違う。そのフレッシュさに触れると元気が出る。私はコーチングにいつも強い情熱を抱いている。通常の代表キャンプより若手と直接仕事をするほうがはるかにワクワクする。

多様性が新たなリーダーグループをつくる

リーダーを担う新たなグループができていくのを見出すのもまた面白い。これは最も苦戦している領域であり、新鮮な視点を取り入れ、新たな相乗効果を生み出す必要がある。シックスネイションズのときに、我々コーチ陣は、リーダー格の選手たちのリーダーシップ能力を伸ばすためのサポートを控えたことがある。彼らはコロナの影響でプレー機会が少なかったため、試合勘を取り戻すのに苦労していた。リーダーとして消極的だと非難するのはお門違いだろう。彼らはプレーヤーとしての自信を取り戻すのに必死で頑張っていたからだ。

選手たちは普段よりあまり議論をしなくなった。皆内にこもりがちで、心のなかでノーだと思っていても、何事につけ「いいよ」とか「大丈夫」とかで済ませることが多くなった。いつでも率先して答えるオーウェン・ファレルには同情するが、ほかの選手はたいてい彼の反応を当てにしている。これではいささか一方通行だ。トーナメントの終わりには、何人かが総力を結集してリーダーシップを発揮できるようにしなければならない。

イングランド代表のキャプテンを務めるのは、消耗する仕事だ。世間の厳しい目と批判が四面楚歌のキャプテンの家族や私生活にまで波及する。ウィル・カーリングは、7年という長い間、その仕事をした。イングランド代表のキャプテンに必要なことについていきいきと語る。イングランドのキャプテンだったことに生涯誇りを持ち続けるだろうが、キャプテンを務めたせいで自分や家族に傷痕が残ったことは悔やんでいる。

カーリングは裕福な家庭に育ったかもしれないが、強靭な精神力を培い、自分よりずっと年上で白髪まじりの、手強い選手ばかりいるイングランド代表を長年率いることができた。その強靭な精神力を再び我々と仕事をして発揮している。選手の話を聞き、大いに共感を示す良きメンターとして主に過ごす。私の言動で傷つく選手もいるかもしれないが、そんな選手もニール・クレイグやカーリングには話を聞いてもらい、何かにつけ背中を押してもらっている。カーリングは率直で正直な人物でもある。違うと思えば、同情は示さない。

選手たちは、プレーを失敗して私から注意を受けたときなど時折、試合の後で彼のもとへ行き、次のようなことを言った。「ウィル、俺の本気を引き出すには、肩を抱いておまえは本当にすごいと言ってくれればいい。今週そうしてほしいんだ。ウィルがキャプテンだったら、そうしてくれるだろ？」

もしその選手がパフォーマンスを出していないなら、カーリングは逃げることを許さない。単刀直入にこう言う。「俺がキャプテンだったら、はっきり言う。俺たちは土曜の試合を落とした。今週末の試合はどうしても勝たなきゃならない。おまえが落ち込んでいるかどうかなんて関係ない。俺だったら、おまえのケツを蹴飛ばして、ふくれている暇はないと言うね。いつも自分はリーダーだって言ってるだろ。さあ、グラウンドで証明してくれ。本気でプレーし、今度の試合に勝ったなら、肩を抱いて〝おまえは最高だ〟って言うよ。だが、今は違う。ただ愚痴っているだけだ。気を持ち直してトレーニングに戻るんだ」

選手たちは彼の真意を理解し、本来のパフォーマンスを発揮する。カーリングが今も〝テストマッチアニマル〟でいるゆえんだ。一方で、リーダーの支援にあたるメンターとしては、ファレルには幅広い層からのサポートが足りていないと言うだろう。我々は、もっと結束力の強い確固たる集団になる必要があった。

チームが完成することがないように、リーダーを担うグループも常に未完成のままだ。伝統的にイングランドの中心メンバーはサラセンズが牛耳ってきたが、もっともな話である。ヨーロッパの強豪クラブチームである彼らが代表チームを率いるという考えは合理的だ。サラセンズは名プレーヤーを何名か送り込んでくれたが、人生と同じように、グループも個人もそれぞれの道を歩んでいく。永遠に続くものはない。だから、変更を加え、次のリーダーを担うグループをつくるのに相応しいタイミングを見極めることになる。それは今年後半か来年になるだろう。ワールドカップまでにチームを整えなければならない。

核となるメンバーをほぼそのまま残すにしろ、解体して新しい体制をつくるにしろ、チームに活力を取り戻すことが必要だった。サラセンズの降格や世界規模のパンデミックが同時にチームメンバーに降りかかった影響を私は甘く見ていた。打撃を受けた選手のなかにはパフォーマンスに影響が出る者もいたのだ。しかし、夏を迎え、リフレッシュして変革し、再構築する機会を得た。

コーチ陣も大きく変わるだろう。サイモン・アモールに代わる新しいアタックコーチとジェイソン・ライルズの後任となるスキルコーチが必要になる。ジョン・ミッチェルがクラブラグビーの常勤コーチに戻りたがっている。かつてイングランドで非常にいい働きをしてくれたが、2021年7月の終わりに、ワスプスのアタックコーチを引き受けたときのやり方が我慢ならなかった。

ミッチェルとは逆にワスプスのアタックコーチからイングランドに参加するマーティン・グリーソンにも興味があったが、夏のシリーズには若手のエド・ロビンソンをぜひまた戻したい。秋に再びワスプスに参加する前に、攻撃面で私を助けてくれるだろう。こうして多くが変わろうとしていた。

フィールドの内外問わず新しいグループを形成している最中なのだから、私は心配していなかった。コーチングに関して言えば、〈フレンチ・アイズ〉と呼ぶプロジェクトを発足させた。新しい視点をチームに取り入れるというプランだ。同じ問題を同じように見続けていても、毎回同じ結果を招くだけだ。そこで、別のスポーツのコーチやスペシャリストのような新しい視点から考えたいと思った。

米国の大手電機メーカー、ゼネラル・エレクトリック社の元CEO、ジャック・ウェルチのリーダーシップに関する著書を最近読み直したところ、新鮮な目で自分の組織を精査することの重要性を強調していた。カルロス・ゴーンは自身の傲慢さゆえに失脚したが、日産自動車を変革したとき、同じく新鮮な視点を取り入れた。伝統的に日産の経営陣は東京大学の卒業生から選ばれていたが、ゴーンはその伝統を破った。将来の候補者はすべて履歴書の学歴欄をブランクにするよう命じたのだ。そうすれば、学歴ではなく実力で選ぶようになるからだ。我々も新鮮な視点で見ることで同様な効果を得たいと思う。

ワールドカップの2年前の今がそれを始める理想的なタイミングだ。

夏のキャンプには新鮮さが加わった。新しい若手選手が入り、核となるメンバーの構成がガラリと変わったことで変革が起きた。我々は、最初に主要テーマを説明し、基調を定めた。「自分史上最高の状態に到達できるか？　実際、世界でどれだけのプレーヤーが自分のなりうるベストな状態に達したのだろうか？」

選手たちは現状と潜在能力を十分に発揮した状態とのギャップについて語った。我々コーチ陣は、すべては自分のやる気にかかっている、名選手になるには一心不乱に練習しなければならないと強調した。皆代表チームに入るだけの能力は備わっているが、意欲とハードワークによって、これから数年の間に、最盛期を迎え、自分がなりうる最高のプレーヤーになるかもしれない。我々は、サッカーのクリスティアーノ・ロナウドからアメリカン・フットボールのトム・ブレイディまで、自己ベストを追求したいろいろなスポーツマンの話をした。

若いチームになったので、違うスケジュールを設定した。毎朝8時20分に集合し、その日のプランを検討する。選手たちはそれを了解し、懸命に練習し、ともに良い時間を過ごした。皆素晴らしかったが、こうした活発で流動的な環境ではたったひとりのプレーヤーのせいで雰囲気が変わる。悪化しないうちにくすぶっている衝突の芽をつむのはリーダーの仕事だ。あるプレーヤーをキャンプに参加させたところ、すぐに問題が起こり始めた。結局、数日もしないうちに彼を外すことにした。次の古いことわざは今も真実を語っている。〝1個の腐ったリンゴが樽のなかのリンゴ全部をダメにする〟。

一方で、この夏必要としていたぴったりのリーダー格の選手たちがそろったことで、戦略の主要テーマのうちのもうひとつ――相乗効果は多様性と敬意に根ざしている――に取りかかった。現在では、多様性は繁栄する組織をつくるうえで極めて重要な要素となった。自分とは違う人に敬意を払い合う組織だけが本当に繁栄する。グループ内で相手と素晴らしい関係を築くには、違う経歴や考えや行動様式を――敬意を抱いて――理解し、受け入れる必要がある。それができれば、いい相乗効果が表れ、物事が本当にうまくいく。

我々のリーダー格の選手たちには多様性に敬意を抱く確実な想像力があり、その結果生まれる相乗効果は、シックスネイションズの大半を占めていた活気のなさとは対極にある。エリス・ゲンジが力強く率直なスタイルで先導した。感情豊かな彼は、攻撃的にもなれば、感情移入もできる。稀有な性質の組み合わせだが、国際レベルのラグビーには非常に役立つ。ベン・オバノはもっと慎重で個人的なタイプだ。陰ながら働き、一部の新人プレーヤーと信頼関係を築いてサポートしている。ヘンリー・スレイドはグループのなかで最多の代表キャップ数を誇り、その知識や洞察力、トレーニングをする姿勢から深く尊敬を集めている。皆の素晴らしい手本だ。サム・アンダーヒルがスレイドと似た役割を果たす一方、極めて社交的なダン・ロブソンは若手をまとめ、フィールド外での結束力を高めた。私のもとでキャプテンを務めたことのあるルイス・ルドローは、すべてをくっつける接着剤のような存在だ。ほかのリーダーたちにそれぞれの強みを活かさせるのがうまく、大いに機能するリーダーチームとしてまとまるよう働いた。

リーダーたちは実にまちまちの個性で、いずれもよくいるタイプではなかったが、絶妙な融合を見せた。ゲンジはともすると非常にぞんざいで厳しくなりうる。歯に衣を着せずはっきりと物を言う。けれど、ほかの選手たちが彼の経歴や業績に一目おいているおかげで、うまく自分らしさを発揮できた。もっと頑張れと叱咤激励しても嫌な顔をする者はいなかった。前回のチームでそんなふうに接したら、なかには腹を立てる者もいたかもしれない。だが、今のチームにはそれがうまく働くいい相乗効果がある。オバノとロブソンがその場を明るくし、スレイドは冷静でプロフェッショナルな雰囲気を保っていた。ルドローは存在感の大きいタイプではないが、秩序を整え、ほかのリーダーとは違う強みを発揮した。非常に優れていたのは、任せることができ、どんな人も受け入れることができる点で、リーダーの素質にはいろいろあると気づかせてくれた。

テストマッチの際に、今や必要なのは、集団的なリーダーシップであり、キャプテンひとりの支配的な力ではないという信念を改めて強くした。マーティン・ジョンソンは2003年のワールドカップでイングランドを優勝に導いた紛れもないリーダーだが、グループ内のほかのリーダーたちの力も大いに当てにしていた。ローレンス・ダラーリオ、フィル・ヴィッカリー、ウィル・グリーンウッド、マット・ドーソン、リチャード・ヒルらは皆リーダーとして別の特性を備えていたからだ。ワールドカップほどの大舞台ではないにしろ、今年の夏のテストマッチのとき、米国戦とカナダ戦でルドローはキャプテンを務めたが、彼の周りにも5人のリーダーがいた。

キャプテンならすべての答えを出すべきだと誰もが思っている。そんなことはない。フィールドの内外問わず選手のあらゆる側面に目を光らせ、そのうえテストマッチを戦うなど無理な話だ。重責は分担する必要がある。夏のリーダー格グループではそれが見事にできた。侃々諤々（かんかんがくがく）の議論をし、健全な意見の相違があっても、新しいアイデアを思いつき一丸となって前進したのである。

また、誰であろうと受け入れる姿勢には本当に感心した。若手選手が瞬く間にチームに馴染んだのはベテラン選手たちに傲慢や特権意識のような感覚がなかったからだ。ゲンジ、スレイド、アンダーヒル、ロブソン、ユールズはほかの選手たちと対等にふるまった。どの選手も同じように扱う。成績の振るわないチームにありがちな「俺に話しかけるのは代表キャップを取ってからにしろ」といった偉そうなセリフは皆無だ。誰にもオープンな彼らは厳しくもあり、心強い存在でもあった。多様性と尊重をもとに生まれたいい相乗効果がチームに流れていた。

今のコーチングは「やり方は教えない」

我々がこの夏少しずつチームの活性化に取り組んでいるちょうどそのとき、サッカーのイングランド代表は、ガレス・サウスゲート監督のもと、UEFA Euro 2020の決勝戦に進出し、過去のチームも何度も苦い思いをしてきたPK戦でイタリアに敗れた。だが、そのほかの点でイングランドはかつてとは大きく変わり、フィールド内外で感動をもたらした。サウスゲート監督がチームの文化と信頼性を変革してきたことの確固たる証しである。

私が初めてサウスゲートに会ったのは、2017年、ふたりのネットボールコーチ、イングランド代表のトレイシー・ネヴィルとオーストラリア代表のリサ・アレクサンダーとのトレーニング・セッションに彼が訪ねてきたときだった。サウスゲートは今とまったく変わらず、実に真面目で好奇心旺盛だった。意欲に燃える彼は、できる限りのことを学び、自分の仕事に応用できるアイデアがないかと探した。極端なまでに勉強熱心だったが、思いやりがあり、新しいアイデアを進んで取り入れた。

彼はコーチとして世界トップクラスの重要な仕事を任されている。一方で重要な地位にあるというのは、この上もなく大変でもある。サッカーのイングランド代表を監督するのは素晴らしい機会だが、期待の重さや厳しい視線を一身に受ける、なかなか辛い仕事だ。サウスゲートは建設的な方法で常に仕事に取り組んできた。明確な意図と結束力を徐々にチームに浸みこませていく。大いに尊敬できる人物で、頭も非常に切れる。また、外野の声に気を取られたり、動揺したりしない。

さらに、メディアや国民がチームと一体感を感じる試合を巧みに展開した。私のチームの若手選手たちが集まって試合を観るときの反応に触れると、それがよくわかる。彼らはごく普通のファンで、サウスゲートと選手がつくる感動的なストーリーに圧倒されていた。イングランドのドル箱プレーヤーたちは謙虚で団結力があり、社会問題への意識も高く、揺るぎのない価値観を持っている。人種差別に抗議の意思を示すため、試合前に片膝をつくという決定に、人種差別のきらいがある少数派のファンがブーイングを浴びせたときも、ペナルティキックを外した若手黒人選手が人種差別的なひどい中傷を受けたときも、サウスゲート監督をはじめとするチーム全体の対応は立派だった。刺激を与える存在である彼らは、我々若手中心のチームが見習うべき手本である。Ｅｕｒｏ ２０２０の決勝戦と我々のシーズン最後のカナダ戦を前に、私は同じことをメディアに語った。

「謙虚で好奇心旺盛なサウスゲートは、非常に教養のある監督です。私が一番感心するのは、若いのに、経験豊かな監督のようにふるまえることです。誰もが準決勝を手に汗握り、精一杯応援しました。イギリス人なら熱狂して当然です。イギリスでは、スポーツが多様なコミュニティーを大いに活気づかせるようですね。素晴らしいことです」

私はサウスゲートがプレーヤーから監督に転身したことについても語った。Ｅｕｒｏ １９９６の準決勝でペナルティキックを失敗し、ドイツに痛い負けを喫した彼が、多大な尊敬を集める代表監督になったのだ。「我々がスポーツの世界に身を置くのは、必ず新たな可能性があり、必ず新たなチャンスがあるからです。コーチングという麻薬、スポーツという麻薬が、夢中にさせるのです。メディアはいまだにサウスゲートが失敗したペナルティキックの映像を流しています。そうでしょう？ 今や彼がもたらした素晴らしいシュートの映像をいくつも手に入れたわけですね」

メディアはサウスゲートが私のアイデアを使っていることを知っていた。たとえば、〝仕上げ人〟と呼んで交代選手の役割を高める方法がそうだ。しかし、それは一方的なものではなく、我々もキャンプで彼のテクニックをいくつか使ったと私は指摘した。「彼のチーム全員がプールでユニコーンの浮き輪に乗って、体力を回復するのを見かけました。我々もここカナダの雰囲気に合ったリカバリーセッションをしたばかりです。斧投げをして木を切り倒すとか、どれもそういう類いのものです」

我々はリラックスしながらも引き続き結束力を高めていた。そして、アメリカ戦初戦の前に、コロナ禍でお馴染みの制限があるなか、私は似たようなことを言った。「まあまあ制限はありますが、〝ホットドッグとバドワイザー〟ナイトを楽しみました。我々がこれから戦うアメリカの雰囲気を味わったのです。制限はいまだありますが、選手たちにはできるだけ楽しんでもらうよう心がけています」

メディアはルイス・ルドローをキャプテンに指名した私の判断についてしきりに聞きたがった。ルドローはプレミアシップでグロスターを率いたことはあるが、イングランド代表でプレーするのは初めてだった。この決定に驚きの声が上がった原因はそこにあるようだ。「キャプテンになるには代表キャップが必要という理屈はまったく理解できません」と、私は切り返した。「キャプテンを選ぶ基準は、チームに最も相応しいリーダーであるかどうかです。だから、ルドローを選びました。じっくり見て、ルドローが一番有能なクラブキャプテンだと判断したのです。コミュニケーション能力に長け、誠実で好感の持てる人物です。日曜の試合でイングランドのキャプテンを務めるのは彼をおいてほかにいません」

案の定、マーカス・スミスを初めて代表に選んだことも注目を集めた。1年前、自己ベストが発揮できるようになれと、けしかけた後の彼の成長ぶりには目を見張るものがあり、私はぜひとも米国戦でプレーするチャンスをあげたいと思ったのだ。

「スミスは有望な若手プレーヤーです。香港で知り合った彼の名づけ親とはたまたま友人で、スミスのことはその友人からいろいろ聞いていました。実際にプレーするのを見てからは、才能があると確信しました。ですが、才能のある若者は大勢います。抜きん出るものがないとダメです。スミスは今、それを証明してくれています。懸命に練習し、ラグビーがそれほど盛んではないところで育ちましたが、日曜日に試合の機会を得てワクワクしていると思います。ムラなくプレーできるようになっていますから、準備は整っています。判断力もディフェンスでの働きも向上しました。ただ、非常に若い10番です。10番はバスの運転手であり、指揮者です。全員が一緒にプレーしていることを確認し、的確なルートを選ばなければならないのです。本人にとっても違いはありません」

同じことは米国戦に選んだすべての選手について言える。「何人がやり遂げるかを常に一切の先入観を抱かずに見る必要があります。4、5人が各ポジションでベストを出し続けることができれば、我々は素晴らしい結果を出せるでしょう。暫定的なチームではなく、米国戦を戦うイングランド代表なのです。イングランドのユニフォームを着ている者は誰でも代表になれるチャンスがあるのです」

我々は米国を43対29で制し、7トライを挙げた。ジョー・コカナシガが2トライ、アンダーヒル、ローレンス、ブラミア、スミス、ランドールがそれぞれ1トライずつ。スミスは4つのコンバージョンを決めた。初めて一緒にプレーすることのマイナス面は、相手に4トライを許したことに表れた。だが、私は十分満足していた。フルバックに飛んでくる高いボールの下で驚くべき働きをするフレディ・スチュワードのほかに、マーカス・スミスとハリー・ランドールを選出した。「彼らには何か少し違うものがあるのではないかと思っていました。そして、見事にそれを見せてくれたのです。ランドールには独創性があります。彼には試合にスピードをつけてほしいと思っていましたが、そのとおりに動いてくれました。スミスは自分の仕事を本当によくやり、外側にいるバックスにパスしました。ますます良くなるいっぽうでしょう」と、私はメディアに言った。

スミスはチームと一丸となり、司令塔の役割を果たした。そして、カナダが非常に弱かったにしろ、我々は次の日曜日の試合で70対14という圧勝を手にしたのだ。ジミー・ブラミアとアダム・ラドワンのふたりがトライでハットトリックを決め、我々はさらに4トライ（うちひとつは認定トライ）を挙げ、スミスがコンバージョンで18点の大量得点を稼いだ。スミスにとってまさに〝黄金の午後〟だった。彼は、その夜ウェンブリー・スタジアムで行われるＥｕｒｏ ２０２０決勝戦のチケットを手に入れた。ところが、ピッチを離れた彼を待っていたのは、ライオンズの南アフリカ遠征に交代選手として招集されるという知らせだったのである。

試合後のインタビューで次のように語っている。「夢でも見ているみたいです。イングランドでプレーした2度目の試合は特別です。一生忘れられない日になるでしょう。それにやっとトンネルを抜けることができました。実は悩んでいました……ですが、すごい知らせが舞い込んできたのです。震えが止まりません。何と言えばいいか本当に言葉になりません。サッカーの決勝戦のチケットも持っていました。今も優勝すると信じています。南アフリカに着いたときにいいニュースが聞けたらと思います。ライオンズ代表になるのは昔からの夢でしたから、非常に感激しています。今晩10分間、ひとりで座って、じっくりとこの状況を把握しようと思いますが、実際にその場に行くまで確信は持てないでしょう」

何もかもがおとぎ話のようだったが、本当の意味でスミスが試されるのはこれからだ。試合後、私はメディアに語った。「よかったと思います。スミスが素晴らしい学びを得る絶好の機会になります。手強いチームを相手に優秀な選手とプレーをするのですから、成長の後押しとなり、多少なりとも成長のスピードが速まるでしょう」

スミスはたしかに成長した。ライオンズに合流して我々のチームを離れたときの彼は、非常に良い状況にあったと思う。だが、新シーズンは、地に足がついているかどうかで多くが変わる。こうしたストーリーは英国メディアの受けがいいから、スミスはアイドルのように祭り上げられるかもしれない。スミスは少々ほかのプレーヤーと毛色が違うため、未知のタイプのプレーヤーだと思われている。メディアが好む格好の材料だ。誘惑も多いが、スミスは家柄が良く、礼儀正しい。最高の力が引き出せるようにただ練習に励めばいい。

２つの夏のテストマッチではポジティブな面がかなりあった。プレーヤーの姿勢や努力に、そして、チームのリーダーたちに満足している。集団的なリーダーシップが功を奏した。このリーダーシップこそが我々が前進するための鍵となる。また、重圧がかかっても萎れる素振りも見せずやり遂げるプレーヤーが５、６人いる。彼らのことはそれまであまり知らなかったが、性格もいいということがわかった。ワールドカップの代表メンバーを選ぶ場合、上位26人だけがトーナメントでプレーすることになるから、人柄は重要な要素である。２０２３年にフランスに行くとき、33人の選手を連れて行く。つまり、７人は試合に出ない可能性がある。だから、がっかりしたとしても試合に出る準備をし、周りに迷惑をかけず大人の振る舞いができる、人柄の良い選手でないとダメだ。２０１９年のワールドカップのときのマーク・ウィルソン、ルーリー・マコノキー、ピアーズ・フランシス、ルイス・ルドローがまさにそうだった。彼らはあまりプレーをしなかったが、チームに多大なる貢献をした。次回のワールドカップでも同じようにふるまえる選手をそろえる必要がある。

２０２１年の夏には、若手選手を尊重すべきだということもはっきりした。こちらの期待と相手の責任については丁寧に説明する必要があるが、重要なのは、やり方は教えないということだ。それが30年前のコーチングとは大きく違う。つまり、彼らの好きなようにさせ、解決策を思いつかせる。それに、最近の選手は以前と比べ、はるかに教養があるから、うまくいく。キャンプの終わりに選手ふたりと夕食をともにした。ふたりはソ連の歴史について話していた。ネットフリックスのドキュメンタリーを本当にたくさん見ていて、一般常識が豊かだった。そして、その知識欲をトレーニングの準備にも活かしている。自身の能力を伸ばすのは本人に任せればいい。

キャンプの3つ目の教訓は、学習環境に気を配ることの重要性である。我々コーチ陣は、選手たちが確実に理解できるよう、すべてのミーティングにおいて明晰さを心がけた。毎日2つの要点だけに絞って説明する。選手がストレスを感じている場合には、あまり情報を与えないようにし、適切なタイミングで新しいアイデアが吸収できるようにした。

変革と前進の夏だった。2017年のアルゼンチン遠征でトム・カリーとサム・アンダーヒルを見つけたときほどの目覚ましい収穫はないかもしれないが、目を引くプレーヤーは大勢いる。あとは選手たちが、弱さを克服し、強さを高めるために自分の試合にどれだけ懸命になれるかにかかっている。

私はニューカッスルの若手フッカー、ジミー・ブラミアが気に入っている。どこか魅力があるからだ。ブラミアがトライを決めると、ほかの選手たちも大喜びする。皆が彼のために喜ぶ姿が多くを物語っている。プレミアシップでの試合数は10にも及ばないが、一心に練習する。はっきりとした意見を持ち、独特の落ち着いた雰囲気がある。チームに紛れもなく何かを追加できる選手だ。ワスプスの若手フッカー、ガブリエル・オグレもいいと思う。ナイジェリア系のオグレは、トップレベルでプレーした経験はあまりないが、いつも陽気で笑顔を絶やさない。彼の参加を皆も喜んでいる。

スミス、ランドール、スチュワード、ラドワンも新人選手のなかでは傑出していた。ただし、チームの成功は、リーダー格の選手たちとゲンジ、スレイド、アンダーヒルのような頼りになるベテランに負うところが多かった。もし3試合目があったら、相手チームに申し訳ないと思っただろう。チームとしてちょうどうまく機能し始め、まさに離陸したばかりだからだ。一方で、次から次へと試合をこなし、ベテラン選手たちは消耗していた。再活性化と変革のためのレッスンに費やした夏が終わったら、休養が必要だ。エネルギーをチャージしたら、我々のビジョンにさらなる確信を抱いて戻ってきてくれるだろう。我々は何とか〝新鮮な視点を取り入れ、新たな相乗効果を生み出す〟ことに成功したからだ。

この章のまとめ

新鮮な視点を取り入れ、新たな相乗効果を生み出す

- わずかな改善にも取り組む
- あらゆる好機をものにする
- 様々な戦術的問題に対処する
- ささいな不備も排斥する
- 違う経歴、考え、行動パターンを理解し、受け入れる
- 変革をもたらす新鮮な視点を追求する

ステージ5

再構築

第17章　サイクルは回り続ける

行動をマネジメントし、対立の原因を掘り下げ、
サイクル上に自分を位置づける

第17章 サイクルは回り続ける

——行動をマネジメントし、対立の原因を掘り下げ、サイクル上に自分を位置づける

リーダーグループを流動性のある存在にする

リーダーシップ・サイクルに終わりはない。ハイパフォーマンスな環境は進化と改善の飽くなき追求を必要とする。我々が決して満足せず安心しない理由はそこにある。ここは過酷で容赦ない世界だ。それでも、ラグビーという独特な世界でコーチし、オペレートし、マネジメントすることに挑戦するのは、刺激的でやりがいのある仕事である。

またひとつシーズンが終わったが、2021年の7月は休暇が取れそうにない。検討すること、計画すること、実行に移すことが山のようにあるからだ。プロのコーチになって25年で一番と言っていいほど異例ずくめのシリーズを2つ、我々はやり終えた。新型コロナウイルスが全世界で猛威をふるい、いつ終わるとも知れない世界規模のパンデミックに誰もが強い衝撃を受けていた。観客のいない競技場、自主隔離、ロックダウンやバブルシステムに加え、長引く不安が経済にも社会にも人々の心理にも深く

影を落としている。周りの誰もが感じているように私も影響の大きさを感じていた。私のチームもラグビー界も事の重大さに動揺している。だが、それは全世界のあらゆるスポーツ、チーム、コーチとて同じだ。この状況を頭からふりはらい、気をつけることをやめ、ワクチン接種を拒否しても、コロナウイルスとその恐ろしい変異株の油断ならない感染拡大からは逃れられない。

２０２０年3月上旬、シックスネイションズの開催は延期され、結局、10月末に行われた。イングランドとヨーロッパのクラブラグビーは5カ月間、試合を中止し、２０２０年8月にプレミアシップが再開したが、翌年5月までは無観客試合になるだろう。クラブの損失額は月約１００万ポンドにのぼろうとしている。２０２０年末のオータムネイションズカップや２０２１年のシックスネイションズなどの国際試合が無観客で開催されることの、多方面にわたる影響はこの先何年にも及ぶだろう。イングランドのラグビー界に多額の投資をしているＲＦＵは、トゥイッケナムスタジアムで開催される試合の収入から85％を得ている。そのため今期の損失額は1億ポンドを超えた。

だが、エリートスポーツの世界に身を置く者は、心配するのは自身がコントロールできる問題だけという信条で生きている。それ以外は個人の力ではどうにもならない。リーダーとしての私は、自分が影響を与えられる領域に集中するのがうまくなった。我々は、感染症が影を落とすなかで準備し、ラグビーをプレーすることを学んだ。感染症が蔓延してから2年、初めての正規のオフシーズンにもかかわらず、私は7月と8月は引き続き仕事をした。世の中は変わったが、私のリーダーシップの原則は変わっていない。

省みる。見直す。計画を始める。先のことを考え出す。プロとしての成長に時間を割く。伸ばす必要があるのはどの領域か？　どうやったらその成長を助けることができるか？　コーチはプレーヤーのようなものだ。シーズンが終わるとたいてい、休みがある。その後、プレシーズンの仕事に取りかかり、新たな試合に向けて準備をする。また同じサイクルが始まるのだ。しかし、私は休暇を取らずに続けて仕事をすることを選んだ。コーチという仕事柄、全エネルギーを注ぐ必要があり、こうした献身が求められるのである。実際、その夏のテストマッチには活力が戻ったようだ。

7月中旬、罫線（けいせん）の入ったメモ帳とペンを手にした私は、ページの先頭に「ハイパフォーマンスな挑戦」と書き、簡単なスケッチを作成した。4つの円のなかに言葉を入れ、ひとつずつを矢印でつなぐ。真ん中に「リーダーシップ」と書いた自転車の車輪のようなものである。4つの言葉はリーダーシップ・サイクルを特徴づける。

1. ビジョン
2. 構造
3. 人
4. 文化

その小さなスケッチの下に箇条書きで次の3点をメモした。

・人をマネジメントする

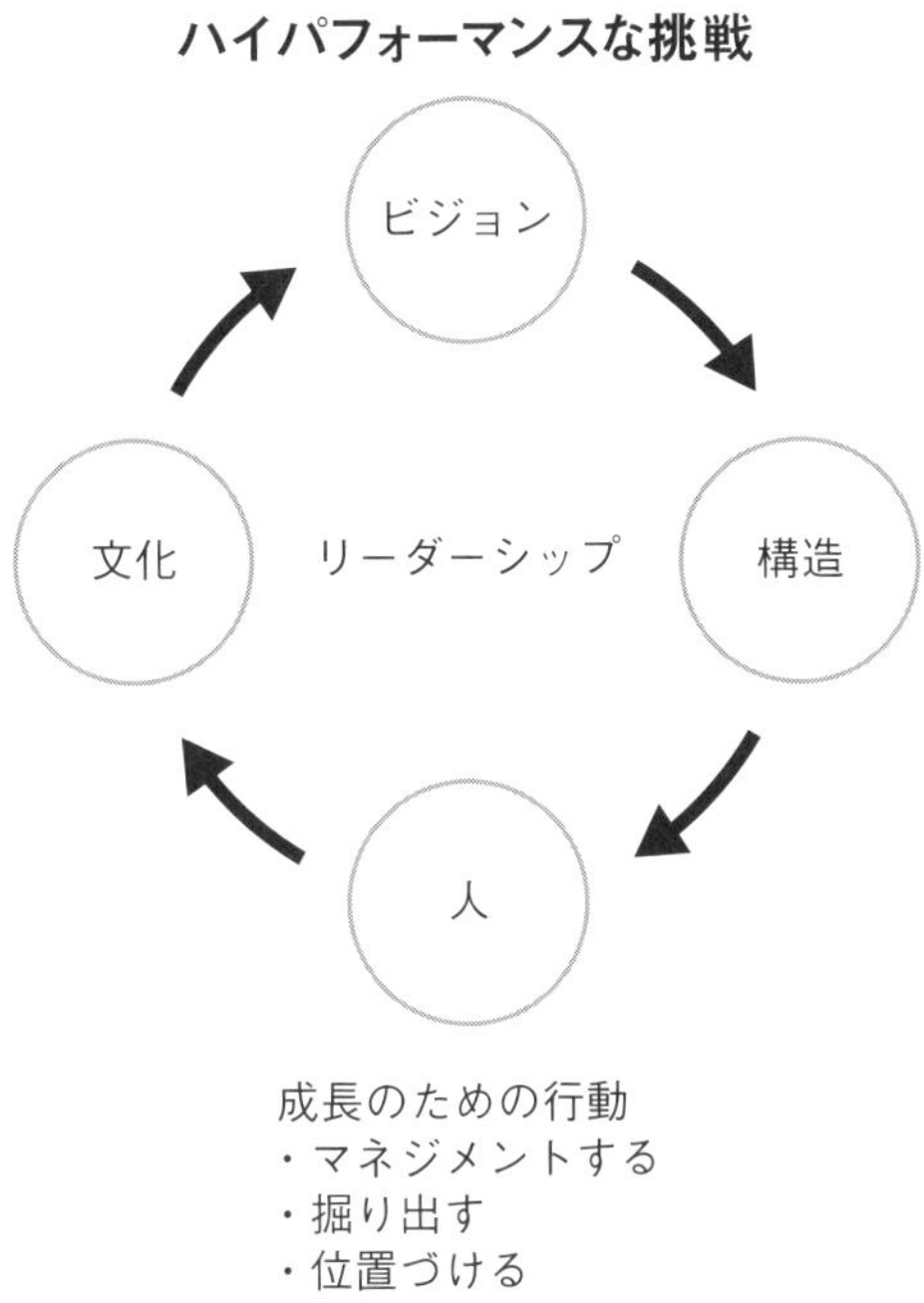

- 対立の原因を掘り出す
- サイクル上に自分を位置づける

それを書いたのは、リーダーシップはパフォーマンス環境を軸とすることを自分に言い聞かせるためだった。我々コーチ陣は、イングランドのキャンプ内やその周辺にいる人間のパフォーマンスを最大限にする環境をつくろうとしている。リーダーの仕事はビジョンを描くことである。そして、そのビジョンから構造を整備する。適切な人材が周りにいるかぎり、構造によってビジョンを実現することができるので、この2つは共生する関係にある。適切な人材がいれば、ビジョンの実現に必要な文化と行動を導くことができ、サイクルが回り始める。

リーダーシップ・サイクルの発展に必要

な持続可能な成長は、明らかにこの3つのMにかかっている。マネジメントし（Manage）、掘り出し（Mine）、位置づける（Map）。

リーダーシップ・サイクルの原動力は成長である。つまり、静止したり、サイクルが完結すると思ったりしてはダメだということだ。良くなろうと常に努力し、そのためには、落とし穴や問題がないか環境を絶えず掘り出す必要がある。これまで議論してきたように、順調に進んでいるときでさえ、争いの可能性が必ず水面下に潜んでいる。リーダーはそれを見つけ、解決し、前進しなければならない。そうするための最善の方法は、組織内の人間をマネジメントすることである。現場を歩き回れば、彼らの行動を監視でき、問題が広がる前に処理することができる。同時に、自分がサイクルのどこにいるかを正確に把握する必要がある。もし後れを取っているなら、成功につながる道の本来いるべき場所に進むべく、倍の努力をしなければならない。責任を逃れ、負担の少ない仕事に就くと決めるまでリーダーの仕事は終わらないにしろ、常にマネジメントして掘り出し、絶えずサイクルを掌握しようとすべきだ。

このプロセスはどんなハイパフォーマンスな環境にも当てはまる。だが、エリートスポーツでは特にそうだ。万事うまくいき、正しい方向に進んでいるような気がしても、そのすぐ翌日にはすべて無に帰する可能性がある。決して征服することはできなくても、普段から先手を打ち、問題を把握しようとする姿勢が大事だ。

我々のリーダー格グループについて言えば、ディラン・ハートリーのもとでもオーウェン・ファレルのもとでも、良い時期もあれば悪い時期もあった。我々は今、次のワールドカップに向けてリーダーを担うグループを再構築している。2年先になるが、2023年10月28日のワールドカップ最終戦まで、チームのこの領域をマネジメントし、掘り出し、位置づけ続けるだろう。

リーダーシップ・サイクルの「再構築」のステージに私はいて、夏の終わりにこれを書いているが、2021年秋のテストマッチを前に何も決めることができないでいる。注目している12人の選手から5人をリーダーグループに選ぼうと思う。ひとりはファレルにするつもりだ。けれど、この新しいリーダーを選ぶ段階で、体調に問題がなく、チームに参加でき、コンディションもいいのは誰かを見る必要がある。

我々が考えている重要なアイデアのひとつは、リーダーグループを流動性のある存在にすることである。ひとりの表看板にすべての責任を負わせるのが従来の考えだが、これまでの章で説明してきたように私は、多様性と柔軟性を我々の進化の中心に据え、何人かの選手で集団的なリーダーシップを取るという考えにより傾いている。米国とカナダを相手に戦った夏のテストマッチのとき、我々のリーダーグループが生み出した相乗効果は、キャプテンひとりに頼りきり、重い責任をキャプテンが一身に担うリーダーシップよりはるかに強力だった。

熱心なリーダーと特権意識を持つリーダーとの違いについてずいぶん本を読み、考えてきた。必死でチームに意欲を与え、奮い立たせようとする熱意あふれるリーダーとして仕事を始めるかもしれないが、やがて役割の持つ権力のほうによりモチベーションを感じる、特権意識を持つリーダーになるかもしれない。我々のリーダーグループが熱心なリーダーのままでいるよう留意しなければならない。2019年のワールドカップ以降、我々のチームも特権意識のほうに少し傾いていると言えるので、熱心さを追求するほうに戻す必要がある。

そのためにはどうするのが一番いいかを検討するつもりだが、既存のリーダーグループがばらばらになったので、11月の国際試合を試用期間として活用し、何を変える必要があるのか見るかもしれない。一方で、今あるものをそのままにすると決断するかもしれない。いずれにしても、吟味と判断のプロセスは絶え間なく続くだろう。リーダーシップ・プログラムに関するウィル・カーリングのアイデアをはじめ、様々な選択肢を検討中だ。カーリングは、世界最大手の会計事務所デロイトを使って、リーダーの心理テストをしてもらってはどうかと提案した。

２０２１年のシックスネイションズの後、我々コーチ陣は、中心メンバーを教育し、持続的な発展を推進するためにこれまでより積極的に彼らと関わり、リーダーシップのスキルをもっと伸ばすべきだということで意見が一致した。カーリングは「定期的にリーダー教育をしてくれる大手企業の採用を検討すべきだよ」と言って、デロイトの名前を挙げた。イングランドの企業のご多分に漏れず、デロイトもラグビーに興味を抱き、関わりたいと思っている。そこで、デロイトとの提携を検討しているところだ。

我々は極めて特殊な状況に身を置いているから、油断は禁物だ。エリートスポーツの世界で思いつく唯一の例は、オーストラリアのクリケットチームの事件である。スティーブ・スミスとデイヴィッド・ワーナーが、２０１８年3月の南アフリカ戦でボール改造スキャンダルに関与したとして有罪判決を受け、リーダー格グループが崩壊したのだ。スミスはキャプテンで、信頼する補佐役のひとり、ワーナーが若手プレーヤーのキャメロン・バンクロフトにボールをサンドペーパーでこすらせ、味方の投手に有利になるよう仕向けたのを知っていた。その事実が明らかになり、3人とも1年間テストマッチ出場停止になった。捕手のティム・ペインがチームに入り、新たなキャプテンに就任する。1年後、スミスとワーナーが復帰した。私はきっとスミスがまたリーダーシップを取るだろうと思ったが、ペインが引き続きキャプテンをしているので、出しゃばらずにいる。

サラセンズの選手は論争に巻き込まれたが、年俸額の上限を定めたサラリーキャップ制度に違反したのは、クラブ側の責任ということになった。そのため、選手は正式な処罰の対象にはならなかったものの、クラブの不名誉とプレミアシップからの降格で痛手を受けた。契約した年俸を失い、相当量のプレー時間を失った。我々イングランドの中心メンバーも衝撃を受け、我々は今、粉々になったチームワークを修復するか、チーム全体を再構築する必要がある。全体を統括するリーダーである私は、チームに必要であれば、厳しい判断を下さなければならない。

また、多様性がこれまでにも増して、英国のスポーツ界で重要な要素となっているのは間違いなく、我々はこの領域にチームの内外問わず取り組んでいきたいと思っている。スポーツはその良い手本となるべきだというのが世間からのニーズであり、要求でさえある。ガレス・サウスゲート監督のサッカー・イングランド代表と並んで、我々はスポーツ界で多様性の問題に大きく貢献した。我々のチームは、かつてよりはるかに多民族国家としてのイングランド代表に相応しい。以前との違いは、積極的にいろいろなルーツを持つプレーヤーを選出したことにある。実力で選んだ結果、豊かな多様性を持つチームになったのだ。

多くの先進国と同じく、イングランドでも隠れたところで多くの人種差別が巣くっている。我々はもっと多様性に貢献し、さらに良い手本を示せると思う。チームにとっても社会にとっても極めて重要なことだから、この方針は継続していく。リーダーグループにさらなる多様性が必要なことは明らかだ。

ここでいう多様性とは、単にあらゆる人種を受け入れるという意味に留まらない。様々な経歴を持つ選手を集め、流動性のある熱心なグループにすることが必要なのである。夏に選んだグループの働きを見れば、この見解が正しいことは証明済みだ。

常に時間的な余裕はないが、ワールドカップまでに仕上げなければならない。時間に余裕のあるコーチなどいない。ラグビー最大のトーナメントが幕を開けるずっと前から、いつでもすべてを整えようと躍起になっている。だが、前回ワールドカップの覇者スプリングボクスは、ワールドカップ前の準備期間中、テストマッチでの勝率はわずか45％だった。スムーズな成功などないのだ。描いたビジョンがいつ実現するのかを正確に把握することは不可能だ。それでも、我々は正しい方向に進んでいると確信している。適切なタイミングでリーダーグループに必要な変更を加えるつもりだ。

「再構築」で日本代表が劇的に変わった

私自身のリーダーシップに関して言えば、何かにつけ、私は自分のすることすべてを分析し、評価している。ＮＢＡのゴールデンステート・ウォリアーズのアシスタントコーチ、ロン・アダムズが、ヘッドコーチのスティーブ・カーの誤りを指摘する存在であるように、私もニール・クレイグを、私のリーダーシップの間違いや欠点を正直に批判する友人として頼りにしている。２０２１年秋のキャンプにクレイグが戻ってくれればいいと思っているが、彼がいない間、ウィル・カーリングとサイモン・スコットが時折クレイグの役割を果たしてくれた。

カーリングはリーダー選びには口出しをしない。つまり、自身の仕事に明確な境界線を引いている。

過去との橋渡し役とリーダーのメンターに徹している。一方で、リーダーシップの特性とか、リーダーグループに欠けている点とかを議論する段になると、私が間違っていると思えば、臆することなく指摘する。稀に意見が合わないときも、私は率直な彼の意見を尊重する。同じ理由でサイモン・スコットを招き、私のマネジメントの仕方を評価してもらおうと考えた。

サイモンは、経営コンサルタントで、かつて英国海兵隊に所属していた。彼とは3年ほど前、ペニーヒルパークで出会い、楽しい時間を過ごした。サイモンがぜひともトレーニングキャンプに参加し、チーム運営の仕方を見てみたいと言ったので、私は、それなら私のリーダーシップについて観察し、アドバイスをしてもらいたいと提案したのだ。間もなく、双方にとって都合のいいように話がまとまり、サイモンが年4回くらいキャンプに来て、独自の視点で助言してくれるようになった。仕事と言っても極めて気楽な関係である。彼は金銭的な報酬をいっさい受け取らないので、完全に独立した立場にあり、率直に意見を言うことができる。ハイパフォーマンスなスポーツの環境で学べるいい機会だと、サイモンは言った。他方の私は、彼のもたらす見識から恩恵を受けるのは言うまでもない。

サイモンから受けた重要な指摘は、ほかのコーチや選手と話すときにあまり単刀直入にならないよう常に意識したほうがいいというものだ。今は親身になって励ますような言葉を選ぶ。別の方法を考えるよう指示するときも、相手の立場を尊重しながら、以前より柔らかい言い方をする。サイモンは、私が相手にずいぶん感情移入していると感じる一方で、ストレートに物を言い過ぎるきらいがあるとも思った。今の環境で率直になり過ぎると、ストレスを引き起こす可能性がある。そうなると、周りの人間のパフォーマンスに影響が出る。言うまでもなく、エリートスポーツは相変わらず容赦のないビジネスであり、問題の核心に直接踏み込まざるを得ない場合がたびたびある。負けそうになっているときに、言葉の機微を考えている暇はない。だが、単刀直入な正直さが必要な場合と感情移入が必要な場合の適切なバランスがとれるよう常に努力している。私はより柔らかい表現で話せるよう取り組み、上達していると思う。

サイモンは非常に緻密で手際がいい。すべてを書きとめ、本当に厳しく評価する。カーリングはもう少し融通が利くから、長々とレポートを書くより、ざっくばらんに話をする。ふたりは、対照的なやり方でリーダーグループや同僚のコーチたちや私を観察するので、その異なるふたつが融合したものを我々は享受できるのだ。リーダーに必ず必要なのは、環境を見つめる新鮮な視線と、3つの基本のM――行動をマネジメントする（managing behavior）、対立の原因を掘り出す（mining for conflict）、リーダーシップ・サイクル上に自分を位置づける（mapping your place in the leadership cycle）を実行する方法であることをふたりは改めて気づかせてもくれる。

これまでにも繰り返し述べたように、私のリーダーシップのノウハウは、ほかのコーチたちとの定期的な対話によっても発展し、向上する。最もと言えるほど楽しいのは、小さいグループながらも強い絆で結ばれたオーストラリアのコーチたちと話すときである。ニール・クレイグをはじめ、メルボルンのオーストラリアンフットボールクラブ、ウェスタン・ブルドッグスのヘッドコーチであるルーク・バーバリッジ、バスケットボール・オーストラリア代表ブーマーズのコーチを務めるブライアン・グールジアン、現在はスコティッシュ・プレミアシップのセルティックＦＣを監督するアンジ・ポステコグルーらである。

彼らは皆ひとかどの人物である。バーバリッジは、２０１６年にブルドッグスを１９５４年以来初めてのリーグ優勝に導いた。バーバリッジが鼓舞してブルドッグスの運命を本当に転換したのだ。グールジアンは、２０２１年8月の東京オリンピックでブーマーズのコーチを務めた。彼がナショナルチームのコーチに就任したのは、オリンピックが始まるほんの数週間前で、そのときすでに3人のＮＢＡプレーヤーがチームを率いていた。ブルックリン・ネッツのパティ・ミルズはキャンベラ出身で、チームの雰囲気を左右するプレーヤーの気持ちを先頭に立ってまとめている。グールジアンは、この展開に喜んだ。オーストラリア先住民の血を引くミルズは強力なリーダーで、ＮＢＡのチームメイトふたりの後押しも受けて、トレーニングのやり方やチームワークのつくり方、チームの個性の伸ばし方を確立していたからだ。堅実で力強い価値観を持ったチームだ。ＮＢＡの3人が高い水準でチームを先導していた。非常に賢明なグールジアンはその場の空気を読み、自身の考えを実行する時間的な余裕はないと判断し、3人にこのままチームを率いてもらうことにしたのである。

チームに参加する前、選手たちとはＺｏｏｍを通じてしか会ったことがなかったから、やはり難しい判断ではあった。だが、チームに合流すると、彼はタイミングを見計らって指揮を執り始めた。ブーマーズは準決勝で見事なプレーをしたが、惜しくも米国に敗れた。試合後、チームは打ちのめされ、ユニフォームや道具があちこちにばらまかれ、ロッカールームは惨憺たるありさまだった。負けを喫したせいで、高い水準を誇るチームの痕跡はどこにもない。しかし、まだ試合は残っている。強豪スロベニアとの銅メダルを争う試合だ。

グールジアンは選手たちを前に手厳しい話をした。最高の水準を持つ代表としてオリンピックに参加していることを思い出させ、金メダルは逃したかもしれないが、一瞬たりとも代表としての責任を忘れてはならない、メダルを獲得するパフォーマンスをして東京を発てるよう最高の力を発揮するときだと鼓舞した。選手たちは黙って聞いていたので、どのように受け止めたのかはわからなかった。深夜1時少し前、誰かがグールジアンの部屋をノックした。ドアをあけると、パティ・ミルズがそびえ立っていた。「コーチ、おっしゃるとおりです。まだ終わっていません。メダルを目指して頑張りましょう」

ブーマーズは奮起し、ミルズが42得点を挙げ、107対93でスロベニアに圧勝した。同時に、オーストラリアにバスケットボールで初のメダルをもたらし、歴史をつくったのである。リーダーがチームの空気と熱をいかに読み、指揮を執るタイミングを見定めるという点でグールジアンの話は非常に参考になる。

一方、アンジ・ポステコグルーはギリシャ生まれだが、メルボルンで育ち、2013年から2017年までサッカー・オーストラリア代表サッカルーズの監督を務めた。ブラジルで開催された2014年のワールドカップにチームを導き、強豪ぞろいのグループのなかで善戦し、次のトーナメントに向けて足がかりを築いた。ところが、オーストラリアが2018年ワールドカップの出場権を確保した数週間後、代表監督を辞めてクラブチームに戻り、横浜F・マリノスの監督になることを決意する。2019年にはマリノスを15年ぶりにJリーグ優勝に導いた。2021年6月、スコティッシュ・プレミアシップのセルティックの監督に任命された。セルティックは9シーズン連続優勝の後、悲願の歴史的な10連覇を前に、激しいライバル関係にある、スティーブン・ジェラード監督率いるレンジャーズに負けを喫していたから、ハードルの高い仕事である。

7月、オーストラリアのコーチ仲間と行っている隔週のセッションで、ポステコグルーは、直面しているる大きなプレッシャーを共有した。監督就任後初の試合は、チャンピオンズ・リーグ予選だった。対戦相手のデンマークのミッティランに勝っていれば、4000万ポンド相当がクラブにもたらされただろう。だが、初戦の1週間前の我々とのセッションでは、完璧にスタメンで使える選手は6人しかいないと言っていた。セルティックは本拠地の試合を1対1で引き分け、相手の本拠地で延長戦の末、負けを喫する。スコティッシュ・シーズン開幕前にもかかわらず、それはポステコグルーに大きなプレッシャーとなってのしかかった。さらに我々は誰もが再び忙しくなり、グループセッションはしばらく休会することになった。

チャンピオンズ・リーグの準備期間やセルティック監督就任後、最初の3カ月間に、我々がポステコグルーの力になれなかったのは間違いない。彼ならできると我々は信じていたが、チームを再建する時間が与えられるかどうかが決まる大事な時期だった。とはいえ、このコーチングフォーラムから自身の仕事に応用できる本当に多くのことを見つけることができる。言い方が違うだけで選手たちには新鮮に映るかもしれない。ほかの誰かの言葉やトレーニング法を使うと、時として自分のチームの選手に火を点けることができるのである。

リーダーシップ・サイクルの「再構築」のステージでは、ほかの分野のアイデアを紹介する時間を十分に取る。2021年の夏も終わる頃、新シーズンでは戦術的ピリオダイゼーションをトレーニング法として復活させようと決意した。この方法は、かつてずいぶん役に立ったが、最近では使わなくなっていた。チームをさらに活性化させるためにその基本原則に戻る必要がある。

私が日本代表のヘッドコーチを引き受けたとき、日本はティア1諸国（世界強豪10ケ国）に平均0対85で負けていた。そこで、私の唯一のアシスタントであるストレングス&コンディショニングコーチのジョン・プライヤーの力を借りて、トレーニングを改善するためのあらゆるコンセプトを検討した。私はサッカーへの関心を日に日に強くし、ヨーロッパの上位チームが50試合、ときには60試合という長いシーズンを通じて常に調子を維持している理由を知りたいと思った。ラグビーチームは昔から浮き沈みが激しいから、あんなに長く好調をキープできるとは驚くばかりだ。きっとトレーニングに秘密があるに違いない。

戦術的ピリオダイゼーションに注目した理由もそこにある。一流のサッカーチームで取り入れているところが多いからだ。プライヤーは実に学究肌で、私がこの分野の専門家の連絡先を探そうと必死になる傍らで、高度な専門書を読み漁っていた。

日本チームと戦術的ピリオダイゼーションに取り組むにあたり、重要な要素である時間と練習に貪欲で従順なプレーヤーがそろっていたから、完璧に近い形で演習をする体制が整った。そうして、我々は実験を開始し、この新しい戦略を最大限に活用するベストな方法を突きとめ始めた。従来、ラグビーではフィットネストレーニングとスキルトレーニングは別々に行われている。それぞれのトレーニングが示す明確な指標があるからだ。しかし、そうしたトレーニングはもう十分やったから、なるべく多くのスキルを鍛えたいと思った。サッカーのバルセロナのプレーやスペイン代表がティキ・タカスタイルでパスを回すようなプレーをラグビーで日本にさせたい。敏捷（びんしょう）で高度なスキルを持つプレーヤーたちがコースからコースへとボールを回すときに、ショートパスをつなぐ素早く流れるような動きにティキ・

タカスタイルの特徴がある。選手たちが互いに協調し、辛抱強くボールを回していく姿は、オーケストラのメンバーが互いに調和し合うのに似ている。

戦術的ピリオダイゼーションは、ポルト大学のヴィトール・フラーデ教授が考案した理論である。私はプライヤーとともにカタールに行き、この理論のポルトガル人信奉者に会った。それは素晴らしい経験で、私たちは独自のメソッドをつくりたいと考えた。数えきれないほど試行錯誤を繰り返し、多少変更を加えることにした。追加で早朝5時半のセッションを行い、そこでは、戦術的ピリオダイゼーションとは関係なくストレングス&コンディショニングトレーニングをすることにしたのである。早起きをせず夜型の文化を持つ日本人選手にとっては非常に酷な提案だった。1時間後のハードなトレーニングに臨めるよう4時半に起きるよう命じたが、彼らは実行した。やがて我々はストレングス&コンディショニングセッションを午前中2回に増やした。そのうえで、戦術的ピリオダイゼーションを集中して行い、パフォーマンスを高めていった。

試行錯誤の末に、日本人選手に本当によく合った方法を生み出した。それが功を奏して、フィットネスを驚異的なレベルまで向上させることができ、その証拠に2015年のワールドカップでは誰よりも速く走り、誰よりも踏ん張ることができた。さらに、ラグビー界のバルセロナであるかのようにプレーするという明確なイメージを形にすることもできた。戦術的ピリオダイゼーションが基盤をつくったのである。

さて、2021年にイングランドの「再構築」のステージが深まるにつれ私は、今後の大きな目標のひとつとして、戦術的ピリオダイゼーションの新しいバージョンをチームに取り入れることを決定した。

それは、従来のやり方を捨て、この新しいメソッドでコーチングができる適任者を見つけなければならないということだ。おおかたのコーチは旧来のやり方で成功してきたため、抜本的な切り替えには抵抗があるから、人選は難航が予想される。戦術的ピリオダイゼーションは複雑なコンセプトだ。トレーニングのやり方が極めて厳格なうえに、トレーニング中に自分のプレースタイルを常に考え続けなければならないからだ。それでも、この方法がチームを鍛えるには最も有効だと確信している。自分の思考を整理する一方で、オランダのサッカー指導者、レイモンド・フェルハイエンと長電話をした。彼が提唱するサッカーのピリオダイゼーション理論を我々の戦術的ピリオダイゼーションに応用するにはどうすればいいか話し合った。シックスネイションズの失望と失敗から抜け出し、我々は再び新たな進化を遂げている。

リーダーとして成長し、そして励み続ける

完璧を追求するのは、少なくともリーダーシップ・サイクルにおいては危険な幻想である。それがもとで袋小路に陥ることを私は学んだ。ラグビーは実に不完全な競技である。試合が混沌とするにつれ、〝完璧さ〟という概念は、すべてを完璧にこなすという実現不可能な夢を追う能力ではなく順応する能力に変わる。100メートル競走なら完璧なレースを走ることはできるかもしれない。だが、ラグビーで完璧な試合をすることはできない。

〝完璧さ〟に最も近づいたのは、コーチのキャリアを始めた年で、そのとき私はランドウィックのリザーブチームのコーチをしていた。当時、3フェーズプランに真剣に取り組んでいた。非常に素晴らし

いチームだったし、3フェーズプランを始めたときからこの練習を何度もしていた。たいていの試合でこの作戦は成功し、簡単にリーグ優勝を飾ることができた。それから、プレーオフの準決勝を制し、決勝戦では36対0で前半戦をリードしていた。ほぼ完璧な3フェーズラグビーだった。しかし、鍵となる言葉は〝ほぼ〟ということだ。我々は後半戦で崩れ、結局42対0で勝った。完璧な試合ができればどれだけのことができるかを味わった。ただし、これはセカンド・グレードの試合だったということに留意しなければならない。我々は対戦相手よりはるかに強かったのだ。

完璧なテストマッチラグビーをすることはできない。もちろん、私は今も完璧な試合をコーチしようと頑張っている。完璧な試合とは、まったく非の打ちどころのないラグビーをすることではなく、試合の一瞬一瞬をコントロールすることだ。決して実現することはないだろうが、ここぞというとき、2019年ワールドカップの準決勝で限りなく近づいた。試合結果は、我々がどれだけ試合をコントロールしていたかを反映していないが、パフォーマンスはこの上もなく満足のいくものだった。私がコーチをしたなかで唯一匹敵するのは、日本が南アフリカに勝った試合である。

私のチームの選手が、特定の試合で完璧に近づくのを目撃したことはある。2003年ワールドカップの準決勝でニュージーランドに勝ったとき、私が率いるオーストラリアのウェンデル・セイラーをほとんど誰も止めることはできなかった。オールブラックスはセイラーをタックルすることができず、彼がボールを持つたび我々は優勢になり、オールブラックスに大きなプレッシャーをかけた。リッチー・マコウやダン・カーターも同様に試合をコントロールした。2015年ワールドカップの準決勝、南アフリカが僅差でニュージーランドに負けたときのフーリー・デュプレアにも近いものがあった。ジョニー・メイはイングランド代表として出たいくつかの試合で無条件に素晴らしいプレーに近づいた。トム・カリーも将来そういうプレーを見せてくれるだろう。

完璧は幻想だが、敗北や失敗は思考を明快にする。私は、2019年当時より今のほうがコーチとして成長している。挫折や失敗をしたことがないとうそぶくコーチやリーダーは、単に経験が浅いだけだ。まだ学びが浅いだけにすぎない。私なら、実際に逆境にさらされ、自らを省み、闘わなければならなかった人たちから学びたい。本人たちは自己嫌悪に陥り、失敗を後悔しているかもしれないが、どう状況に対応し、再びどう立ち上がったのか訊いてみたい。

2回目のワールドカップ決勝で負けを喫した経験や、そして何より、こうした教訓を省みることができるおかげで知識を深められる。また、チームを取り巻くその後の状況は、はるかに厳しくなり、コーチングについて本当に多くを学んだ。進化し、自分のスキルを使って調整し、我々が適応する必要があるのはどこなのかを評価しなければならなかった。苦労したが、だんだん正しい答えに近づいていると思う。チームにあまり打撃を与えないよう配慮しながら、取り組んでいる。

完璧を追い求めるより、必要なのは、チームを変えようとすれば必ず何らかの打撃を与えることを認めることである。かといって、チームを変えなければ、もっと大きな打撃を与えるだろう。だから、リーダーシップという高度な技術を常にバランス良く駆使しなければならない。

本書の方向性を決める価値観、原則、手法を使って、私は様々な場面で役立ててきた。これらの要素は、スポーツやビジネス、そのほかハイパフォーマンスを求めるどの分野においても、リーダーシップを発揮するうえで、実に多くの場面で応用できると思う。この2年間で成長した私は、改めて核となる次の真理を発見した。

・高いパフォーマンスを発揮できるチームをもう一度つくるには、絶え間ない活動のサイクルが欠かせない。
・イングランド代表には継続的な改善が求められている。
・再構築と刷新のための厳格なプロセスが必要だった。
・戦略的、変革的、オペレーション的、マネジメント的な思考を適用した。
・各レベルの思考を交差させながら、戦術的な知見とアシスタントコーチや選手たちとの明確なコミュニケーションを活用し、逆境のなかでも成長を遂げた。
・私は長年のリーダーシップの経験を活かして、勝利と敗北の両方から得た教訓を役立てなければならなかった。
・ほかのスポーツのコーチたちと意見交換することにより、新しい考えや方法を吸収し、リーダーシップに対する自身の理解の幅を広げることができた。
・チームのビジョンを設定した。
・適切な構造をつくっている。
・イングランド代表に相応しいコーチとプレーヤーを絶えず探している。
・managing（マネジメントする）、mining（掘り出す）、mapping（位置づける）という3つのMに一貫して取り組んでいる。

・構築、実験、勝利、再構築を徹底する。
・リーダーシップ・サイクルに終わりはないから、飽くなき改善を願いながら、挑み続ける。

生まれつき素晴らしい才能に恵まれ、すでに著名なピアニストとして活躍しているなら、世界屈指のピアニストになるにはどうすればいいだろう？　答えは簡単だ。絶えず厳しい練習をすること、最高レベルのパフォーマンスを披露すること、ほかの音楽家の演奏を聞くこと、ほかのピアニストから学ぶこと、さらにもっと練習することである。一連の行為を補う無数の捉えどころのない謎が存在するには違いないが、基本は変わらない。

練習、演奏、視聴、学習、そしてさらに練習。

リーダーシップやエリートスポーツのコーチングにも同じことが言える。必要なのは、練習すること、実行すること、人の意見を聞くこと、学ぶこと、そしてさらに練習することである。練習のテクニックは絶対無視することはできない。どうしたら一流のコーチや一流のリーダーになれるのだろうか？　それにはコーチングやリーダーシップの訓練が必要なのである。

私はラグビーが好きだし、コーチングも好きだ。これからも暇さえあればコーチングを磨きたいと思っている。日本のサントリーに戻るのは楽しい。10日間の休暇を取って何もせずにリフレッシュするのだが、その間も常に練習熱心で学習意欲のある選手たちにコーチングをするのが気に入っている。そうしたセッションを通じて彼らからまだまだ多くのことを学べる。特にボーデン・バレットと一緒にセッションをする機会があればなおさらだ。

ボブ・ドワイヤーの言ったことが今も頭から離れない。「世界一のコーチは、一流のプレーヤーだ」。彼が言いたかったのは、もっといいコーチになりたければ、一流選手から学ぶべきだということである。主力選手と話をするといつも、彼らが私から学ぶより多くを私は彼らから学んでいると感じる。

イングランドで私は、サントリーのコーチをすることやバレットと仕事をすることについてかなり批判を浴びた。だが、世界でも指折りの名選手であるボーデン・バレットは、私もそうだが、自分に自信があり、競技についてかなり率直に話をしてくれ、私には何より参考になった。相手から何かを奪おうとは互いに思わない。互いに助け合い、ただラグビーに対する情熱をわかち合うだけだ。勝つことは非常に大事だが、私はラグビーという競技を成長させ、本当に素晴らしいものにしたいと思っている。

コーチやリーダーのなかには自分の人生をそれほどオープンにしたくない人もいる。しかし、自分がオープンになり、わかち合えば、だいたいの場合、与えた以上のものが返ってくる。私には刺激的で新鮮なうえにやりがいもあるから、オープンになるのが一番だと思っている。

前回のワールドカップの前にアルゼンチンに行き、アルゼンチンのコーチたちが地元クラブの競技会を設立するのを手伝った。ラグビーへの純粋な情熱からしたことであり、極秘情報を漏らそうとしたからではない。第一、そんな情報などいっさい知らない。私たちは情報交換し、私は自身やチームに有益な新しい情報を手に入れた。私もまた相手が違うやり方でラグビーを考えるのに役立てたかもしれない。こうした交流はラグビーにとってプラス以外の何ものでもない。

バレットと一緒に仕事をして、彼の謙虚さや絶えず努力する姿勢を以前より深く知るようになった。ワールドラグビー（ＷＲ）が選ぶ年間最優秀選手賞に２度輝いた彼にとって、サントリーでプレーすることは、おそらく何でもないことだったろうが、毎朝、情熱あふれる18歳の若者のように元気いっぱいでトレーニングにやって来る。ある週などは、週末に試合の予定もなく、バレットは首の筋を痛めコルセットをしなければならない状態だったが、それでも実に高い目的意識を持って参加した。練習もトレーニングもプレーも好きなのだ。彼のなかにみなぎる尽きることのない情熱を存分に感じた。

私はイングランドの選手たちにバレットの話をした。ここイングランドでは、長いシーズンと環境のせいで、ともすると、トレーニングに身の入らない選手もいる。だが、ラグビーに夢中になる少年のような情熱を失わないようにと私は彼らに言った。2020年に何度か日本を訪れるなかで、アンジ・ポステコグルーと昼食をともにしたことがあった。そのときは、1年後に彼がグラスゴーでセルティックの監督をするとは、ふたりとも思いもよらなかったから、私たちはコーチングの話題に終始した。当時、横浜F・マリノスの監督をしていたポステコグルーも、その日の朝、私と同じようなことを選手に言ったというのだ。「小学生の頃のことを覚えているか？　あの頃、サッカーに夢中だっただろう？　今もあの頃のようにプレーすればいい」

イングランドではなかなかそうもいかない。ラグビーの試合数が半端なく多いせいでほかの地域のプレーヤーより老化が早い。老化すると、意欲がまず低下する。だが、我々のベストプレーヤーには驚くべき回復力がある。だから、彼らがライオンズの遠征からキャンプに戻るまで判断を待ちたいと思う。彼らが元気を取り戻したかどうかはすぐわかることだ。意欲を再び燃やし、これまで誰も見たことのない最高のラグビーをするというビジョンを掲げたチームのために懸命に励んでくれるかどうかを見ればいいのだ。このビジョンに到達するには長い道のりが必要だが、サイクルは回り続け、我々には時間がある。今後2年間で見ちがえるような進歩を遂げればいい。

私は先日、シックスネイションズでフランスを破ったときのプレースタイルが、ワールドカップで目指すスタイルの青写真になりそうかと訊かれた。答えは断固として「ノー」だ。試合がどう展開するかわからないからだ。ラックが成立するスピードは速くなっているし、審判団の判断は一貫性を欠くことが多くなってきている。ワールドカップまでにスクラムがどうなるか誰も予測できない。2023年後半には競技のありようが大きく変わっているかもしれない。直観力と適応力がこの上もなく重要になる。

先をさらに見越そうとしても視界はもっと霞んでいる。過去20年でリーダーシップやコーチングがどれだけ様変わりしたかを考えれば、次の5年間に劇的な転換が起こってもおかしくない。違うタイプのアスリートがどんどん出てきているから、彼らからベストな能力を引き出すには新たなスキルが必要となるだろう。昔に比べ、プレッシャーは大きくなり、それだけ自分のプレッシャーをよりオープンにする傾向があるため、今のプレーヤーたちは精神的に脆くなりがちである。テニスの大坂なおみは2021年の夏、全仏オープンを途中棄権し、全英オープン（ウィンブルドン選手権）を欠場したとき、記者会見が精神的な負担になっていると話した。50年前、名テニスプレーヤー、ロッド・レーバーが「試合後の記者会見は受けませんせん」などと言うのを想像できただろうか？

現在では、記者会見とソーシャルメディアは攻撃の場となることが多いが、レーバーの時代には精神的に傷ついていると口にすることすら許されなかった。今の選手は自分の気持ちにずっと正直になることができる。結果として、コーチングやチームを率いる方法にもその影響が及んでいる。これから数年のうちに、ヘッドコーチはもっと人事部長のような存在になると思う。選手の周りには、より幅広く、より専門的なコーチ陣が必要になる。今でさえ、最上のハイパフォーマンスな環境を整えようと思ったら、実に多種多様な専門分野のスキルコーチに加え、スポーツ心理学、スポーツ科学、スポーツ医学、スポーツリカバリー、スポーツデータ分析などの専門家をそろえなければならない。ヘッドコーチは各選手の適正なバランスを見つけようと努力しながら、さらにまとめ役に徹するようになるだろう。私の考えでは、選手の準備はもっと個人に特化したものになる。チーム全体でのトレーニングは減り、その代わり個人の準備が増える。選手は自分専用のグループを置いて、自身の準備をマネジメントするのだ。以前より選手の影響力がはるかに強くなったサッカーではすでにこうした例が見られる。

　データに基づいた分析は、パフォーマンスの根拠となるのでなおも必須だろう。一方で、ヘッドコーチやリーダーはプレーをする選手のより広範囲な感情に配慮する必要があるため、スポーツ心理学の重要性が増すだろう。真の思いやりを持って接しなければならない。20年前に大坂なおみのコーチをしていたら、こう言ったかもしれない。「プロのテニスプレーヤーになりたくなければ、別な道を考えるべきだ」。だが、今ではそんなことは通用しない。適正なやり方で確実に彼女のケアをする必要がある。臨床心理士をチームのスタッフとして抱えているチームは少ない。選手のメンタルヘルスをサポートするためには、5年以内に我々のチームも臨床心理士を抱える必要があるかもしれない。世の中の変化についていけるように、リーダーはそれより速く変化しなければならない。

　私は今ここに神経を集中しているから、後世に残る遺産（レガシー）という概念にはあまり興味がない。私がコントロールできるものではないし、イングランドのラグビー界に私が残したことについて何を言われても気にしない。選手をサポートし、成長させるためにすべてを捧げてきた。大事なのはそれだけである。

同様に、情報を共有し、できる限り多くの知識を次の世代に伝えようと思っている。テストマッチのコーチを最終的に辞めても、さらに何かをラグビーに還元したいと考える理由もそこにあり、コーチ陣をコーチすることにぜひとも関わりたい。

かつて同じようなことをした経験があるが、そのときの満足感はこの上もないものだった。南アフリカにいたとき、ヘッドコーチのジェイク・ホワイトとともに小学生チームのコーチ向けにセミナーを開催した。ラグビーをしている主要都市の学校すべてを回り、2週間で400人のコーチに会った。彼らを通じてラグビーに恩返しするという趣旨の活動である。日本では、大学と高校のコーチ向けにセミナーをしている。この1年コロナ禍で見合わせたのを除けば、毎年開催している。今、イングランドの北部でも南部でも、ジュニアチームから現状を視察して、コーチにアドバイスしてほしいと要請があれば、最善を尽くして力になるつもりだ。国際試合のない期間であれば、喜んでサポートしたい。大きな満足感と喜びをもたらしてくれる機会であり、私のコーチングとリーダーシップを鍛える新たなチャンスでもある。

私は常に選手に尽くし、ラグビー競技に尽くしたいと考えている。

ここ2年間ほど、私のコーチングキャリアの中で難しく面白い期間もなかった。これまでにないほどリーダーとして様々なことを試し吟味してきた。しかし、それもリーダーシップの絶え間ないサイクルの一部にすぎない。私は以下のことを基盤にして、コーチとして成長し、成熟したと信じている。

・戦略
・人
・オペレーション
・マネジメント

また、以下に示す、リーダーシップ・サイクルの５つのステージを経験してきた。

1. ビジョン
2. 構築
3. 実験
4. 勝利（失敗を乗り越える）
5. 再構築

リーダーシップ・サイクルは完了するどころか、休止することさえしないから、再び進む覚悟はできている。サイクルはいつでも激しく回り続けている。だから、また同じように、選手とその行動をマネジメントし、常にそこにある対立の原因を掘り下げ、自分たちがサイクルのどこにいるかを位置づけながら、構築、実験、勝利、再構築を繰り返すのである。

コーチとしてリーダーとして成長した私は、こうした試練のときに学んだことから得た恩恵をサイクルの次のステージで活かせる自信がある。コーチをすることにこの上ない喜びを感じ、リーダーシップを取るという揺るぎない光栄に浴しながら、これまでと同じように励み続けるのである。

この章のまとめ

行動をマネジメントし、対立の原因を掘り下げ、サイクル上に自分を位置づける

- 変化の規模を決める。刷新か再構築か
- 人材を連携させる
- 迅速な勝利と抜本的な変化をもたらす
- 再構築――実験――勝利（失敗を乗り越える）のステージを戦略的なレベルで繰り返す
- ハイパフォーマンスな環境に対応できるよう常に進化し成長する
- 省み、見直し、計画する時間を取る。プロとしての成長に時間を割く。伸ばす必要があるのはどの領域か、どうやったらその成長を助けることができるか、自問する
- 成長することに意欲を燃やす。静止したり、サイクルが完結すると思ったりしてはいけない
- 完璧さの追求は、少なくともリーダーシップ・サイクルにおいては、危険な幻想である
- 練習する、実行する、人の意見を聞く、学ぶ、そしてさらに練習する

謝辞

私は幸運にも、これまで指導してきた素晴らしい選手たち、一緒に仕事をしたコーチたち、多数のビジネス界の知人たちから、リーダーシップとは何かを学んできた。皆、人を導き、影響を与える方法について、私の視点と理解を深めてくれた。

オーストラリアでは、デヴィッド・ペンブルックとニール・クレイグに大きな影響を受けた。日本では、ゴールドマン・サックスの持田昌典氏、サントリーの土田雅人氏、稲垣純一氏の導きを得た。イングランドでは、サッカー界の世界的なリーダーたちから直接学ぶ機会に恵まれた。

リーダーシップに関する本の構想を練るにあたり、出版エージェントであるクレイグ・リビングストンには、様々な協力と支援をもらった。ニール・クレイグとウィル・カーリングは、リーダーシップについての考えを惜しみなく共有してくれた。心からの感謝を。

出版社パン・マクミランのスタッフは、出版準備の段階から素晴らしい仕事をしてくれた。特にサマンサ・フレッチャーはあらゆる面でサポートをしてくれ、ロビン・ハービーはビジョンと編集の専門知識を与えてくれた。ロビンは私と共著者であるドン・マクレーとともに、本書のテーマについて議論し、事実関係を細かく調べてくれた。最後に、本書の執筆を手伝い、リーダーシップについての考えを読者に効果的に伝えるためのストーリーをつくってくれたドンに、改めて感謝する。

訳者あとがき

スポーツ界のリーダーの知見を、私たちの日々の仕事や生活に活かすための最良の書

本書は、２０２1年11月に英語圏で発売された『Leadership: Lessons From My Life in Rugby』の邦訳である。著者は、言わずと知れたラグビー界の名将、エディー・ジョーンズ氏。とりわけ日本のファンにとっては、２０１2年から２０１５年にかけてラグビー日本代表のヘッドコーチを務め、イングランドで開催された２０１５年のワールドカップの予選リーグで強豪南アフリカを破るという大番狂わせを演出したことや、長年、ジャパンラグビートップリーグのサントリーサンゴリアスでヘッドコーチやアドバイザリーを務めたことで、特に馴染み深い人物だ。

ジョーンズ氏は本書で、２０１５年からヘッドコーチを務めているイングランド代表を「世界一のチームにする」という目標のもと、来る２０２３年ラグビーワールドカップ・フランス大会に向けた準備に取り組む日々を克明に綴っている。氏がこれまでに経験してきた様々な成功事例や失敗談が随所に盛り込まれ、人間味のある登場人物との触れ合いや葛藤が描かれる現在進行形の物語は、それ自体が非常に興味深く、読み物としても格別に面白いものになっている。だが、本書の魅力はそれだけに留まらない。この本の最大の特徴は、ジョーンズ氏がラグビー指導者として培ってきた知見を、ビジネスや教育などをはじめとする幅広い分野のリーダーに役立つ生きたアドバイスとして提供している点だ。

本書は、ジョーンズ氏が実践している「リーダーシップ・サイクル」を軸にした構成になっている。まずはリーダーとして明確な「ビジョン」を掲げ、次にそれを実現するための土台となる人や計画、戦略をつくる「構築」のステージに進む。その後、様々な「実験」を繰り返してチームを鍛え、計画や戦略を軌道修正して、「勝利」によって成果を手にし、自信を深める。その後は慢心や安寧に陥ることなく、すべての「再構築」を行い、再びビジョンの構築に取り組む。各ステージでは、「戦略」「人」「オペレーション」「マネジメント」の4つの視点からアプローチすることが重要になる。読者はこのサイクルを自分の立場に当てはめることで、氏の挑戦をより身近に感じ、その言葉に大きな共感を覚えながら、実用的な視点で内容を吸収していけるはずだ。

ジョーンズ氏に「強面の厳しい指導者」という印象を抱いている人もいるかもしれない。しかし、本書を通じて描かれるその素顔は、オーストラリアの田舎で日本人のハーフとして苦労の多い少年時代を過ごし、選手としても体格に恵まれなかったことで大成できずに挫折を味わい、現役引退後も教員として働きながら苦労と失敗を重ねつつ地道に指導者の道を歩んできた、繊細で、実直で、心根の優しい人物だ。

選手にどんなふうに声をかけるべきかを思案し、神経質なほどに人間関係やチームの状態に気を配り、リーダーとして成長するために絶えず学び続ける（親交のあるユニクロの柳井正氏など、尊敬するビジネスパーソンから多くを学んでいると述べている点も興味深い）。その姿勢や生き方には、見習うべきヒントがたくさん詰まっている。何より、氏がラグビーコーチという職業を心から愛し、情熱を燃やしていることが伝わってくる。リーダーの道のりは決して楽ではない。試練や課題は絶えず日の前にあるし、順調だと思えるときには落とし穴が待っている。それでも、その努力の先にはそれ以上に大きなやりがいや喜びがある。監督や社長などの大きな肩書がなくても、人は集団との関わりのなかで主体的に行動するとき、リーダーシップを発揮しなければならない。リーダーシップの汲めども尽きぬ奥深さと面白さがあふれている本書が、読者の皆さんの人生に役立つものになることを心より願っている。

本書の刊行後、ジョーンズ氏は勝率73%というイングランド代表のヘッドコーチ史上最高の好成績を収めていたにもかかわらず、2022年12月に解任された。だが、本書を読み終えた読者なら、彼がこうした出来事もこの職業につきものであると理解していて、すぐにこの経験を活かして次のチャレンジに向かおうとするはずだと想像するのではないだろうか。実際、翌2023年1月、ジョーンズ氏のオーストラリア代表ヘッドコーチ就任のニュースが世界を駆け巡った。母国を率い、2023年のフランス大会はもちろん、地元オーストラリアで開催される2027年ワールドカップまで同チームを率いるという、ファンとしては胸躍るような内容の契約だ。氏は間違いなくこの新天地でも本書で詳述したリーダーシップ・サイクルを回し、素晴らしいチームをつくり上げることだろう。晴れの大舞台で氏がどんな戦いぶりを見せてくれるか、今から楽しみで仕方がない。

翻訳は、鈴木裕子氏、青柳典子氏、野宮かおる氏と共同で行った。最終的な訳文の責任はすべて私にある。

担当編集者の東洋館出版社の畑中潤氏には、温かく最大限のサポートをいただいた。信頼し、尊敬する氏と今回も仕事をともにできたことは、訳者として最高の喜びであった。心よりお礼申し上げる。

児島 修

著者
エディー・ジョーンズ Eddie Jones
ラグビーオーストラリア代表「ワラビーズ」のヘッドコーチ。
1960年、オーストラリア、タスマニア州バーニー生まれ。現役時代はフッカー。オーストラリアのニューサウスウェールズ州の代表として活躍後、コーチに転身。東海大学監督、ブランビーズ（豪）のヘッドコーチを経て、2001年、オーストラリア代表ヘッドコーチに就任。2003年のワールドカップで準優勝を果たす。2007年、南アフリカ代表のテクニカルアドバイザーとしてワールドカップ優勝。2012年、日本代表ヘッドコーチに就任。2015年のワールドカップでは、南アフリカ代表を撃破するなど歴史的3勝を挙げ、日本中にラグビーブームを巻き起こした。2015年よりイングランド代表ヘッドコーチを務め、2019年のワールドカップでは準優勝。2023年より現職。2012年東京サントリーサンゴリアスアドバイザー、ゴールドマン・サックス日本アドバイザリーボードも務める。

訳者
児島 修 Osamu Kojima
英日翻訳者。訳書に『ダン・カーター 自伝』『ペドロ・マルティネス自伝』『ジェンソン・バトン自伝 ライフ・トゥ・ザ・リミット』（以上、東洋館出版社）、『SEVENS HEAVEN フィジー・セブンズの奇跡』（辰巳出版）など。

LEADERSHIP（リーダーシップ）

2023（令和5）年9月8日　初版第1刷発行

著　者　エディー・ジョーンズ
訳　者　児島 修
発行者　錦織 圭之介
発行所　株式会社 東洋館出版社
〒101-0054
東京都千代田区神田錦町2丁目9番1号コンフォール安田ビル2階
（代表）　TEL 03-6778-4343／FAX 03-5281-8091
（営業部）　TEL 03-6778-7278／FAX 03-5281-8092
振替 00180-7-96823
URL https://toyokanbooks.com/
装幀　水戸部功
印刷・製本　藤原印刷株式会社
ISBN978-4-491-05305-9 ／ Printed in Japan